Bender/Möll: Kontroversen um die Arbeitsbewertung

D1670593

Forschung aus der Hans-Böckler-Stiftung **108**

Herausgegeben von der Hans-Böckler-Stiftung, Düsseldorf

Gerd Bender
Gerd Möll

unter Mitarbeit von Rainer Skrotzki

Kontroversen um die Arbeitsbewertung

Die ERA-Umsetzung zwischen Flächentarifvertrag und betrieblichen Handlungskonstellationen

edition
sigma

Bibliografische Information der Deutschen Nationalbibliothek

Die Deutsche Nationalbibliothek verzeichnet diese
Publikation in der Deutschen Nationalbibliografie;
detaillierte bibliografische Daten sind im Internet
über http://dnb.d-nb.de abrufbar.

ISBN 978-3-8360-8708-7

Umschlaggestaltung: 3zack Werbeagentur GmbH, Düsseldorf. Umschlaggrafik: Pixel,
www.fotolia.com.

Druck: Rosch-Buch, Scheßlitz   Printed in Germany

Inhalt

Geleitwort zu den ERA-Berichten bei edition sigma

Die von 2003 bis 2005 vereinbarten Entgeltrahmenabkommen bzw. -tarifverträge (ERA) schlossen einen langjährigen Diskussions- und Verhandlungsprozess in der Metall- und Elektroindustrie ab. Ziel war die Modernisierung der Tarifverträge durch die Auflösung der Status-, Einkommens- und Bewertungsunterschiede zwischen Arbeitern und Angestellten. Um dieses Ziel zu erreichen, musste ein neues, einheitliches Tabellenraster für die Bewertung und Eingruppierung von mehreren Millionen Arbeitsplätzen in Deutschland entwickelt und umgesetzt werden. Nicht nur aus dieser Zahl und der tarifpolitischen Vorreiterrolle der Metall- und Elektroindustrie ergibt sich die übergreifende gesellschafts-, gewerkschafts- und arbeitspolitische Bedeutung dieser als „größte Tarifreform der Nachkriegsgeschichte" und „Jahrhundertprojekt" bezeichneten Revision. Es geht um mehr als nur eine technisch-bürokratische Zuordnung vorhandener Arbeitsplätze zu einem neuen Bewertungs- und Entgeltraster. Von der betrieblichen Umsetzung der ERA ist nicht nur das individuelle Einkommen der Beschäftigten abhängig, vielmehr werden die betrieblichen wie die überbetrieblichen Beziehungen zwischen Beschäftigten, Betriebsräten, Arbeitgebern und Tarifparteien einer weitreichenden und – vor dem Hintergrund zunehmender Verteilungskonflikte – für alle Akteure und das deutsche Flächentarifsystem nicht risikofreien Modernisierung unterworfen.

Diese Einschätzung ist den fünf von der Hans-Böckler-Stiftung geförderten Begleitforschungsprojekten zur Umsetzung der ERA gemein. Deren Ergebnisse legen wir nunmehr, im Jahr 2009, in dem die betriebliche Umsetzung der ERA-Tarifverträge abgeschlossen sein sollte, als Zwischenbilanz des Umsetzungsprozesses vor. Die Begleitforschung verdeutlicht die Komplexität und Vielschichtigkeit der ERA und wirft ein Licht auf die weiterhin stattfindenden Klärungsprozesse. Harte materielle Effekte, im Sinne einer Entgeltreduktion, wird es dank entsprechender Verdienstsicherungen auch bei denjenigen nicht geben, die vor ERA mehr verdient haben als danach (so genannte „Überschreiter"), wohl aber relative Verluste durch entgangene bzw. geschmälerte Verdienststeigerungen. Zudem können die Arbeitgeber mittelfristig Kosteneinsparungen durch nun teilweise niedriger bewertete Arbeitsaufgaben und Beseitigung historisch gewachsener Besitzstände erzielen. Es bleibt eine Zwischenbilanz. Zum Teil aus schierer Mengenüberforderung der Akteure, zum Teil um Konflikte zu reduzieren, wurden einzelne Regelungsbereiche wie die Leistungsentlohnung, insbesondere bei den ehemaligen Angestellten, weitgehend auf später vertagt.

Der Umsetzungsprozess, die Neubewertung der Arbeitsplätze, das Agieren der Akteure, die Akzeptanz bei den Beschäftigten: Auf diese Bereiche fokussierte die Begleitforschung in den letzten vier Jahren. Sie förderte dabei Vielschichtiges und Ambivalentes zu Tage: Der Flächentarifvertrag prägt wie seit Langem nicht mehr die betriebliche Realität, aber er ist nicht mehr nur das Instrument der Gewerkschaften. Das Beispiel Baden-Württemberg weist darauf hin, wie Arbeitgeberverbände einen Flächentarifvertrag dazu nutzen, ihre Verbandsfunktion gegenüber nach oben abweichenden betrieblichen Realitäten erfolgreich in Stellung bringen zu können. Ein wichtiges Ergebnis des Umsetzungsprozesses liegt im Kompetenzgewinn der Betriebsräte in Fragen der Arbeitsplatzbewertung und Eingruppierung. Auf dieses Wissen kann zukünftig gebaut werden. Die Beschäftigten schätzen ERA selten nur positiv ein. Komplexität und Intransparenz, die hohen Erwartungen an ein gerechtes Entgeltsystem, ein gewichtiges Argument der IG Metall, und die hohe Zahl an so genannten „Überschreitern" führen zu vielen kritischen Bewertungen. Eine negative Bewertung der IG Metall und insbesondere der Betriebsräte wird dadurch nicht determiniert. Aktives Agieren im Betrieb ermöglicht es den Beschäftigten sehr wohl, das verteilungsneutral konzipierte, aber von vielen Arbeitgebern mit Kostensenkungsaspekten aufgeladene Konfliktfeld ERA-Einführung und seine kollektiven Akteure differenziert zu sehen. Zentral aber bleibt die von allen Akteuren im Vorfeld unterschätzte Anerkennungsproblematik. Viele Beschäftigte sehen ihr bisheriges Arbeitsleben als entwertet an, egal ob sie nunmehr „abgewertet" wurden und ihnen damit signalisiert wird, dass sie bisher „zu hoch" eingruppiert waren („Überscheiter"), oder aber ob sie im Gegenteil „aufgewertet" wurden, ihnen also bisher Entgelt und Status „vorenthalten" wurde („Unterschreiter").

Die Begleitforschungsprojekte beleuchten die „Umsetzungsschmerzen" der ERA. Ob die Gründe und Zielsetzungen, welche zu ERA führten, richtig waren, wird sich erst mittel- bis langfristig zeigen. Die Nivellierung der Status- und Einkommensdisparitäten zwischen Arbeitern und Angestellten ist vollzogen. Ob und wie die Betriebe die damit verbundenen Chancen aufgreifen, wird sich ebenso erst in Zukunft zeigen wie beim Themenfeld Leistungsentgelt. So bieten die ERA die Möglichkeit für Betriebsräte, über die Leistungspolitik erstmals bei den ehemaligen Angestellten mitzubestimmen, einem in den Betrieben wachsenden und für die Gewerkschaften bedeutender werdenden Beschäftigungssegment.

Die Metall- und Elektroindustrie ist von regionalen Flächentarifverträgen geprägt. Die daraus resultierenden Eigenheiten und Traditionen werden durch die ERA nicht aufgehoben. Sie wirken auf den Umsetzungsprozess ein. Beispielsweise unterscheiden sich Struktur und Rolle der Arbeitgeberverbände erheblich zwischen den Tarifbezirken. Nicht alle regionalen Eigenheiten und Traditionen können durch die Begleitforschung ausgeleuchtet werden. Aber sie geben den regionalen Projekten ihre Akzente und fördern im Vergleich die Bandbreite tarifbezirklicher Varianzen ebenso wie übergreifende Gemeinsamkeiten zu Tage.

Die Berichte geben einen profunden Einblick in die Komplexität von Entgeltgrundsätzen und Bewertungssystematiken. Für die Leserin, den Leser aus Betrieb und Gewerkschaft wünschen wir uns, dass die Berichte einen Fundus an Anregungen für die weitere, beteiligungsorientierte Ausgestaltung von Tarifverträgen und Tarifnormen im Betrieb bieten. Für die/den wissenschaftlich orientierte/n Leser/in mögen die Berichte Einblicke in betriebliche und tarifliche Realitäten gewähren und zu neuen Forschungsfragen anregen. Die Hans-Böckler-Stiftung bedankt sich bei allen Forscherinnen und Forschern, allen Beteiligten in Betrieben und Verbänden, beim gemeinsamen Projektbeirat der ERA-Begleitforschung sowie beim Verlag für Mitarbeit und Kooperation.

Düsseldorf, im April 2009

Sebastian Brandl

Hans-Böckler-Stiftung
Forschungsförderung

Vorbemerkung

Der hier vorgelegte Text basiert weitgehend auf einem von der Hans-Böckler-Stiftung geförderten Forschungsprojekt zur Umsetzung des Entgeltrahmenabkommens für die Metall- und Elektroindustrie im Tarifbezirk Nordrhein-Westfalen (Fördernummer S-2006-821-3 F). Für diese Unterstützung möchten wir uns herzlich bedanken. Dank gebührt weiterhin *Rainer Skrotzki* von der Ruhr-Universität Bochum, der die Projektförderung beantragt hat. Er war es auch, der eine Fragebogenerhebung unter nordrhein-westfälischen Metall- und Elektrobetrieben organisiert und eine erste Auswertung der erhobenen Daten durchgeführt hat. Unterstützt wurde er dabei von *Claudia Niewerth,* der wir ebenfalls danken möchten. Während der Erhebungsarbeit in dem Projekt hat die Gemeinsame Arbeitsstelle RUB/IGM an der Ruhr-Universität einige begleitende Workshops durchgeführt. Die Diskussionen dort waren für uns nützlich und darüber hinaus sind wir bei diesen Gelegenheiten auch auf weitere für eine Fallstudie interessante Betriebe aufmerksam geworden. Organisiert wurden diese Arbeitstreffen von *Manfred Wannöffel* und *Claudia Niewerth;* danke schön.

Unser Dank geht auch an die Mitglieder des Projektbeirats der Hans-Böckler-Stiftung sowie die Kollegen *Reinhard Bahnmüller* und *Werner Schmidt* (F.A.T.K.), *Martin Kuhlmann* und *Hans Joachim Sperling* (SOFI) und *Nick Kratzer* und *Sara Nies* (ISF München) für anregende Diskussionen und hilfreiche Anmerkungen während der gesamten Projektlaufzeit. Danken möchten wir auch *Anja Ziegler* von der Hochschule der Bundesagentur für Arbeit für die sorgfältige Endredaktion des Buchmanuskripts.

Unser besonderer Dank geht an *Sebastian Brandl* von der Hans-Böckler-Stiftung für die umsichtige und geduldige Unterstützung der Projektarbeit auch in turbulenten Phasen. Und schließlich möchten wir all denen ganz herzlich danken, die sich uns als Gesprächspartner/in[1] zur Verfügung gestellt haben.

Mannheim und Dortmund,
im November 2009

Gerd Bender
Gerd Möll

---

1   Zum Zwecke der besseren Lesbarkeit verzichten wir im Folgenden meist auf die geschlechtsspezifisch ausdifferenzierte Schreibweise, wenn Frauen und Männer gemeint sind.

1. Forschungsinteresse und Fragestellungen

„It's the singer,
not the song"

(Jagger/Richards)

Dem Abschluss neuer Entgeltrahmenrahmentarifverträge (ERA) für die Metall-
und Elektroindustrie gingen jahrzehntelange Aushandlungsprozesse zwischen
den Tarifvertragsparteien voraus. Mit der Unterzeichnung der entsprechenden
Vertragswerke endete das „Projekt ERA" aber keineswegs; in gewisser Weise
hat es danach erst richtig begonnen. Denn nun – im untersuchten Tarifgebiet ab
Frühjahr 2005 – begann die Phase der betrieblichen Umsetzung der Rahmenver-
einbarung. Die These, das „Projekt ERA" habe recht eigentlich erst nach dem
Abschluss angefangen, lässt sich nicht allein damit begründen, dass jede generelle Regelung auf einen konkreten Fall bezogen ausgelegt werden muss und
dass dafür mehr oder weniger große Interpretationsspielräume bleiben. Wichtiger ist, dass ein Entgeltrahmenabkommen (in dieser Hinsicht unterscheidet es
sich freilich nicht von einem Lohn- oder Gehaltsrahmenabkommen) ein *Maßstab* ist. *Messen* müssen die betrieblichen Akteure, und dabei spielen immer
auch andere Faktoren als der Tarifvertrag eine Rolle. Was aus und mit ERA
wird, sieht man nicht im Vertrag, sondern nur in seiner Umsetzung, also daran,
was die Akteure daraus gemacht haben und weshalb sie das gerade auf eine ganz
bestimmte Weise taten.

Schon deshalb darf man sich den ERA-Umsetzungsprozess nicht als bloßen
Nachvollzug tariflicher Vorgaben vorstellen, bei dem auf der betrieblichen Ebene nur mehr vollstreckt wird, was vertraglich eindeutig festgelegt und quasi un-
abwendbar ist. Hinzu kommt, dass die betriebliche Implementation des neuen
Tarifrahmens nicht auf der „grünen Wiese" stattfindet. Über viele Jahre „ge-
wachsene" Entgeltstrukturen in den Betrieben haben ihre Spuren nicht nur in
den tatsächlichen Lohn- und Gehaltsrelationen, sondern auch in den Köpfen der
betrieblichen Akteure hinterlassen, die den neuen Tarifvertrag mit Leben füllen
sollen. Die tradierten Beurteilungsmaßstäbe und Prioritäten, die das Handeln
von Managern, Betriebsräten und Beschäftigten lange Zeit bestimmt haben, werden durch neue tarifliche Regularien nicht automatisch außer Kraft gesetzt. Hinzu kommt, dass Auseinandersetzungen um Einkommen immer Verteilungskämpfe sind, bei denen die eine Seite in der Regel nur auf Kosten der anderen
gewinnen kann. Vor allem deswegen gehört es zu den Eigentümlichkeiten des
betrieblichen „Messens" des Werts von Arbeit, dass die Betriebsparteien sich
sehr häufig weder über die genaue Handhabung des Maßstabs, noch über die

Angemessenheit der Beschreibung dessen einig sind, was es zu messen gilt. Darüber hinaus ist zu berücksichtigen, dass weder ein Betrieb noch die einzelnen Betriebsparteien als Kollektivsubjekte verstanden werden können, die jeweils mit einer einheitlichen Stimme sprechen. Realistischer dürfte es vielmehr sein, von Handlungs- und Akteurskonstellationen auf der betrieblichen Ebene auszugehen, die sich nicht in allen Fällen entlang der klassischen Demarkationslinie zwischen Kapital und Arbeit gruppieren.

Diese Überlegungen rücken die Frage in den Vordergrund, welche Bedeutung betriebliche Besonderheiten, Traditionen und Kräfteverhältnisse für die Deutung, Umsetzung und Legitimität des ERA-Tarifvertrags und damit für seine Wirksamkeit haben. Mit dieser Frage ist ein wesentliches Erkenntnissinteresse der vorliegenden Studie benannt.

Das für die Angestellten und Arbeiter/innen der Metall- und Elektroindustrie einheitliche Entgeltrahmenabkommen hat in Deutschland inzwischen schon weitgehend die alten Lohn- und Rahmenabkommen ersetzt, d.h., in sehr vielen der tarifgebundenen Betriebe der Branche gelten bereits die Verfahrensregeln und die Bewertungssystematik dieses Tarifvertrags. Insofern kann man sagen, dass diese quantitativ wie qualitativ für die hiesige Volkswirtschaft strategisch bedeutende Industrie ein neues Rahmenabkommen „hat". Tatsächlich ist es aber nicht nur eines. Für jede der elf Tarifregionen gibt es ein eigenes Entgeltrahmenabkommen. Diese Vertragswerke ähneln sich in wesentlichen Bestimmungen stark, es gibt aber auch deutliche Unterschiede, die mit Spezifika und Traditionen in den Bezirken zu tun haben. Im Zentrum des Projekts, über das hier berichtet wird, stand das Entgeltrahmenabkommen für die nordrhein-westfälische Metall- und Elektroindustrie.

1.1   Fragestellungen und Vorgehen

Die Erhebungen und Interpretationen in dem Projekt waren auf drei eng miteinander zusammenhängende Dimensionen des Entgeltrahmenabkommens in diesem Tarifbezirk gerichtet: Zum einen auf den besonderen Hintergrund und die Entstehungsgeschichte des Vertrags (Kap. 2); zum zweiten auf seine konkreten Inhalte von der Abstufung des Entgeltgruppenrasters über die Kriterien der Stellenbewertung bis hin zur Regelung der betrieblichen Implementation des Entgeltrahmens (Kap. 3). Und schließlich wurden Formen der ERA-Umsetzung und der Umgang mit dem Konfliktpotenzial, das einer so umfassenden Neuregelung der Vergütung unabdingbar innewohnt, im Rahmen einer schriftlichen Befragung der betrieblichen Akteure (Kap. 4) sowie in einer Reihe von Fallstudien (Kap. 5) untersucht.

Um die Komplexität des empirischen Geschehens greifbar zu machen, orientierte sich die Projektarbeit zunächst an sechs, primär auf Deskription angelegten Fragestellungen:

– Gibt es in vielen Betrieben *wiederkehrende Probleme* bei der Umsetzung des neuen Abkommens? Wenn ja, welche sind das und wodurch entstehen sie?
– Welche Probleme oder Konflikte resultieren aus Bestimmungen des neuen Tarifvertrags und welche haben andere Ursachen?
– Lassen sich in den Betrieben Konflikt- und Konfliktbearbeitungsmuster bei der Umstellung identifizieren?
– Wie und nach welchen Kriterien bewerten die Betriebsparteien das Entgeltrahmenabkommen?
– Gibt es *Tätigkeiten und Funktionen*, die aufgrund der neuen Bewertungssystematik höher oder niedriger eingestuft werden als zuvor?
– Gibt es *Gruppen von Beschäftigten,* die bei der Implementation typischerweise gewinnen oder verlieren? Wenn ja, welche sind das und woran liegt das jeweils?

Das nordrhein-westfälische Entgeltrahmenabkommen regelt primär die Bestimmung der Grundentgelte – also die Kriterien der Einstufung bzw. Eingruppierung –, es trifft aber auch einige wesentliche Festlegungen, die das Feld der Leistungsvergütung betreffen. So wird beispielsweise das bei den Gewerkschaften lange Zeit äußerst umstrittene Entgeltbestimmungsinstrument Zielvereinbarung tarifvertraglich geregelt. Die Tarifvertragsparteien haben sich aber darauf verständigt, die Neuregelung dieser Materie klar von der betrieblichen Einführung der neuen Bewertungssystematik abzutrennen. Das bedeutet *nicht,* dass das ERA nicht auch in diesem Bereich neue Möglichkeiten eröffnen würde. Um zu verhindern, dass in den Betrieben im selben Zeitraum gleich zwei höchst konfliktträchtige Materien – Grundentgelt und Leistungsvergütung – bearbeitet werden müssen, haben die Tarifvertragsparteien sich aber darauf verständigt, dass Letzteres erst nach der Neuregelung der Grundentgelte erfolgen soll (vgl. Abschnitt 2.5). Wegen dieser für den Bezirk Nordrhein-Westfalen spezifischen Situation hat sich die Projektarbeit weitestgehend auf das konzentriert, was im Entgeltrahmenabkommen und bei seiner Umsetzung in den Betrieben im Zentrum stand, nämlich die Neuregelung der Grundentgelte.

Das Projekt näherte sich seinem Thema aber nicht bloß in deskriptiver Absicht. Die Forschungsarbeit zielte vielmehr darauf, am Beispiel der betrieblichen Umsetzung des ERA auch der Frage nachzugehen, wie im Spannungsfeld zwischen normativen Vorgaben auf einer zentralen Ebene – nämlich dem Flächentarifvertrag – und betrieblichen Handlungsbedingungen sowie Interessen- und Machtkonstellationen die Bewertung von Arbeitstätigkeiten vollzogen wird. Im

Fokus standen dabei die Legitimität und die Objektivität von Entscheidungen, präziser formuliert: die Fragen, wie wichtig der Anspruch, objektiv vorzugehen für die Akzeptanz von Arbeitsbewertung ist, an welchen lokal akzeptierten Maßstäben diese Objektivität von den Beteiligten gemessen wird und wie solche Maßstäbe unter den Bedingungen bestehender Interessenkonflikte entstehen und Legitimität gewinnen können. Damit versucht das Projekt auch, einen Beitrag zu einer Diskussion um Formen und Mechanismen der gesellschaftlichen Bewertung von Erwerbsarbeit im gegenwärtigen Kapitalismus zu leisten.

Das neue Entgeltrahmenabkommen eignet sich zur Thematisierung solcher Fragen aus mehreren Gründen besonders gut. Es definiert – das ist sein primärer Zweck – einen Verfahrensrahmen und Kriterien für die Bewertung von Aufgaben an unterschiedlichen Arbeitsstellen. Die Bewertung selbst soll in den Betrieben in strikter Abstraktion von den Menschen erfolgen, die diese Aufgaben oder Funktionen erfüllen sollen; das ist der notorische *Anforderungsbezug* bei der Arbeitsbewertung. „Verfahrenstechnisch" legitimiert ist unter diesen Bedingungen nur eine Vorgehensweise: Der Arbeitgeber und/oder die von ihm Beauftragten haben sich bei der Stellenbewertung – und, so es die gibt, schon zuvor bei der Stellenbeschreibung – ausschließlich an den an einer Arbeitsstelle anfallenden sachlich oder arbeitsprozessual begründeten Anforderungen zu orientieren.[1] Und ein wesentlicher Anspruch an einen Tarifvertrag, in dem die Grundlagen für diese Bewertungsprozesse definiert werden, ist, dass die dort festgelegten Kriterien eine für die Bewertung erschöpfende Beschreibung aller relevanten Anforderungsprofile in jedem Betrieb in der Tarifregion erlauben.

Mit dem einheitlichen Entgeltrahmenabkommen ist ein gegenüber den bis dahin gültigen Lohn- und Gehaltsrahmenvereinbarungen neues Kriterienraster zur Bewertung von Arbeit definiert worden. Auch wenn dies in manchen Aspekten nichts enthält, was es nicht vorher auch schon in anderen einschlägigen Tarifverträgen gegeben hat (die Dauer der Ausbildung beispielsweise bleibt ein ganz entscheidender Wertmaßstab), ist das ERA doch insgesamt nicht nur deshalb etwas Neues, weil es ein anderes Entgeltgruppenraster und also andere Differenzierungsmöglichkeiten definiert. Weil es auch andere Bewertungskriterien vorgibt, erlaubt es oder – so unsere Hypothese – *verlangt* es auch eine neue Reflexion darüber, welche Anforderungen an unterschiedlichen Arbeitsstellen tatsächlich gestellt werden. Mit anderen Worten: Durch den veränderten Kriterienkatalog ermöglicht das Entgeltrahmenabkommen nicht nur eine innovative Sichtweise darauf, was an einer Tätigkeit als wertvoll zu gelten hat und was nicht.

---

1   Es sei daran erinnert, dass genau darum lange Zeit erbittert gestritten worden ist, so erbittert, dass ein Unternehmen, das von dem strikten Anforderungsbezug in einem Firmentarifvertrag teilweise abgewichen ist, deswegen aus dem Arbeitgeberverband ausgeschlossen wurde (vgl. Knuth 1991; Knuth/Howaldt 1991).

Spätestens dann, wenn die neue Bewertungssystematik in einem Betrieb umge-setzt wird, dürfte es auch einen anderen Blick auf die bestehenden Prozesse und Abläufe bewirken. Anschließend an diese Hypothese wurde im Rahmen unserer Studie untersucht, inwieweit im Zuge der Implementation des ERA Prozesse und Formen der Arbeitsorganisation tatsächlich einer grundlegend neuen Be-trachtung unterzogen worden sind, mit welchen Konsequenzen dies geschehen ist und welche Faktoren dem gegebenenfalls entgegengestanden haben.

Systematisch ist die oberste Prämisse bei der Arbeitsbewertung der aus-schließliche Blick auf die mittels eines (hier: des ERA-) Rasters von Bewer-tungskriterien zu beschreibenden *Anforderungen* an einer Arbeitsstelle. Diese Aufgabenbeschreibung verlangt den Akteuren ab, möglichst konsequent vom Ist-Zustand („wie wird etwas getan?") abzusehen zu Gunsten eines Soll-Zu-stands („wie soll etwas getan werden?"). Dass dies praktisch durchaus nicht so einfach ist, wie es in Lehrbüchern zur Arbeitsbewertung den Anschein haben mag, ist allgemein bekannt. Das ändert aber nichts daran, dass der Anspruch, die Anforderungen an einer Arbeitsstelle zum alleinigen Bezugspunkt der Stellen-bewertung und damit letztlich auch der Eingruppierung der „Inhaber" dieser Stel-len zu machen, die betrieblichen Aushandlungsprozesse strukturiert. Die ent-sprechenden Vorgaben (etwa) durch einen Tarifvertrag ersetzen betriebliche Verhandlungen zwar nicht, aber sie setzen für diese Verhandlungen verbindliche Bedingungen – etwa in der Weise, dass sie für alle Beteiligten definieren, was ein legitimes Argument in einer Auseinandersetzung ist und was „nur" eine For-derung.

Am Beispiel der betrieblichen Umsetzung der im Entgeltrahmenabkommen definierten Bewertungssystematik – so unsere Ausgangsvermutung – kann diese doppelte Bestimmtheit von Einstufungsentscheidungen sehr deutlich gezeigt werden: Wie eine Arbeitsstelle eingestuft werden soll, ist einerseits bestimmt von Vorgaben, die als solche in den betrieblichen Auseinandersetzungen norma-lerweise nicht in Frage gestellt werden, andererseits aber *auch* von betrieblichen Kontingenzen. Zwar hat man es bei der Arbeitsbewertung immer mit politischen Aushandlungsprozessen zu tun, für deren Ergebnis insbesondere die aktuellen Machtverhältnisse zwischen den Betriebsparteien eine erhebliche Bedeutung ha-ben, aber Arbeitsbewertung ist unter den gegenwärtigen Bedingungen in Län-dern wie Deutschland niemals eine reine Machtfrage. Am Beispiel der ERA-Im-plementation wurde mit dem Projekt auch untersucht, wie genau politische Aus-handlungen und Auseinandersetzungen um Leistung und Lohn in den Betrieben durch die Regelungen eines Tarifvertrags strukturiert werden.

Das soziologisch Faszinierende an dem gesamten ERA-Komplex ist in die-sem Zusammenhang – vor jeder inhaltlichen Bestimmung des Vertrags –, dass durch den neuen Entgeltrahmen quasi ein Großversuch initiiert worden ist, bei dem im Wortsinn etwas allumfassend gemacht werden musste, was im Normalfall nur den Produktionsprozess begleitend und jeweils für wenige Einzelfälle stattfindet: Stellenbewertung! Wenn man die Sache genau nimmt und nicht bloß die alten Entgeltstrukturen in das neue Raster überführt (im Jargon nennt man das Regelüberleitung), werden mit der betrieblichen Umsetzung des Entgeltrahmenabkommens im Prinzip 100% der Stellen an einem Firmenstandort auf einen Schlag neu beschrieben und bewertet.[2] Und das geschieht im laufenden Betrieb, d.h. unter der Voraussetzung, dass praktisch all diese Stellen teilweise schon seit vielen Jahren von ganz bestimmten Personen besetzt sind.

Dieser Umstand kann nicht nur bei vielen Arbeitsbewertern die Hemmschwelle erhöhen, Stellen niedriger einzustufen – schließlich wissen sie, welchen Menschen sie damit nolens volens abwerten, wie auch umgekehrt ein Abgruppierter für gewöhnlich weiß, wer für seine Abwertung verantwortlich ist. In den Jahren, eventuell gar Jahrzehnten vor der nun anstehenden Neubewertung dürften sich in vielen Fällen auch Formen der Abstimmung und Arbeitsteilung entwickelt haben, die in der formalen Organisation gar nicht vorgesehen sind, was aber bislang niemanden sonderlich gestört hat und auf höheren hierarchischen Ebenen überhaupt nicht bekannt gewesen sein mag. Die betriebliche Umsetzung der neuen Bewertungssystematik gibt nun aber einen Anlass, die Prozesse neu zu durchleuchten und sie mit den vorgesehenen Standards zu vergleichen. Zumindest potenziell sorgt das für ein durchaus ungewöhnliches Maß an Transparenz, und das wiederum sollte – so eine weitere Hypothese – schon deshalb Konsequenzen für den Prozess der betrieblichen Implementation des ERA haben, weil daran nicht allen Beteiligten gleichermaßen gelegen sein dürfte.

Gerade der letztgenannte Punkt – man betrachtet die Prozesse neu und erfährt dabei, dass vieles anders gemacht werden kann und vielleicht auch sollte – hat bei manchen auch Anlass zu der Hoffnung gegeben, vom Entgeltrahmenabkommen könnten in den Betrieben Impulse für anspruchsvollere Formen der Arbeitsteilung und -organisation ausgehen. Beispiele für eine solche Entwicklung haben wir gesucht, aber nicht gefunden; bestätigen lässt sich allerdings mit unseren Ergebnissen die Hypothese, dass die Umstellung auf die neue Bewertungssystematik in vielen Fällen dazu genutzt wurde, arbeitsorganisatorische Veränderungen, die zum Teil schon Jahre zuvor vollstreckt worden sind, nun auch vergütungsseitig – genauer: bei der Bestimmung der Grundentgelte – nachzuvollziehen (vgl. vor allem Kap. 5).

So oder anders begründete Herabstufungen von Stellen gehen nicht mit einem unmittelbaren Einkommensverlust der Stelleninhaber einher. Teil des Tarifvertragswerks sind umfangreiche Regelungen für derartige Fälle (vgl. Kap. 3).

---

2   Da sich viele Arbeitsvollzüge ähneln, werden in der Regel weit weniger Tätigkeiten beschrieben, als es Arbeitsstellen in einem Betrieb gibt. Der Aufwand ist gleichwohl ganz erheblich.

Gleichwohl dürfte die Erfahrung, dass die eigene Arbeit im Rückblick als über- bewertet dargestellt wird, von den Betroffenen nicht goutiert werden. Welche Bedeutung diese „Anerkennungsfrage" bei der Umstellung spielt, war eine wei- tere der Fragen, die die Fallstudien angeleitet haben.

Vieles von dem, was man bei der betrieblichen Umsetzung des Entgeltrah- menabkommens beobachten kann – und was in der Diskussion oft recht unprä- zise als „Wirkungen des ERA" bezeichnet wird –, hätte man sicher auch gefun- den, wenn die Tarifvertragsparteien der Metall- und Elektroindustrie sich darauf geeinigt hätten, dass die Betriebe innerhalb von vier Jahren alle Stellen nach den alten Lohn- und Gehaltsrahmenabkommen neu beschreiben und bewerten sol- len. Manches hätte man vermutlich aber auch nicht angetroffen. Diesen Unter- schied möglichst eindeutig empirisch zu bestimmen, ist nicht nur politisch schwierig, sondern auch in der Analyse.

Aus den bis hierher skizzierten Überlegungen ergab sich eine Reihe weite- rer forschungsleitender Fragestellungen:

– Was begründet die Legitimität umstrittener Entscheidungen? Begründet sie überhaupt etwas oder gewöhnen sich die Betroffenen nach einer Phase der Unruhe einfach daran?[3]

– Orientiert man sich bei der Stellenbewertung in manchen Betrieben strikter an den Formulierungen des Tarifvertrags als in anderen? Wenn ja, was er- klärt diese Unterschiede?

– Führt die betriebliche Umsetzung der neuen Bewertungssystematik zu einem nennenswerten Transparenzgewinn, und wie schätzen die Betriebsparteien dessen Bedeutung ein?

– Gibt es Hinweise darauf, dass Beteiligte versuchen, Transparenzgewinne eher einzuschränken? Wenn ja, welche Gruppen in einem Betrieb sind das? Und was sind Erfolgsbedingungen einer solchen Strategie?

– In welchem Maße können die Verfahren und Mechanismen des Ausgleichs finanzieller Nachteile für die Beschäftigten im Fall von Auseinandersetzun- gen eine besänftigende Wirkung entfalten?

1.2 Aufbau des Buchs

Im Folgenden werden zunächst Besonderheiten des nordrhein-westfälischen Ta- rifbezirks der Metall- und Elektroindustrie und der Geschichte des Entgeltrah- menabkommens in diesem Bezirk vorgestellt (Kap. 2). Im anschließenden drit- ten Kapitel folgt eine Erläuterung der Spezifika des Tarifwerks selbst (das Ent-

---

3 Diese Frage weist gewiss über die Projektlaufzeit hinaus. Begründete Vermutungen sind auf der Grundlage vor allem der Fallstudien aber möglich (vgl. vor allem Kap. 7).

geltgruppenraster, die Bewertungskriterien etc.) sowie der Einführungsmodalitäten (betriebliche Kostenneutralität, Unter-/Überschreiter, Anpassungsfonds und das besondere Eingruppierungsverfahren).

Während bis dahin das Entgeltrahmenabkommen und Hintergründe seines Entstehens im Mittelpunkt der Betrachtung stehen, verschiebt sich der Fokus der Analyse anschließend auf die betrieblichen Implementationsprozesse. Darstellung und Diskussion im vierten Kapitel drehen sich um zwei Hauptthemen: Zum einen um die materiellen Konsequenzen der Umstellung auf die neue Bewertungssystematik und zum anderen um die Einschätzung des Entgeltrahmenabkommens durch die Betriebsparteien (genauer: die von Management und Betriebsrat). Im fünften Kapitel werden Ergebnisse der Fallstudien vorgestellt und in ihrer Diskussion werden Analyseelemente entwickelt, mit deren Hilfe die betrieblichen Eigenarten („Implementationskonstellationen") von ERA-Umsetzungsprozessen unterschieden werden können. Davon ausgehend wird anschließend die Rolle der Betriebsräte im Umstellungsprozess eingehender erörtert (Kap. 6). Im siebten Kapitel wird zunächst der systematische Hintergrund einiger typischer Konfliktfelder ausgeleuchtet. Im Anschluss geht die Analyse der zentralen Frage nach, auf welche Weise und mit welchen Folgen Objektivität bei der Arbeitsbewertung von den betrieblichen Akteuren intersubjektiv konstruiert und stabilisiert wird. Im abschließenden achten Kapitel wird die leistungspolitische Bedeutung des Entgeltrahmenabkommens und seiner betrieblichen Implementation erörtert und es werden einige organisationspolitische Konsequenzen und Möglichkeiten erörtert, die daraus insbesondere für die Gewerkschaft erwachsen.

2. Spezifika der Tarifregion Nordrhein-Westfalen

Nordrhein-Westfalen ist mit mehr als 18 Millionen Einwohnern das bevölkerungsreichste Land der Bundesrepublik und ein traditioneller Standort für Industriearbeit. Schon immer spielte hier neben der im Wortsinn sichtbareren Montanindustrie die Metallindustrie eine besondere Rolle, und das gilt bis heute. Deutlich mehr als die Hälfte der im September 2007 gut 1,2 Millionen Arbeitsplätze im verarbeitenden Gewerbe gehörten zur Metall- und Elektroindustrie.[1] Nach teils massiven Einbrüchen zu Beginn des Jahrtausends ist der Personalstand bis in die zweite Jahreshälfte von 2008 kontinuierlich gewachsen, mit Steigerungsraten, die teilweise über dem Bundesdurchschnitt lagen (vgl. www.metallnrw.de: Wirtschaftsdaten NRW).

Das Bild von Nordrhein-Westfalen als dem Bundesland der qualmenden Schlote und der gewaltigen Industrieanlagen beruhte wohl schon immer auf einer etwas verzerrten Perspektive, die die Situation in den industriellen Ballungsräumen im Ruhrgebiet und entlang der Rheinschiene für das Ganze genommen hat. Tatsächlich stimmt aber gerade für die Metall- und Elektroindustrie eher das Gegenteil; der Sektor ist überwiegend kleinteilig organisiert. Die große Mehrheit der Beschäftigten arbeitet hier in kleinen oder mittelgroßen, häufig eigentümergeführten Unternehmen; die durchschnittliche Betriebsgröße liegt bei unter 150 Beschäftigten. Und die Betriebe liegen zum ganz großen Teil nicht in den Industriezentren am Rhein und an der Ruhr, sondern in eher ländlichen Gegenden vor allem im Südosten des Landes. „Das industrielle Herz von NRW" – so hat es der ehemalige Bezirksleiter der IG Metall im Interview ausgedrückt – „schlägt im Sauer- und Siegerland und im Märkischen Kreis".

Dies hat auch für die Organisations- und Tarifpolitik der IG Metall Konsequenzen. Denn weil es gerade in den (metall-) industriellen Kernregionen des Landes praktisch keine Großunternehmen mit einem eingespielten Team von freigestellten Betriebsräten und einer kampferprobten Gewerkschaftsbasis in der Belegschaft gibt, fehlen hier auch „Pilotbetriebe", die – wie etwa die großen Automobilfabriken in Baden-Württemberg – eine gewisse Leitfunktion bei Tarifauseinandersetzungen übernehmen können. In welcher Weise die für die Region typische strukturierte Vielfältigkeit auch bei der betrieblichen Umsetzung

---

1 Eigene Berechnung basierend auf Daten des statistischen Landesamts Nordrhein-Westfalen. Berücksichtigt worden sind die vier Wirtschaftszweige Metallerzeugung und -bearbeitung (NACE-Klassifizierung: DJ). Maschinenbau (DK29), Herstellung von Büromaschinen, Datenverarbeitungsendgeräten, Elektrotechnik etc. (DL) sowie der Fahrzeugbau (DM). (www.lds.nrw.de/ statistik/datenangebot/daten/j/r321verarbgewerbe2. html; aufgerufen am 5.9.09)

des Entgeltrahmenabkommens bedeutsam (gewesen) ist, wird im weiteren Verlauf der vorliegenden Analyse untersucht.

2.1 Überwiegend mittelständisch, häufig eigentümergeführt: Zur Struktur der Metall- und Elektroindustrie in Nordrhein-Westfalen

Rein quantitativ ist die nordrhein-westfälische Metall- und Elektroindustrie also vom Mittelstand dominiert. Dies gilt – wie in anderen Tarifbezirken auch – insbesondere für die nach der Zahl der Beschäftigten größte Teilbranche, den Maschinenbau (vgl. Tab. 2-2). Zwar gibt es auch Großbetriebe – die Automobilwerke von Ford in Köln und von Opel in Bochum dürften die bekanntesten sein –, aber das sind hier zu Lande rare Ausnahmen.

Insgesamt gehören in der zweiten Hälfte von 2007 fast 6.000 Betriebe zu dem Wirtschaftszweig (vgl. Abb. 2-1), deutlich mehr als 4.000 davon sind ausgesprochene Kleinbetriebe mit 100 oder weniger Beschäftigten, 96% der Betriebe fallen in die Größenklasse bis unter 500 Beschäftigte, der Anteil mit einer Belegschaftsgröße von mehr als 1.000 liegt unter 1,5%. Die Anteile an der Gesamtbeschäftigung im Sektor sind naturgemäß anders verteilt, aber auch hier spielen kleine und mittelgroße Betriebe eine sehr wichtige Rolle. Während mehr als 460.000 Arbeitskräfte des Sektors in Betrieben mit weniger als 500 Beschäftigten arbeiten, sind es in Großbetrieben mit einer Belegschaftsstärke von über 1.000 Frauen und Männern knapp 170.000. Circa 65% der Arbeitsplätze in der nordrhein-westfälischen Metall- und Elektroindustrie gehören zu Betrieben mit weniger als 500 Beschäftigten.

Tab. 2-1: Betriebsgrößenklassen und Beschäftigte in der M+E-Industrie in NRW

	\multicolumn{5}{Beschäftigte}				
	bis 99	100 bis 499	500 bis 999	mehr als 1.000	Σ
Betriebe	4.381	1.352	167	77	5.977
Beschäftigte insgesamt	*173.769*	*291.831*	*110.017*	*169.655*	*745.272*

Quelle: www.lds.nrw.de/statistik/datenangebot/daten/j/r321verarbgewerbe2.html; aufgerufen am 5.9.09)

Auch in der Mitgliedschaft der Metallarbeitgeberverbände im Land, die für unsere Untersuchung von besonderer Bedeutung ist, finden sich größtenteils kleine oder mittelständische Unternehmen, der Anteil ganz kleiner (unter 100 Beschäftigte) ist allerdings etwas geringer als im Land insgesamt. Mehr als drei Viertel der etwa 2.300 organisierten Firmen haben weniger als 200 Beschäftigte; neun von zehn unter ihnen fallen in die Kategorie „klein oder mittelständisch" (Personalstärke bis 500). Der Anteil von Großbetrieben mit mehr als 1.000 Arbeitskräften liegt bei nur 3,5%; auf diese großen Unternehmen zusammen entfällt allerdings mehr als ein Drittel aller in einem nordrhein-westfälischen Metallarbeitgeberverband repräsentierten Arbeitsplätze.

In den Statistiken des Düsseldorfer Dachverbands Metall NRW werden zehn Branchen der Metall- und Elektroindustrie unterschieden (vgl. Tab. 2-2). Die mit einigem Abstand größte von ihnen ist, wie schon erwähnt, der Maschinenbau; fast ein Drittel der Arbeitsplätze im Sektor entfällt auf diesen Bereich. An zweiter Position steht mit einem guten Fünftel der Beschäftigten die Elektroindustrie. Es folgen die Automobilindustrie sowie die Eisen-, Blech- und Metallwarenindustrie (EBM) mit Anteilen von jeweils über 10%.

Abb. 2-1: Betriebe und Beschäftigte nach Betriebsgrößenklassen[a] (in %)

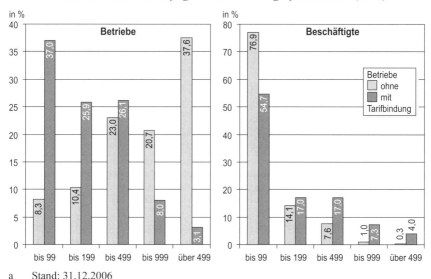

a   Stand: 31.12.2006

Quelle: www.metallnrw.de: Wirtschaftsdaten NRW, Betriebsgrößen; aufgerufen am 4.9.09

Wie für das produzierende Gewerbe insgesamt gilt auch für die Erzeugnisse der nordrhein-westfälischen Metall- und Elektroindustrie, dass das Produktangebot, um in der Konkurrenz bestehen zu können, zunehmend durch zugehörige Dienstleistungen ergänzt werden muss. Dies hat Konsequenzen auch für die in den Betrieben benötigten Kompetenzen, und dies wiederum führte häufig zu massiven Problemen, weil entsprechende neue Tätigkeitsprofile nur mit sehr viel Phantasie in das bestehende Lohn- oder Gehaltsgruppenraster einsortiert werden konnten, dessen grundlegende Bewertungssystematik schon vor einigen Jahrzehnten spezifiziert worden ist.

Im Jahr 2006 wurde von der nordrhein-westfälischen Metall- und Elektroindustrie ein Gesamtumsatz von fast 155 Milliarden Euro erwirtschaftet. Ein Großteil davon ist auf das Exportgeschäft entfallen. Nach Einschätzungen des Arbeitgeberverbands sind inzwischen fast zwei Drittel aller Branchenarbeitsplätze im Land direkt oder indirekt vom Export abhängig. (www.metallnrw.de: Wirtschaftsdaten NRW; aufgerufen am 4.9.08).

Tab. 2-2: Branchen der Metall- und Elektroindustrie NRW im Jahr 2006[a]

Teilbranche	Beschäftigte	Prozentanteil
Maschinenbau	207.125	31,2
Elektroindustrie	138.881	20,9
Automobilbau	81.881	12,3
EBM-Waren	77.083	11,6
Stahlverformung	59.172	8,9
Stahl- und Leichtmetallbau	34.803	5,2
Gießereien	21.129	3,2
NE-Metallindustrie	20.260	3,1
Ziehereien, Kaltwalzwerke	12.284	1,9
Übriger Fahrzeugbau[b]	11.209	1,7
M+E insgesamt	663.827	100,0

a   Die beiden Tabellen 2-1 und 2-2 sind nur bedingt zu vergleichen. Einerseits beziehen
      sich die Angaben auf unterschiedliche Jahre, andererseits ist die in Tabelle 2-2 vorge-
      nommene Einteilung in Teilbranchen nicht deckungsgleich mit der von oben. Die An-
      gaben sollen in erster Linie Größenverhältnisse innerhalb der Metall- und Elektro-
      industrie in Nordrhein-Westfalen andeuten.
b   Schiffbau, Schienenfahrzeugbau, Luft- und Raumfahrzeugbau, sonstiger Fahrzeugbau
Quelle: www.metallnrw.de: Wirtschaftsdaten NRW, Branchen; aufgerufen am 4.9.09

Die betrieblichen Aufwendungen für die Entgelte in der Branche sind in Nordrhein-Westfalen nach einem Höhepunkt im Jahr 2001 zunächst tendenziell gesunken um erst 2006 wieder nennenswert anzusteigen, obwohl die Beschäftigtenzahl in diesem Jahr noch abgenommen hat. Für 2007 lagen bei Abschluss unserer Untersuchung nur vorläufige Angaben vor; nach diesen stieg die Lohn- und Gehaltssumme von 27,1 Milliarden Euro im Vorjahr deutlich auf 28,6 Milliarden an. Das steht in Übereinstimmung mit dem kräftigen Beschäftigungszuwachs in diesem Jahr. Der Entgeltkostenanteil am Umsatz ist dagegen zwischen 2003 und 2007 kontinuierlich gesunken (www.metallnrw.de: Wirtschaftsdaten NRW, Metall im Trend, Lohnkosten; aufgerufen am 4.9.08).

Tab. 2-3: Entwicklung der Entgeltkosten in der Metall- und Elektroindustrie NRW

	1999	2000	2001	2002	2003	2004	2005	2006	2007
Summe der Gehälter & Löhne (in Mrd. €)	26,7	27,1	27,3	26,7	26,6	26,7	26,7	27,1	28,6
Änderung in %	1,2	1,6	0,7	–1,9	–2,1	0,5	–0,1	1,7	5,5
Entgeltkosten in % vom Umsatz	21,5	19,9	20,1	20,5	20,7	19,2	18,6	17,5	16,7

Quelle: www.metallnrw.de: Wirtschaftsdaten NRW, Metall im Trend, Lohnkosten; aufgerufen am 4.9.09

2.2 Tarifvertragsparteien und industrielle Beziehungen in der nordrhein-westfälischen Metall- und Elektroindustrie

Tarifvertragsparteien in der Metall- und Elektroindustrie in Nordrhein-Westfalen sind im Normalfall die Bezirksleitung der IG Metall und der Arbeitgeberverband Metall NRW. Vertreter dieser beiden Organisationen haben auch das Entgeltrahmenabkommen ausgehandelt und unterzeichnet.

2.2.1 Der Arbeitgeberverband der Metall- und Elektroindustrie Nordrhein-Westfalen e.V.

Kleinteiligkeit und Dezentralität kennzeichnen auch die Organisationsstrukturen der einen der beiden Tarifvertragsparteien im Bezirk Nordrhein-Westfalen, nämlich der Arbeitgeberverbände. Metall NRW, Verband der Metall- und Elektro-Industrie Nordrhein-Westfalen e.V., ist – und das unterscheidet diese von anderen Tarifregionen in der Bundesrepublik – ein Verband von Verbänden. Seine Mitglieder sind nicht einzelne Arbeitgeber, sondern insgesamt 28 voneinander unabhängige regionale Arbeitgeberverbände sowie eine so genannte Fachgruppe Dienstleistung.[2] Mehr als die Hälfte der Branchenarbeitskräfte im Land sind in einer Firma angestellt, die über ihre Mitgliedschaft in einer dieser regionalen Arbeitgeberorganisationen zum Düsseldorfer Dachverband Metall NRW gehört.

Metall NRW ist seinerseits Mitglied im Spitzenverband der deutschen Metall- und Elektroindustrie (Gesamtmetall). Gemessen an der Zahl der Arbeits-

---

2   „In dieser Fachgruppe können Arbeitgeberverbände oder Fachgruppen von Arbeitgeberverbänden aus dem Dienstleistungsbereich Mitglied werden und so eine erfahrene tarif- und sozialpolitische Betreuung ihrer Mitgliedsbetriebe erhalten." (www.metallnrw.de: Fachgruppe Dienstleistung; aufgerufen am 4.9.09)

kräfte bei den Mitgliedsunternehmen ist er mit mehr als 370.000 Beschäftigten (Ende 2007) nach Südwestmetall (mit gut 480.000 Beschäftigten) und dem bayrischen VBM (mehr als 417.000) der drittgrößte Mitgliedsverband von Gesamtmetall. Gemessen an der Zahl der von ihm vertretenen Unternehmen ist er der mit einigem Abstand größte (mehr als 2.000, gefolgt von Südwestmetall mit etwa 1.200), was noch einmal die quantitative Bedeutung kleinerer Metall- und Elektrofirmen in Nordrhein-Westfalen belegt. Metall NRW ist auch der Mitgliedsverband von Gesamtmetall, der die meisten Mitgliedsfirmen ohne Tarifbindung hat, nämlich über 600. Nur der grundsätzlich tariflose Bayerische Unternehmensverband Metall und Elektro hat mehr (www.gesamtmetall.de/gesamtmetall/meonline.nsf/id/DE_Zeitreihen; aufgerufen am 3.9.09).

Seit der Verschmelzung der beiden Metallarbeitgeberverbände von Hagen und Iserlohn zum Märkischen Arbeitgeberverband[3] ist dieser mit rund 360 Mitgliedsfirmen mit zusammen mehr als 45.000 Beschäftigten der größte Einzelverband unter dem Dach von Metall NRW. Es folgen mit circa 230 Mitgliedern der Arbeitgeberverband der Metall- und Elektro-Industrie Lüdenscheid, der Unternehmensverband Westfalen-Mitte mit Sitz in Arnsberg (circa 160 Mitglieder) und der Arbeitgeberverband der Metallindustrie von Wuppertal und Niederberg (etwa 140 Mitgliedsfirmen). Diese vier Organisationen aus dem Sauerland und dem Bergischen Land allein umfassen somit zusammen mehr als ein Drittel aller von NRW Metall vertretenen Unternehmen mit fast einem Drittel der verbandlich repräsentierten Arbeitsplätze.

Metall NRW wird durch Umlagen seiner Mitglieder finanziert. Diese entsenden auch Vertreter in die Mitgliederversammlung des landesweiten Arbeitgeberverbands; wie viele Delegierte ein regionaler Verband entsenden kann, richtet sich nach Zahl und Größe der in ihm organisierten Unternehmen. Die Mitgliederversammlung wählt den Vorstand und ist in erster Linie für die Genehmigung des Haushalts des Dachverbandes zuständig.

Verantwortlich für die Umsetzung der Beschlüsse der Führungsgremien und für die laufenden Verbandsgeschäfte ist die Geschäftsführung, der ein Hauptgeschäftsführer vorsteht. Die Düsseldorfer Geschäftsstelle von Metall NRW ist in drei Fachbereiche untergliedert: Tarif, Recht sowie Bildungs- und Gesellschaftspolitik. Zu den zur Zeit unserer Erhebungen etwa 25 Beschäftigten der Geschäftsstelle gehören auch insgesamt drei Verbandsingenieure, von denen zwei im Wesentlichen mit der Unterstützung von Mitgliedern und Unternehmen bei

---

3   Der Zusammenschluss erfolgte im Mai 2008 rückwirkend zum Jahresbeginn (www.mav-hagen.de/aktuelles/?itemid=724; aufgerufen am 12.8.08). Mindestens drei weitere Fusionen standen zu dieser Zeit noch bevor, so dass die Verbandslandschaft in Nordrhein-Westfalen zukünftig wohl noch etwas übersichtlicher werden wird. Ende 2007 hatte Metall NRW sogar noch 31 Mitgliedsverbände.

der Implementation des Entgeltrahmenabkommens beschäftigt sind. Die beiden waren auch schon an den Verhandlungen um das ERA beteiligt.

Metall NRW ist ausdrücklich als Tarifvertragspartei gegründet worden; die Satzung regelt, dass die Mitgliedsverbände ihre Tarifhoheit an den Dachverband abtreten.[4] Eine von Metall NRW vereinbarte tarifliche Regelung gilt deshalb auch da, wo ein lokaler Verband im Vorfeld Einwände gegen das Vereinbarte erhoben hat. Deshalb wird in der Satzung festgelegt, dass die Zustimmung der Mitglieder zu den vom Dachverband ausgehandelten Verträgen mit qualifizierter Mehrheit erfolgen muss. Viele Jahre lang war das eine Mehrheit von 80% der regionalen Verbände. Unter diesen Bedingungen war der Abstimmungsbedarf erheblich groß, wenn die Verhandlungsführer von Metall NRW nicht riskieren wollten, bei ihrer eigenen Klientel zu scheitern. Um hier das Procedere zu vereinfachen und auch um zu verhindern, dass wenige kleine Verbände Entscheidungen für das ganze Tarifgebiet torpedieren können, hat man 2006 die Satzung geändert. Seither gilt ein ausgehandelter Tarifvertrag erst dann als abgelehnt, wenn 20% der Mitglieder mit 30% der Beschäftigten im Dachverband dagegen stimmen.

Zu einer weiteren Straffung der Abstimmungsprozesse kam es, als man für die Tarifrunde 2006 erstmals einen Rat von fünf Regionalvertretern gebildet hat. Sie werden von den Vorständen der Verbände

(a) entlang der Rheinschiene,
(b) aus dem Ruhrgebiet,
(c) dem Bergischen Land,
(d) Ostwestfalen und
(e) dem Sauer- und Siegerland und dem Märkischen Kreis bestimmt.

Diese fünf Delegierten bilden seither zusammen mit dem Präsidenten von Metall NRW, seinem Hauptgeschäftsführer und dessen Vertreter sowie zwei weiteren Personen die Verhandlungskommission der Arbeitgeber. Eine wesentliche Aufgabe der Regionalvertreter ist es, während der Verhandlungen mit der IG Metall die Information der und die Abstimmung mit den Verbänden in ihrer jeweiligen Region sicherzustellen. Zwar müssen diese nach wie vor einzeln einem Abschluss zustimmen, aber nach Angaben aus dem Dachverband trägt diese Regelung dazu bei, dass Unstimmigkeiten schon früher artikuliert und zwischen den Verbänden in einer Region ausgeräumt werden können. Und das führe letztlich zu einer Stärkung der Verhandlungsführer.

---

4   Anders die oben erwähnte Fachgruppe Dienstleistung; sie ist satzungsgemäß in der Lage, „unabhängig von den Metalltarifverträgen mit Gewerkschaften tarifvertragliche Regelungen abzuschließen" (www.metallnrw.de: Fachgruppe Dienstleistung; aufgerufen am 1.9.09).

„Infrastruktur" für die ERA-Umsetzung

Metall NRW ist nicht nur eine Tarifvertragspartei und war als solche Verhand-
lungsführerin der Arbeitgeber bei der *Aushandlung* des Entgeltrahmenabkommens; der Dachverband unterstützt Mitgliedsfirmen auch massiv bei der betrieblichen *Umsetzung* des Tarifvertrags. Schon im Jahr 2000 wurden auch zu diesem
Zweck zwei Verbandsingenieure neu eingestellt, und in der Folge haben sich
auch viele Mitgliedsvereinigungen mit solchen Experten personell verstärkt, so
dass die Arbeitgeberverbände in Metall NRW Ende des Jahres 2006 zusammen
29 Verbandsingenieure beschäftigt haben. Bei den großen Organisationen waren
das zum Teil mehrere, dafür hatten manche der kleineren überhaupt keinen.

Informationsveranstaltungen des Verbands zum Entgeltrahmenabkommen
haben begonnen, sobald mit der IG Metall erste Ergebnisse ausgehandelt worden waren. Bis Mitte 2007 summierte sich ihre Zahl auf über 200. Zwischen
März 2003 und April 2006 veröffentlichte Metall NRW zudem 14 Ausgaben
eines elektronischen Informationsbriefs („ERA-Infobriefe"). Das Arbeitgeber-
Bildungswerk veranstaltete bis mindestens 2008 eine Vielzahl von Seminaren
für Manager und Betriebsräte zum Thema. Auf seiner Website ermöglicht der
Dachverband Zugang zu einer Datenbank mit einschlägigen Informationen.
Schließlich vertreibt er auch einen zweibändigen Leitfaden sowie eine CD-ROM
mit Informationen, Präsentationsunterlagen, einschlägigen Musterbetriebsverein-
barungen und dergleichen mehr.

Bereitgestellt wird aber nicht nur Informationsmaterial, sondern auch ein
Kostenprognoseprogramm, mit dem in jedem Betrieb die im Gefolge der Umstellung auf die Bewertungssystematik des ERA zu erwartende Kostenentwicklung mit relativ wenig Aufwand berechnet werden kann; dies ist ein für das von
den Tarifvertragsparteien empfohlene Einführungsverfahren immens wichtiges
Instrument (vgl. Abschnitt 3.4).

Die beiden ERA-Experten unter den Verbandsingenieuren des Dachverbands sind zwar primär für die Schulung und Information der Mitglieder – also
im Wesentlichen der Verbandsingenieure der regionalen Arbeitgebervereinigun-
gen – zuständig. Dort, wo solche Arbeitswirtschaftsexperten nicht beschäftigt
werden, gehen sie aber auch selbst in die Betriebe. „Vor Ort" sind sie auch immer dann, wenn die Betriebsparteien sich nicht einigen können und deshalb die
Tarifvertragsparteien hinzugezogen werden.

Das Beratungs- und Unterstützungsangebot durch die Arbeitgeberverbände
wird auch von ihrem Gegenpart für sehr gut gehalten. Besonders aus örtlichen
Verwaltungsstellen der IG Metall haben wir mehrfach die Einschätzung gehört,
dass die Arbeitgeberseite wegen der besseren personellen Ausstattung ihre Klientel wirksamer unterstützen könne als die Gewerkschaft die ihre.

2.2.2 IG Metall Bezirk Nordrhein-Westfalen

Die Industriegewerkschaft Metall hatte in Nordrhein-Westfalen Ende Dezember 2007 etwa 600.000 Mitglieder (im Jahr 2000 waren es noch 100.000 mehr) aus 15 Wirtschaftszweigen.[5] In den Betrieben im Land ist die Gewerkschaft mit mehr als 30.000 ehrenamtlichen Vertrauensleuten präsent; fast zwei Drittel von ihnen sind zugleich auch Betriebsräte. Im Bezirk gibt es 46 lokale Verwaltungsstellen. Nordrhein-Westfalen ist nach jedem dieser Indikatoren der größte der sieben Bezirke der Industriegewerkschaft Metall.

Jede Verwaltungsstelle wird von einem gewählten Ortsvorstand und einer oder einem ebenfalls gewählten hauptamtlichen Bevollmächtigten geleitet. Anders als im Fall der regionalen Arbeitgeberverbände ist eine Verwaltungsstelle aber keine selbstständige Organisation. Gemäß der Satzung der IG Metall (Paragraph 1.4.4) leitet der Ortsvorstand sie

„nach dem vom Vorstand aufgrund der Beschlüsse des Gewerkschaftstages, Beirates und Vorstandes gegebenen Anweisungen, Richtlinien und Vollmachten."

Formal unterstehen also die lokalen Verwaltungsstellen ebenso wie die Bezirksleitungen dem Vorstand der Gewerkschaft mit Sitz in Frankfurt.

Im Bezirk Nordrhein-Westfalen beschäftigt die IG Metall insgesamt etwa 180 politische Gewerkschaftssekretärinnen und -sekretäre sowie 230 Verwaltungsangestellte. Direkt bei der Bezirksleitung in Düsseldorf arbeiten 18 politische Sekretäre und Sekretärinnen sowie 19 Verwaltungsangestellte. Sie alle sind, wie auch der Bezirksleiter, Angestellte des Bundesvorstands der Gewerkschaft.

Die Düsseldorfer Bezirksleitung der IG Metall ist bekannt für ein auffallend hohes Maß an Flexibilität. So hat man beispielsweise nach Angaben ihres Pressesprechers bis Ende 2006 in mehr als 160 Fällen Abweichungen vom Tarifvertrag nach den Regularien der Pforzheimer Vereinbarung zugestimmt (Die Tageszeitung, Regionalteil NRW vom 3.1.2007). Auch mit innovativen tarifpolitischen Vorstößen – so etwa mit Tarifverträgen zur Qualifizierung und zu altersgerechter Arbeit – hat man wiederholt über Nordrhein-Westfalen hinaus für Aufmerksamkeit gesorgt.

Spätestens seit der Amtsübernahme des zur Zeit unserer Erhebungen amtierenden Bezirksleiters im Spätsommer 2004[6] scheint die Mitgliedergewinnung ein vorrangiges Ziel der Aktivitäten auf allen Ebenen geworden zu sein. Die

---

5   Neben den in Tabelle 2-2 genannten zehn Metall- und Elektro-Branchen sind dies die Holz- und Kunststoff-, die Textil- und die Bekleidungsindustrie sowie der Sektor „Textile Dienste". Darüber hinaus organisiert die IG Metall auch Beschäftigte aus der Informations- und Kommunikationswirtschaft sowie der Zeitarbeitsbranche.

6   Er wurde 2007 stellvertretender Vorsitzender der Gewerkschaft und wechselte deshalb nach Frankfurt.

Verwaltungsstellen waren seither gehalten, Geschäftspläne zu erarbeiten, um dies zu unterstützen, und die Bezirksleitung hat eine Reihe entsprechender Programme aufgelegt. Zu Beginn seiner Amtszeit erklärte der Bezirksleiter in einem Interview mit der Mitgliederzeitschrift seine Leitlinie wie folgt:

> „Wir müssen uns auf Aktivitäten und Themen konzentrieren, die (...) dazu beitragen, Mitglieder zu halten und neue zu gewinnen. Wir müssen konsequent das lassen, was organisationspolitisch erfolglos ist." (NRW-metall, September 2004, S. 34)

Der Begriff, mit dem diese Programmatik bezeichnet wird, ist „mitgliederorientierte Offensivstrategie". Die Frage, inwieweit es im Sinne dieser Strategie organisationspolitisch erfolgreich ist, wird auch an das Entgeltrahmenabkommen gestellt.

In mancher Hinsicht markiert die „mitgliederorientierte Offensivstrategie" eine grundlegende Umorientierung weg von einer Stellvertreterpolitik hin zur Mobilisierung der einzelnen Mitglieder.[7] Und auch dies hat seinen Niederschlag in der Art gefunden, wie im Bezirk das Entgeltrahmenabkommen thematisiert und seine betriebliche Umsetzung von der Gewerkschaft begleitet wird.

„Infrastruktur" für die ERA-Umsetzung

Die Schulungen von Gewerkschaftsfunktionären zum Entgeltrahmenabkommen haben bereits während der Verhandlungen über den Tarifvertrag begonnen. Adressaten waren von Beginn an ehrenamtliche Multiplikatoren aus der gewerkschaftlichen Bildungsarbeit, Betriebsräte und Hauptamtliche. Bezirksweite Angebote werden seither von gewerkschaftlichen Bildungsträgern wie etwa dem Bildungswerk des DGB Nordrhein-Westfalen und von Schulungszentren wie der IG Metall Bildungsstätte Sprockhövel durchgeführt. Diese Organisationen agieren im Auftrag der Bezirksleitung nach Vorgaben, die in entsprechenden Verträgen fixiert sind.

Wichtige Multiplikatoren sind auch die Verwaltungsstellen der Gewerkschaft. Jede von ihnen hat mehrere ehrenamtliche Referenten, die speziell zum Entgeltrahmenabkommen geschult worden sind, sowie (meist) einen ERA-Beauftragten, der für die Gesamtplanung der einschlägigen Maßnahmen der Verwaltungsstelle und dafür verantwortlich ist, dass entsprechende Schulungen durchgeführt werden. Diese Beauftragten organisieren auch so genannte ERA-

---

7   In der allzu großer Gewerkschaftsnähe sicher unverdächtigen *Financial Times Deutschland* hat man das offenbar einigermaßen erstaunt zur Kenntnis genommen; im genregemäßen Jargon formuliert: „Die IG Metall wandelt sich vom Bevormunder zum Partner und stärkt die Verantwortung der Mitglieder" (Rademaker 2006). In *Die Zeit* verstieg man sich gar dazu, von einer „Kulturrevolution in der IG Metall" zu reden (Gehrmann/Rudzio 2006).

Arbeitskreise für Betriebsräte und Vertrauensleute im Gebiet ihrer Verwaltungsstelle. Solche Arbeitskreise werden zudem von der Bezirksleitung für größere
Regionen mehrmals im Jahr durchgeführt; sie dienen insbesondere dem Austausch von Erfahrungen bei der betrieblichen Umsetzung des ERA und der
Abstimmung einer kohärenten Strategie.

Es gibt bundesweit eine große Zahl von privaten Beratungsfirmen, die Unterstützung bei der betrieblichen Umstellung auf die Bewertungssystematik des
Entgeltrahmenabkommens kommerziell anbieten. Die Bezirksleitung empfiehlt
den Betriebsräten in Nordrhein-Westfalen, sich nur an solche unter diesen zu
wenden, die von ihr zertifiziert worden sind. Eine Voraussetzung, die erfüllt sein
muss, damit eine Beratungseinrichtung ein derartiges Zertifikat erhält, ist der
Abschluss einer Kooperationsvereinbarung mit der Düsseldorfer Bezirksleitung.
In diesen Verträgen wird nicht nur fixiert, zu welchen inhaltlichen Aspekten des
Abkommens der entsprechende Anbieter beraten kann, sondern auch in groben
Zügen, wie dabei zu verfahren ist. So verpflichten sich die Auftragnehmer, in
enger Abstimmung mit der zuständigen Verwaltungsstelle zu agieren. So soll
sichergestellt werden, dass bei der Beratung der Betriebsräte der politische Charakter der Umstellung auf die neue Bewertungssystematik immer präsent bleibt
und die betriebliche ERA-Einführung nicht als ein rein technisches Problem behandelt wird.[8] Ende 2006 gab es zehn Institute mit zusammen 35 persönlich zer-
tifizierten Beratern in Nordrhein-Westfalen.

Die Bezirksleitung hat zudem zu Beginn der Umstellungsphase im Frühjahr
2005 ein Internet-Forum zum Thema Entgeltrahmenabkommen eröffnet. Ursprünglich war die entsprechende Website allen Interessierten zugänglich, inzwischen haben aber nur noch Mitglieder der IG Metall Zugriff darauf. Diese
Beschränkung der Zugangsberechtigung erfolgte aus einem organisationspoliti-
schen Grund: Man will unmittelbar erfahrbar machen, dass die Mitgliedschaft in
der Gewerkschaft Vorteile bringt, die Außenstehende nicht haben. Dieses Forum
wird vor allem von Betriebsräten und Vertrauensleuten genutzt, um Erfahrungen
bei und im Vorfeld der Implementation in ihren Betrieben auszutauschen. Auf
diese Weise werden aber auch häufig Fragen an die Zuständigen bei der Bezirksleitung übermittelt und von diesen dann ebenfalls im Forum beantwortet.

2.2.3 Handlungs- und Orientierungsmuster der Tarifparteien: Prinzipiell verständigungsorientiert und flexibel

Ein Arbeitgeberverband und eine Gewerkschaft sind von ihrem Sinn her gegen-
einander gerichtete Organisationen. Dies bedeutet freilich nicht zwangsläufig,
dass die Menschen, die im Auftrag einer dieser Organisationen handeln, koope-

---

8   Dies ist eingebettet in die oben vorgestellte „mitgliederorientierte Offensivstrategie".

rationsunwillig gegenüber der anderen sind. Gerade das deutsche System der industriellen Beziehungen ist bekanntlich in einem hohen Maße auf Ausgleich und Konfliktbearbeitung ausgelegt (vgl. etwa Müller-Jentsch 1997, 2007). Dass eine ausschließlich auf Widerspruch und Maximierung des Nutzens der eigenen Klientel angelegte Politik in einem mehr als fünfjährigen Verhandlungsprozess – die offiziellen Gespräche um ein Entgeltrahmenabkommen haben in Nordrhein-Westfalen schon 1998 begonnen – in einer Kerngruppe von kaum mehr als einem Dutzend Personen schwerlich konsequent durchzuhalten ist, dürfte ebenfalls ohne weitere Begründung einleuchten. Deshalb ist es nicht verwunderlich, dass Vertreter jeder Seite im Interview den jeweiligen Gegenpart im Rückblick als bisweilen harten, aber im Grunde verständigungsbereiten Verhandlungsführer eingeschätzt haben. Das schließt nicht aus, dass bisweilen scharfe Interessen- und Einschätzungsunterschiede auch hart ausgetragen werden (vgl. etwa Hering/ Hofmann 2008; Sadowski 2008).

Diese gleichwohl grundlegende Kooperationsbereitschaft kennzeichnet nicht bloß die Tarifvertragsparteien. Man findet dies auch „in der Fläche". So war zumindest in dem von uns beobachteten Zeitraum, was die Umsetzung des Entgeltrahmenabkommens betrifft, in Nordrhein-Westfalen ein insgesamt kooperativer, bisweilen gar kollegialer Umgang zwischen örtlichen Gewerkschaftsfunktionären in den Verwaltungsstellen und den Verbandsingenieuren der regionalen Arbeitgeberverbände nicht unüblich. Das gilt nicht nur für informelle Kontakte. So konnten wir etwa eine ERA-Fachtagung für Betriebsräte beobachten, die eine IG-Metall-Verwaltungsstelle gemeinsam mit dem Arbeitgeberverband der Region veranstaltet hat und die im Wesentlichen vom regionalen Verbandsingenieur bestritten wurde. Angesichts der Tatsache, dass die Implementation des Entgeltrahmenabkommens in vielen Betrieben eine Abwertung von etlichen Arbeitsstellen zur Folge hat, ist dieser unaufgeregte Umgang miteinander nicht unbedingt zu erwarten.

Man sollte die Bedeutung dieses Beispiels aber auch nicht überschätzen. Es gibt im Zusammenhang mit der Durchsetzung des Entgeltrahmenabkommens Konflikte und Auseinandersetzungen auf allen Ebenen. Und vor allem in den Betrieben werden sie zum Teil sehr heftig geführt (vgl. Kap. 5).

Dass die Parteien in diesem Tarifbezirk über weite Strecken prinzipiell verständigungsorientiert miteinander umgehen, darf auch nicht als Indikator dafür gelesen werden, dass die industriellen Beziehungen im Land Nordrhein-Westfalen nicht die für das deutsche System insgesamt diagnostizierten Erosionstendenzen (vgl. Bispink/Schulten 1998) erleben. Vor allem drohen auch hier ehemals stabile institutionelle Eckpfeiler durch massiven Mitgliederschwund der Interessenverbände beider Seiten ins Wanken zu geraten. Die beiden Tarifparteien haben darauf unterschiedlich reagiert.

Die IG Metall hat die schon vorgestellte „mitgliederorientierte Offensivstrategie" ausgerufen. Diese Politik folgt drei Maximen: einer demonstrativen Orientierung an den Interessenlagen der Mitglieder, einer starken Beteiligung der Mitglieder an Entscheidungen und einer Bevorzugung von Mitgliedern gegenüber Arbeitnehmern, die nicht der IG Metall beigetreten sind. Auf diese Weise versucht man, den Mitgliederschwund zu bremsen und den Trend möglichst umzudrehen.

Dass die Mitgliedsverbände von Metall NRW in den letzten Jahren verstärkt die Möglichkeiten einer Zugehörigkeit ohne Tarifbindung anbieten,[9] ist ebenfalls eine Reaktion auf den realen oder drohenden Verlust von Mitgliedern. Mit Blick auf Metall NRW wurde allerdings diagnostiziert, man verfolge im Vergleich zu anderen Vereinigungen unter dem Dach von Gesamtmetall

> „eine eher defensive OT(ohne Tarifbindung)-Politik. OT-Verbände wurden erst relativ spät eingerichtet und werden nicht ausdrücklich ... als Druckmittel gegen die Gewerkschaft genutzt." (Haipeter/Schilling 2006, S. 173)

Nicht sonderlich überraschend ist, dass beide Tarifvertragsparteien die Bedeutung des Flächentarifvertrags hochhalten. Die IG Metall erwartungsgemäß noch etwas offensiver als Metall NRW. So unterstrich der Ende 2007 ins Amt gekommene neue Bezirksleiter auf einer Mitgliederversammlung seiner Organisation unter der Überschrift „Perspektiven zukunftsfähiger Tarifpolitik im Spannungsfeld zwischen Fläche und Betrieb" ausdrücklich, dass der Flächentarifvertrag „das überlegene System" sei und bleibe. Dessen ungeachtet konzediert er an gleicher Stelle, dass Regelungen „in der Fläche" nur Mindeststandards und Rahmenbedingungen festlegen und so Spielraum schaffen könnten – und müssten – für passgenaue betriebliche Gestaltung (Burkhard 2008).

Dass genau dies im Tarifbezirk Nordrhein-Westfalen bereits gängige Praxis sei, betont Metall NRW unter anderem auf der Internet-Seite des Verbands.

> „Die Flächentarifverträge in der nordrhein-westfälischen Metall- und Elektroindustrie halten ein ganzes Bündel von Flexibilisierungsbestimmungen für die Betriebe bereit. Durch Nutzung der vorhandenen Differenzierungs- und Gestaltungsmöglichkeiten können die Unternehmen Kostenentlastungen erreichen und Betriebsabläufe besser gestalten. Die Öffnungen in den M+E-Tarifverträgen bieten den Betrieben insbesondere im Bereich der Arbeitszeitgestaltung und auch bei den Tarifentgelten einen großen Flexibilisierungsspielraum." (www.metallnrw.de: Flexibilisierung; aufgerufen am 2.9.08)

Diesem einleitenden Statement folgt eine lange Auflistung von Tatbeständen, bei denen nordrhein-westfälische Flächentarifverträge betriebliche Entscheidungsspiel-

---

9   Mehr als ein Drittel der Unternehmen in den Mitgliedsverbänden von Metall NRW unterliegt nicht der Tarifbindung, in einigen Verbänden liegt der Anteil sogar über 50%.

räume ausdrücklich anerkennen; sie reicht von der Festlegung der Arbeitszeit-
dauer und der Verfahren der Entgeltfindung bis zur Regelung des Mehrarbeits-
ausgleichs oder der Jahressonderzahlung (ebd.).

2.3   Zur Aushandlung des Entgeltrahmenabkommens in Nordrhein-Westfalen

Am 18. Dezember 2003 wurden nach einem mehr als fünfjährigen Verhandlungsprozess das für Arbeiter/innen und Angestellte einheitliche Entgeltabkommen und der einheitliche Manteltarifvertrag für die nordrhein-westfälische Me-
tall- und Elektroindustrie durch Vertreter von Metall NRW und der IG Metall
Bezirksleitung unterzeichnet. Nach einer dreimonatigen Erklärungsfrist sind die
Verträge zum 1. März 2004 in Kraft getreten. Vergleichbare Abkommen gibt es
inzwischen für die Betriebe der Metall- und Elektroindustrie in der gesamten
Bundesrepublik (vgl. Tab. 2-4).

Das Tarifvertragswerk umfasst in Nordrhein-Westfalen eine ganze Reihe
aufeinander bezogener Einzelverträge:

–   das Entgeltrahmenabkommen selbst (ERA) mit drei Anlagen (Begriffsbe-
    stimmungen und Bewertungsstufen; Punktbewertungsbogen; Verfahrensord-
    nung zur Vorgabezeitermittlung im Akkord),
–   den angepassten einheitlichen Manteltarifvertrag (eMTV),
–   den ERA-Einführungstarifvertrag (ERA-ETV) mit einer Ergänzungsverein-
    barung („Verhandlungsergebnis IV"),
–   den Vertrag über den ERA-Anpassungsfond (ERA-APF),
–   einen Anhang zum Rahmenabkommen, der etwa 130 Niveaubeispiele ent-
    hält,[10] sowie
–   die Entgelttabelle und eine Ergänzungsvereinbarung zum ERA-Einführungs-
    tarifvertrag vom 30. September 2004.

Weil die Umstellung auf das Entgeltgruppenraster des ERA eine Neubewertung
aller Stellen im Betrieb impliziert und also einen beträchtlichen organisatorischen
Aufwand, wurde ein verhältnismäßig langer Zeitraum für die betriebliche Einführung der neuen Systematik vereinbart. Den tarifgebundenen Betrieben wurden vom März 2005 an vier Jahre Zeit gegeben, den Vertrag umzusetzen. Die
Regelung beinhaltete auch, dass dieser Zeitraum mit Zustimmung der Tarifvertragsparteien im Einzelfall bis Februar 2010 verlängert werden kann.

Erste Gespräche zwischen den Tarifvertragsparteien über ein für Arbeiter/in-
nen und Angestellte einheitliches Rahmenabkommen gab es in dem Tarifbezirk

---

10   Das sind typische Stellen aus acht Unternehmensbereichen, die von den Tarifvertrags-
     parteien beispielhaft beschrieben und nach der neuen Systematik bewertet worden sind.

bereits 1979, nachdem die IG Metall das damals gültige Lohnrahmenabkommen gekündigt hatte (vgl. zum Folgenden die Übersicht in Tab. 2-5). Einige Jahre später wurde dann ein gemeinsamer Manteltarifvertrag für die beiden Beschäftigtenkategorien unterzeichnet. Zu Beginn der neunziger Jahre hat man als Ersatz für die bis dahin gültige Stundenlohnabrechnung den Monatslohn für gewerbliche Arbeitskräfte tarifvertraglich eingeführt. Schon 1992 legte die Bezirksleitung der IG Metall[11] einen ersten „IGM-Vorschlag für ein gemeinsames Entgeltrahmenabkommen (ERA)" vor (IGM DO/W 1992). Dieser Vorschlag war inspiriert von dem im Jahr zuvor veröffentlichten Grundsatzpapier des IG Metall-Vorstands „Tarifreform 2000" (IGM 1991). Der in diesem Papier skizzierte „Gestaltungsrahmen für die Industriearbeit der Zukunft" stieß auf massive Abwehr seitens der Arbeitgeber, und dieses Schicksal widerfuhr auch dem ERA-Vorschlag aus Nordrhein-Westfalen.

Tab. 2-4: ERA in den Tarifregionen der BRD

Tarifregion	Vereinbarungsdatum	Einführungszeitraum
Nordverbund[a]	23. Mai/11. September 2003	verbindlich ab 1. Januar 2008 (möglich seit dem 1. September 2003)
Baden-Württemberg[b]	23. Juni 2003	1. März 2005 bis 29. Februar 2008
M+E Mitte[c]	6. Juli 2003	1. Januar 2006 bis 31. Dezember 2008
Niedersachsen	20. November 2003	1. März 2005 bis 31. Dezember 2008
Nordrhein-Westfalen	*18. Dezember 2003*	*1. März 2005 bis 28. Februar 2009*
Thüringen	15. Januar 2004	1. Januar 2006 bis 31. Dezember 2007
Osnabrück	20. Januar 2004	1. März 2005 bis 31. Dezember 2008
Sachsen-Anhalt	21. März 2005	1. Januar 2006 bis 31. Dezember 2008
Berlin-Brandenburg	14. April 2005	1. Januar 2006 bis 30. Juni 2009
Sachsen	24. April 2005	1. Januar 2006 bis 31. Dezember 2008
Bayern	1. November 2005	1. Oktober 2006 bis 30. September 2009

a   Hamburg, Schleswig-Holstein, Mecklenburg-Vorpommern, Bremen und Wilhelmshaven
b   Tarifgebiete Nordwürttemberg/Nordbaden, Südbaden und Südwürttemberg-Hohenzollern
c   Hessen, Pfalz, Rheinland-Rheinhessen und Saarland
Quelle: nach www.gesamtmetall.de/gesamtmetall/meonline.nsf/id/DE_ERA_Regional; aufgerufen am 4.9.09

Im Jahr darauf reagierte der Arbeitgeberverband Metall NRW mit einem Gegenvorschlag, der „Profilbewertung NRW" (Metall NRW 1993). Danach bestimmten aber zunächst Themenstellungen wie die schrittweise Umsetzung der

---

11   Damals noch die Bezirksleitungen Dortmund und Wuppertal. Vgl. zu dieser Phase der Auseinandersetzung um ein einheitliches Entgeltrahmenabkommen in Nordrhein-Westfalen Bender (1997, S. 83-92).

35-Stunden-Woche, die Integration der ostdeutschen Regionen und Betriebe in das bundesdeutsche Tarifsystem oder die Auseinandersetzungen um die Lohnfortzahlung im Krankheitsfall die tarifpolitische Agenda, und die Verhandlungen um ein einheitliches Entgeltrahmenabkommen wurden auch in Nordrhein-Westfalen unterbrochen. Aufgenommen hat man sie erst wieder im Februar 1998.

Tab. 2-5: Meilensteine auf dem Weg zu einem einheitlichen ERA in NRW

1978	Kündigung des Lohnrahmenabkommens durch die IG Metall
25. Januar 1979	Absichtserklärung der Tarifvertragsparteien, in Verhandlungen über ein einheitliches Entgeltrahmenabkommen treten zu wollen.
Seit Mitte der 80er	Einheitlicher Manteltarifvertrag für Gewerbliche und Angestellte
1991	Kündigung des Gehaltsrahmenabkommens durch die IG Metall
Anfang der 90er	Monatslöhne statt Stundenlohnabrechnung vereinbart
1992	Vorschlag der IG Metall für ein einheitliches Entgeltrahmenabkommen
1993	Gegenvorschlag von Metall NRW („Profilbewertung NRW")
1998	(Wieder-)Aufnahme der Verhandlungen um ein Entgeltrahmenabkommen
23. Mai 2002	Erstes Verhandlungsergebnis: Zahl der Entgeltgruppen, Punktespannen, Kostenberechnungsmethode, Strukturkomponenten und Anpassungsfonds
10. Juli 2002	Zweites Verhandlungsergebnis: Entgeltgrundsätze, Einstufungen, ERA-Entgelttabelle auf Grundlage der Kostenvergleichsrechnung
18. Dezember 2003	Unterzeichnung des Entgeltrahmenabkommens und von Begleitverträgen
2004	„Vorbereitungsphase" (betriebliche Umstellung nur mit Zustimmung der Tarifvertragsparteien)
1. März 2005	Beginn der Phase der betriebliche Einführung der neuen Systematik
Einführungsdatum + 60 Monate	Während dieser *betrieblichen* Einführungsphase: „Kostenneutralität" für die Betriebe
1. März 2006	Stichtag für Behandlung der Strukturkomponente
28. Februar 2009	Ende der *tariflichen* Einführungsphase (Verlängerung um zwölf Monate mit Zustimmung der Tarifvertragsparteien möglich)

Ein erstes Teilverhandlungsergebnis haben die Vertragsparteien Ende Mai 2002 vorgestellt. Man hatte sich bis dahin über die Zahl und die Abgrenzung der Entgeltgruppen verständigt sowie über die Grundlagen der „Kostenneutralität" der ERA-Einführung, nämlich eine entsprechende Kostenberechnungsmethode, die Strukturkomponenten und den Anpassungsfonds (vgl. Kap. 3). Im Sommer des folgenden Jahres verabschiedete man die Regeln der Einstufung und Eingruppierung, die Entgeltgrundsätze und -methoden sowie – basierend auf einer

Kostenvergleichsrechnung (s.u.) – die Entgeltkurve. In der zweiten Jahreshälfte wurden dann noch ausstehende Details geklärt, so dass das Vertragswerk kurz vor Weihnachten 2003 unterzeichnet werden konnte.

2.3.1 Ziele von Metall NRW

Ein wesentlicher Grund für die Vereinbarung des Entgeltrahmenabkommens war, dass die bis dahin geltenden Lohn- und Gehaltsrahmenabkommen eine den aktuellen Bedingungen in den Betrieben entsprechende Eingruppierung häufig kaum mehr erlaubt haben.

„(D)ie bisherigen pauschalen Einstufungskriterien, die fast ausschließlich am einmal erreichten Ausbildungsweg anknüpfen, bilden die betriebliche Wirklichkeit nicht mehr genügend ab." (ERA Aktuell 1/2003, S. 2)

Dieser Mangel, so das zitierte Informationsblatt von Metall NRW weiter, werde nun aufgefangen mit den neuen Anforderungsmerkmalen „Handlungs- und Entscheidungsspielraum" sowie vor allem „Kooperation" und „Mitarbeiterführung" (ebd.).

Ein weiterer grundlegender Mangel war nach Einschätzung des Arbeitgeberverbands, dass die Stellenbewertung in Nordrhein-Westfalen bislang in den meisten Metall- und Elektro-Betrieben nach dem konventionellen summarischen und in einigen wenigen nach dem üblichen analytischen Verfahren erfolgt ist. Mit dem Entgeltrahmenabkommen habe man eine auch in dieser Hinsicht innovative Regelung vereinbart:

„Im Mittelpunkt des ERA-NRW steht der Wechsel von der bisherigen überwiegend summarischen und wahlweise analytischen Arbeitsbewertung zur neuen Punktbewertung." (Hering/Hofmann 2005, S. 4)[12]

Durch das neue Verfahren – es basiert auf der von den Arbeitgebern schon 1993 vorgeschlagenen „Profilbewertung" – und die differenzierteren Beurteilungskriterien könne der heute übliche komplexe Zuschnitt von Aufgabenstellungen in den Betrieben weit besser erfasst und transparenter dargestellt werden. In dieser Einschätzung sind sich im Prinzip beide Tarifvertragsparteien einig.

Vom Arbeitgeberverband wird als weiterer Vorteil angeführt, dass die einheitliche Entlohnungssystematik – also die Aufhebung der tarifvertraglichen Unterscheidung von Arbeitern, Angestellten und Meistern – leichter zu handhaben sei als die bis dato maßgeblichen getrennten drei Raster[13] und Verfahren (Metall

---

12 Die beiden Autoren sind Verbandsingenieure bei Metall NRW.

13 Die vor ERA gültigen Rahmenabkommen definierten zehn Lohngruppen, sechs Gehaltsgruppen für technische und kaufmännische Angestellte und vier „Meistergruppen", die intern zum Teil noch weiter differenziert waren. Die Eingruppierung in eines der drei

NRW 2004a, S. E1). Und weil es nun, was die Entgeltbestimmung betrifft, keine Arbeiter und Angestellten mehr gibt, sondern nur noch Beschäftigte, werde auch „ein leistungsbezogenes Entgelt nach gleichen Grundsätzen ‚für alle' ermöglicht" (ebd., S. E2). Die sachlich nicht zu begründende Unterschiedlichkeit der Systeme zur Leistungsbeurteilung und -vergütung zwischen den Personalkategorien könne nun durch ein einheitliches Verfahren ersetzt werden, bei dem nur noch das Ausmaß der erbrachten Leistung (gemessen nach den Kriterien Menge, Zeit, Nutzung, Qualität etc.) oder das Leistungsverhalten einer Person entscheidend sei (ebd.).

Nachdrücklich wird in Verlautbarungen aus dem Arbeitgeberverband zudem immer wieder unterstrichen, dass das Entgeltrahmenabkommen die „historische Chance" eröffne, Korrekturen an den über Jahrzehnte gewachsenen „betrieblichen Fehlentwicklungen (... bei der) Einstufungs- und Eingruppierungspraxis" vorzunehmen. Die betriebliche Einführung der neuen Beurteilungssystematik könne – und sollte – dazu genutzt werden, Aufstiege in höhere Lohn- oder Gehaltsgruppen, zu denen es im Lauf der Jahre gekommen ist, ohne dass dies mit der Stellenbeschreibung im maßgeblichen Tarifvertrag begründet werden konnte, nach unten zu korrigieren. Die nun anstehende Neubewertung aller Stellen im Betrieb könne dafür genutzt werden, solche „überbewerteten" Stellen wieder anforderungsgemäß, also niedriger zu bewerten (Metall NRW 2004a, S. E1). Metall NRW empfiehlt den Betrieben deshalb ganz ausdrücklich,

> „(b)ei der ERA-Einführung keine Eingruppierungen entsprechend des bisherigen tariflichen Effektiventgelts der Beschäftigten vorzunehmen." (Metall NRW 2004a, S. G1.1)

Den finanziellen Spielraum, den man dabei langfristig gewinne, könne man auch nutzen, um gewissermaßen kostenneutral den variablen Anteil an der Vergütung zu vergrößern (ebd., S. L3.1.1).

2.3.2   Ziele der IG Metall Bezirksleitung NRW

Das Argument, die ERA-Systematik passe besser zur heutigen Arbeitssituation in den Betrieben, findet sich auch in Verlautbarungen der IG Metall (etwa in IGM NRW 2005, S. 2-1a). Für die Unterhändler der Gewerkschaft stand bei der Aushandlung des einheitlichen Entgeltrahmenabkommens ja schließlich auch vor allem ein Ziel im Vordergrund: Man wollte ein zeitgemäßes Bewertungsinstrument vereinbaren, das qualifizierte Facharbeit und flexible Angelerntentätigkeiten nicht länger gegenüber Angestelltentätigkeiten diskriminiert, die vom Anforderungs-

---

Raster erfolgte nach einer je unterschiedlichen Systematik (Beurteilungskriterien, Abstufung etc.). Das war nicht nur arbeitsaufwändig, die Personalabteilungen der Betriebe mussten auch die entsprechenden Kompetenzen vorhalten.

niveau ganz ähnlich sind. Vor allem die besondere Qualität anspruchsvoller gewerblicher Facharbeit, die nicht nur durch kompetenten Umgang mit komplexen Technologien, sondern durch allgemeine Problemlösungsfähigkeit gekennzeichnet ist, sollte endlich auch angemessen honoriert werden. Auch wenn nie verlangt wurde, dass das neue Rahmenabkommen der eigenen Basis generell einen Einkommenszuwachs bescheren soll,[14] wollte man doch durchsetzen, dass insbesondere solche Tätigkeiten künftig höher bewertet werden. Auf diese Weise sollte die schon lange kritisierte wertmäßige Barriere zwischen gewerblicher und Angestelltenarbeit durchbrochen und die Durchlässigkeit zwischen den Entgeltgruppen erhöht werden. Verbunden war dies mit der Hoffnung, dass eine einheitliche Entgeltsystematik auch die betriebliche Einführung neuer Formen der Kooperation und innovativer Arbeitszuschnitte erleichtern werde.

Die politische Bedeutung der einheitlichen Systematik für Arbeiter/innen und Angestellte sah man bei der IG Metall also primär darin, dass damit ausschließlich statusbegründete Ungleichbewertungen (und -behandlungen) von Tätigkeitsarten – Werkstattarbeit und Büroarbeit; Hand- und Kopfarbeit – und der entsprechenden Beschäftigtenkategorien aufgegeben werden. Das sei gelungen und deshalb sei das Entgeltrahmenabkommen – so eine Einschätzung aus dem Vorstand der Gewerkschaft – „ein wesentlicher Schritt für (eine) zeitgemäße Leistungsregulierung" (Huber et al. 2008, S. 212).

Davor, das Projekt Entgeltrahmenabkommen offensiv als einen Versuch zu kommunizieren, die ungerechtfertigte Diskriminierung von gewerblicher gegenüber Angestelltenarbeit zu beseitigen, schreckte man bei der Gewerkschaft aber anscheinend zurück. Ein Grund dafür dürfte gewesen sein, dass man so insbesondere bei ohnehin schwerer zu organisierenden Gruppen – Angestellte, Frauen, Ingenieure – den Eindruck hätte verstärken können, die IG Metall sei primär eine Organisation für die „Männer im Blaumann". Stattdessen dominierte in der Öffentlichkeitsarbeit der nordrhein-westfälischen Bezirksleitung lange Zeit eine generalisierende Gerechtigkeitsrhetorik. Der Leitslogan zum neuen Entgeltrahmenabkommen, der bis Ende 2004 auf den meisten Broschüren, Vortragsfolien und dergleichen zum Thema zu finden war, lautete: „era. Punkt für Punkt mehr Gerechtigkeit".[15] Gerade in den Unterlagen für die Schulung von Multiplikato-

---

14 „ERA hat nicht das Ziel gehabt, mehr Geld raus zu tun" (Interview Tarifsekretär IG Metall Bezirksleitung Nordrhein-Westfalen).

15 Dieser Slogan taucht seit Ende 2004 nicht mehr auf. Ein Grund dafür dürften die Erfahrungen sein, dass es bei der Umstellung zu dramatisch hohen Überschreiterzahlen kommen kann. Es war klar, dass es an der Basis nicht gerade als Ausdruck besonderen Einfühlungsvermögens begrüßt werden würde, wenn die Gewerkschaft unter solchen Bedingungen von größerer Gerechtigkeit redete. Dass es im Spätsommer 2004 einen Wechsel an der Spitze der Bezirksleitung gegeben hat, war für die Veränderung der „Vermarktungsstrategie" der nordrhein-westfälischen IG Metall auch nicht unwichtig.

ren wurde immer wieder unterstrichen, dass man mit den Bewertungskriterien des neuen Abkommens Arbeitsanforderungen und Leistung gerechter würde bewerten können. Im Editorial einer Informationsbroschüre der Bezirksleitung zum Entgeltrahmenabkommen vom August 2003 schrieb der damalige Bezirksleiter:

> „Das neue Entgeltsystem ist transparenter und durchlässiger als das alte Lohn- und Gehaltssystem, era. bringt mehr Gerechtigkeit bei der Eingruppierung und Bezahlung, era. soll auch die Zufriedenheit mit der Arbeit steigern, Anreize zur Weiterbildung schaffen und echte Aufstiegschancen bieten." (Gasse 2003, S. 2)

Wir haben in den Gesprächen und Interviews mit Betriebsräten und Gewerkschaftern immer wieder die Einschätzung gehört, dass mit Formulierungen wie diesen bei den Belegschaften Erwartungen geweckt worden seien, die das Entgeltrahmenabkommen wahrscheinlich nie hätte einlösen können, auf jeden Fall aber oftmals nicht eingelöst hat – und dass dies den betrieblichen Interessenvertretern und der Gewerkschaft insgesamt inzwischen massive Probleme bereite.

Weil dies augenscheinlich nicht nur in Nordrhein-Westfalen der Fall ist (vgl. Bahnmüller/Schmidt 2007 und 2009; Kuhlmann/Sperling 2008 und 2009), argumentiert man bei der IG Metall jetzt (wieder) „politischer". Das Entgeltrahmenabkommen wird nicht mehr als etwas dargestellt, das aus sich heraus gerechtere Eingruppierungen gebiert, sondern als Anlass für Auseinandersetzungen. So glaubt man beobachtet zu haben, dass „viele Arbeitgeber versuchen, aus der ERA-Einführung Kapital zu schlagen und die Entgelte zu drücken". Dass das auch häufig gelinge, liege aber „nicht an unseren Tarifverträgen, sondern ist Teil einer flächendeckenden Arbeitgeber-Strategie" (Huber et al., S. 213). Damit definieren Angehörige der Gewerkschaftsspitze die betriebliche Umsetzung des Entgeltrahmenabkommen als ein leistungs- und auch organisationspolitisches Projekt:

> „(Die) ERA-Einführung in den Betrieben ist vor allem eine politische Auseinandersetzung und damit auch ein Feld, auf dem sich lebendige Gewerkschaftsarbeit bewähren kann." (ebd.)

Man kann sicher auch sagen: In dem sie sich bewähren *muss*.

2.4   Einige Streitpunkte zwischen den Verhandlungsparteien

Über Nordrhein-Westfalen hinaus waren sich die Tarifvertragsparteien der deutschen Metallindustrie von Anfang an darin einig, dass man nicht – wie 1987 für die chemische Industrie geschehen – ein bundesweit einheitliches Rahmenabkommen aushandeln wolle. Dazu, so die von beiden Seiten geäußerte Einschätzung, seien die Bedingungen in den unterschiedlichen Tarifregionen zu ungleich. In dieser Hinsicht wollte man also nichts radikal Neues, sondern eine, wenn auch

grundlegende, Verbesserung der gegebenen Situation(en). Unstrittig war ebenso
– und auch dies bundesweit –, dass man die Unterscheidung zwischen Angestellten und Arbeitern aufgeben wolle und dass dies mit einer höheren Bewertung
insbesondere von solchen gewerblichen Tätigkeiten einhergehen werde, deren
Ausführung eine hohe Qualifikation und viel Erfahrung erfordert.

Gerade was diesen letzten Punkt betrifft, kamen bereits Unterschiede zwischen den Tarifbezirken zum Tragen. So waren die Einstiegslöhne im Vergleich
zu den Einstiegsgehältern in einigen Regionen deutlich niedriger als in anderen.
Beispielsweise im Bezirk Baden-Württemberg gab es zudem deutliche Gehalts-
unterschiede zwischen kaufmännischen und technischen Angestellten in derselben Gehaltsgruppe; der Tarif für den Bezirk Nordrhein-Westfalen sah hier gar
keine Differenzierung vor. Unterschiede zwischen den Tarifgebieten gab es also
nicht nur bei den Verfahren und Entgeltstrukturen, sondern auch in finanzieller
Hinsicht. Daran hat sich auch mit dem Entgeltrahmenabkommen nichts grundlegend geändert. Vor allem durch die Vereinbarung, dass die Kostensteigerung
einen in jedem Tarifbezirk einheitlichen Prozentsatz nicht überschreiten darf
(vgl. das folgende Kapitel), wurden faktisch die materiellen regionalen Unterschiede in der Branche fortgeschrieben.

Grundsätzlich gegensätzlich waren die Positionen mit Blick auf Mitbestim-
mungsfragen. Die Gewerkschaft war daran interessiert, weitere Mitbestimmungs-
tatbestände zu definieren – das ist bereits einer der zentralen Punkte in der ge-
werkschaftsinternen Diskussion um die oben angesprochene „Tarifreform 2000"
gewesen. Diesem Ansinnen erteilten die Arbeitgeber damals wie später eine klare
Absage.

Dies war auch bei den Verhandlungen in Nordrhein-Westfalen ein besonders strittiger Punkt. Der Arbeitgeberverband hat sich hier den Versuchen der
Gewerkschaft entschlossen und letztlich auch erfolgreich widersetzt, im Entgeltrahmenabkommen die Unterscheidung zwischen „mitbestimmungspflichtigem"
Leistungsentgelt und „mitbestimmungsfreiem" Zeitentgelt zugunsten einer Ge-
neralisierung des Entlohnungsgrundsatzes Leistungsentgelt aufzugeben. Stattdessen hat man im Vergleich zur vorherigen Regelung erweiterte Rechte zur
Reklamation von Leistungsüberforderung im Zeitentgelt festgeschrieben.

Näher an den ursprünglichen Vorstellungen der Gewerkschaftsseite ist die
Regelung im nordrhein-westfälischen Tarifvertrag, dass die Grundlage der Einstufung

> „eine ganzheitliche Bewertung der Arbeitsaufgabe (ist), die alle übertragenen und
> auszuführenden Tätigkeiten umfasst, unabhängig davon, wie oft und wie lange
> diese ausgeführt werden." (Paragraph 2.3 ERA)

Auf diese Formulierung hat sich die Arbeitgeberseite erst nach längeren Verhandlungen eingelassen. Ihre Vorbehalte kommen im schließlich vereinbarten Ent-

geltrahmenabkommen in der Regelung zum Ausdruck, dass bei einigen der Be-
wertungsmerkmale „eine Gewichtung danach vorzunehmen ist, ob und inwieweit die Tätigkeiten die Arbeitsaufgabe insgesamt prägen" (Paragraph 2.3 ERA;
vgl. Abschnitt 3.2).

Was das Punktespektrum und die Zahl der Entgeltgruppen betrifft, änderten
sich die Vorstellungen der beiden Parteien im Laufe der Verhandlungen. Die Arbeitgeber gingen mit der Forderung nach möglichst weitgehenden Differenzie-
rungschancen in die Diskussion. Die Verhandlungsführer der Gewerkschaft
schwenkten relativ schnell auf diese Linie ein und plädierten zwischenzeitlich
sogar für eine noch feinere Ausdifferenzierung der Entgeltgruppenskala als die
Arbeitgebervertreter. Hintergrund war die Überlegung, dass die Gruppen gegen-
einander umso durchlässiger werden, je geringer die Unterschiede zwischen ihnen sind. Und genau aus diesem Grund wehrte die Gegenseite den Vorstoß ab,
die einen „Kamineffekt" befürchtet hat. Man einigte sich schließlich auf ein Raster mit 14 Stufen.

2.5   Tarifliche Rahmenbedingungen der Implementation in den Betrieben

Das erste Jahr nach dem Inkrafttreten des nordrhein-westfälischen Entgeltrahmenabkommens im März 2004 haben die Tarifvertragsparteien als Vorbereitungs-
phase deklariert. Das bedeutete, dass in diesem Zeitraum die neue Rahmenver-
einbarung nur nach vorheriger Zustimmung durch die Vertragsparteien betrieblich umgesetzt werden konnte. Man wollte in dieser Periode Erfahrungen über
die Praktikabilität von einzelnen Regelungen und über Umsetzungsschwierig-
keiten sammeln, um daraus Empfehlungen für die Schulungen von Implementa-
tionsberatern und für andere Unternehmen abzuleiten. Bis zum Abschluss dieser
Phase Ende Februar 2005 hatten 23 Betriebe im Bezirk umgestellt. Dann begann
die oben schon angesprochene *tarifliche* Einführungsphase, die auf vier Jahre,
also bis Ende Februar 2009 terminiert worden ist.

Die *betriebliche* Einführungsphase dauert insgesamt sogar fünf Jahre, das
heißt, dass die Betriebe vom Stichtag der ersten Eingruppierungen nach der neuen
Systematik an gerechnet, 60 Monate Zeit haben, all diejenigen, die künftig mehr
verdienen werden, schrittweise an ihr ERA-Entgelt heranzuführen. Betriebliche
Mehrkosten, die einen bestimmten Prozentsatz überschreiten, werden in dieser
Zeit kompensiert (vgl. Kap. 3).

Das Entgeltrahmenabkommen betrifft nicht nur die Grundentgelte, sondern
schreibt auch neue Regelungen für die Leistungsvergütung fest. So wird erstmals für diesen Bezirk das Instrument der Zielvereinbarungen tariflichvertrag-
lich definiert. Eine der weiteren diesbezüglichen Veränderungen ist, dass künftig

beim Vergütungsgrundsatz Zeitentgelt durchschnittlich 10% der Entgelte variabel sein sollen (Leistungszulagen). Zuvor waren das bei Zeitlöhnern im Schnitt 16% und bei den Angestellten durchschnittlich 4%.[16] Die Überführung in ein für beide Beschäftigtenkategorien einheitliches Verfahren führt deshalb notwendig dazu, dass ehemalige Zeitlöhner künftig im Schnitt höhere, ehemalige Gehaltsempfänger niedrigere Grundentgelte als zuvor erhalten. An der Summe ändert dies erst einmal nichts, und auch das Verhältnis der Entgeltbestandteile zueinander verschiebt sich zunächst nur deshalb, weil sie anders deklariert werden.

Schon diese „Strukturveränderung" macht es etwas schwierig, die Entgelthöhe in den einzelnen Entgeltgruppen mit den entsprechenden Lohn- oder Gehaltsgruppen aus der alten Systematik zu vergleichen. Dies ist allerdings durchaus im Sinne zumindest einer der beiden Vertragsparteien: So fordert der Arbeitgeberverband seine Mitglieder nachdrücklich auf, die Umstellung auf die Regularien des Entgeltrahmenabkommens zu einer wirklichen Neuordnung der betrieblichen Stellenbewertungen zu nutzen, die Implementation des Tarifvertrags also nicht qua formaler Übertragung aus den alten in die neuen Gruppen („Regelüberleitung") zu vollziehen, sondern tatsächlich sämtliche Stellen im Betrieb nach den nunmehr geltenden Kriterien neu zu bewerten (z.B. Metall NRW 2004b, S. 1/4).

Es gehört zu den Besonderheiten in Nordrhein-Westfalen im Vergleich zu anderen Metalltarifgebieten, dass man hier die betriebliche Neubestimmung der variablen Entgeltbestandteile von der Umstellung der Grundentgelte ausdrücklich abgekoppelt hat (Paragraph 3.3 ERA-Einführungstarifvertrag). Um die absehbare Unruhe in den Betrieben nicht noch zu steigern und um die betrieblichen Akteure nicht zu überfordern, setzte man bei diesem Thema ausdrücklich auf eine vorläufige „Regelüberleitung", das heißt, dass bei der ERA-Einführung die bestehenden Leistungsvergütungssysteme sowie die Verdienstgrade bei Akkord und Prämie vorerst bleiben wie sie sind und nur umgerechnet werden auf die mit dem neuen Vertrag vorgegebene Relation von Grundentgelt und variablem Anteil.[17]

---

16 Im Zusammenhang mit der Vereinheitlichung des Entgeltgruppenraters wurde auch das Urlaubsgeld für Gewerbliche auf den Stand für Angestellten angehoben. Bei der Berechnung der ERA-Entgeltkurve wurde das „entlastend berücksichtigt" (Kostenprognoseprogramm ERA Metall NRW; zitiert nach IGM NRW 2004, S. 4-5b).

17 Aus diesem Grund wurden Veränderungen der Systematik der Leistungsbeurteilungen und der entsprechenden Entgeltbestandteile in dieser Untersuchung nicht systematisch analysiert.

3. Das Entgeltrahmenabkommen für Nordrhein-Westfalen

Mit der Ablösung der bisherigen Lohn- und Gehaltsrahmenabkommen durch das einheitliche Entgeltrahmenabkommen wird vor allem eine neue Systematik der Tätigkeitsbewertung implementiert. Und das hat zur Folge, dass im Zuge der betrieblichen Umsetzung des neuen Tarifvertrags im Prinzip alle Arbeitsstellen neu bewertet und alle Beschäftigten dementsprechend in eine der nun maßgeblichen Entgeltgruppen eingruppiert werden müssen. Bevor wir auf Ergebnisse (Kap. 4) und den Verlauf (Kap. 5) dieser Prozesse genauer eingehen, sollen in diesem Kapitel grundlegende Merkmale der neuen Bewertungssystematik und tarifvertragliche Festlegungen für ihre betriebliche Umsetzung vorgestellt werden.

3.1 Das Entgeltgruppenraster

Bis zur Vereinbarung des einheitlichen Entgeltrahmenabkommens gab es zur Bestimmung der Grundentgelte in der nordrhein-westfälischen Metall- und Elektroindustrie zehn tarifliche Lohngruppen, sechs tarifliche Gehaltsgruppen und vier weitere Gehaltsgruppen eigens für die Meister. Diese Gruppen waren teilweise nochmals weiter untergliedert. So wurde bei den unteren Lohngruppen zusätzlich nach dem Lebensalter der an einer Stelle Eingesetzten gestaffelt. Arbeiter, die das 19. Lebensjahr noch nicht vollendet hatten, erhielten in den Lohngruppen LG 2 bis LG 7[1] nur 90% des Endbetrags ihrer Lohngruppe und Zwanzigjährige bloß 95%. Eine entsprechende Regelung gab es auch für die unteren Gehaltsgruppen K/T 1 bis K/T 3.[2] Alle Gehaltsgruppen waren außerdem in jeweils vier Jahresstufen unterteilt, die die Berücksichtigung zunehmender Berufserfahrung bei der Festlegung des Grundgehalts ermöglichen sollten. Das Gehalt, das im Jahr nach der erstmaligen Eingruppierung in einer Gruppe gezahlt wurde, stieg zum zweiten und zum dritten Jahr sowie nach Vollendung des dritten Jahres in dieser Gehaltsgruppe um einen tarifvertraglich festgelegten Betrag.

---

1   Die Lohngruppe 1 war nicht besetzt, LG 7 war die Ecklohngruppe, das heißt die Einstiegsgruppe für Facharbeit.

2   „K" steht für kaufmännische und „T" für technische Angestellte. In finanzieller Hinsicht ist die Unterscheidung in Nordrhein-Westfalen aber unwichtig; anders als in anderen Tarifregionen der Metallindustrie wurde beim Grundgehalt auch schon vor ERA kein Unterschied zwischen den beiden Angestelltenkategorien in derselben Gehaltsgruppe gemacht.

Das neue Entgeltrahmenabkommen definiert nun einheitlich nur noch 14 Entgeltgruppen. Lediglich die drei am höchsten dotierten sind noch weiter in „Berufserfahrungsstufen" untergliedert. Das heißt zunächst einmal, dass es rein formal für die Einstufung von Tätigkeiten der beiden (ehemaligen) Beschäftigtenkategorien mehr Entgeltgruppen gibt als zuvor, die Grundentgelte können nun also stärker differenziert werden. Am augenfälligsten ist das bei den kaufmännischen und technischen Tätigkeitsprofilen, für deren Bewertung im Gehaltsrahmenabkommen wie erwähnt ein nur sechsstufiges Raster definiert war.

Bei den gewerblichen Tätigkeiten scheint der Unterschied auf den ersten Blick nicht so groß zu sein. Die höchste Bewertungsstufe für eine gewerbliche Arbeit ist die Entgeltgruppe EG 12, im Normalfall wird man aber auch hochqualifizierte Facharbeiter häufiger in EG 11 eingruppieren. Berücksichtigt man, dass die Lohngruppe 1 schon seit Jahren nicht mehr besetzt war, hat man nun also ein maximal zwölf- statt des bisherigen neunstufigen Rasters zur Verfügung, wobei die Differenzierungsmöglichkeiten vor allem bei solchen Tätigkeiten zugenommen haben, für deren Erledigung keine Facharbeiterausbildung nötig ist. Facharbeit wird in der Regel in EG 8 bis EG 11 eingestuft, die Tätigkeiten von angelernten Kräften hingegen in eine der sieben Gruppen von EG 1 bis EG 7. Wichtig für die Einschätzung der materiellen Bedeutung dieser größeren Differenzierungsmöglichkeit ist allerdings, dass der pekuniäre Unterschied zwischen der untersten und der fünften Entgeltgruppe insgesamt nicht wesentlich mehr als 100 Euro im Monat beträgt. Erst ab der Entgeltgruppe EG 9 steigt die Entgeltkurve steil an (vgl. Tab. 3-1).

Das Lohnrahmenabkommen hatte für Anlernarbeiten nur drei Gruppen definiert, nämlich LG 4 für Tätigkeiten, die eine Anlernzeit von vier Wochen erfordern, LG 5 bei einer notwendigen Anlernzeit von drei Monaten und LG 6 für Aufgaben, zu deren ordnungsgemäßer Erfüllung man eine zweijährige Anlernausbildung absolviert haben muss. Für die Einstufung von Tätigkeiten, deren Verrichtung ohne reguläre Berufsausbildung möglich ist, bietet ERA also wesentlich stärkere Differenzierungsmöglichkeiten als zuvor. Was gewerbliche Arbeit betrifft, gilt das besonders für solche Stellen, die in der Zeit des Lohnrahmenabkommens in der mittleren „Angelernten-Lohngruppe" LG 5 eingestuft worden waren. Die kommen jetzt in eine der drei Entgeltgruppen EG 4, EG 5 oder EG 6. Das für diese Anlerntätigkeiten nun maßgebliche Kriterium sind die erforderlichen „Arbeitskenntnisse". Quantifiziert werden sie auch hier nach der Länge der für die sachgerechte Erledigung der Arbeit erforderlichen Anlernzeit, wobei aber im ERA nicht mehr drei, sondern sechs Wertstufen definiert sind. Stufe 1: bis zu einer Woche Anlernzeit, Stufe 2: länger als eine, aber weniger als vier Wochen, Stufe 3: ab vier Wochen, Stufe 4: ab drei Monate, Stufe 5: ab sechs Monate und Stufe 6: mindestens ein Jahr (vgl. Tab. 3-4).

Tab. 3-1: Entgeltgruppen nach ERA

EG 1	EG 2	EG 3	EG 4	EG 5	EG 6	EG 7	EG 8	EG 9	EG 10	EG 11	EG 12	EG 13	EG 14
10[a]	16	22	29	36	44	55	69	78	89	102	113	129	143
⁻15	−21	−28	−35	−43	−54	−68	−77	−88	−101	−112	−128	−142	−170
6[b]	6	7	7	8	11	14	9	11	13	11	16	14	28
	20[c]	20	26	37	46	57	98	161	212	285	81	17	−123
											302	179	216
												358	216
													433

Zwei „Berufserfahrungsstufen" in EG 12:	90% (bis einschl. 36. Monat)
	100% (ab dem 37. Monat)
Drei „Berufserfahrungsstufen" in EG 13:	85% (bis einschl. 18. Monat)
	90% (19. bis 36. Monat)
	100% (ab dem 37. Monat)
Vier „Berufserfahrungsstufen" in EG 14:	80% (bis einschl. 12. Monat)
	85% (13. bis 24 Monat)
	90% (25. bis 36. Monat)
	100% (ab dem 37. Monat)

a Punktwerte; b Spanne in Punkten; c Ungefähre monatliche Entgeltsteigerung in Euro gegenüber der vorherigen Gruppe (im März 2005)

Die Differenzierungsmöglichkeiten sind nicht nur für die – vorwiegend gewerblichen – Anlernarbeiten größer geworden, sondern insbesondere auch für Angestelltentätigkeiten. Berücksichtigt man, dass ein Aufstieg auf den Jahresstufen im alten Gehaltsrahmenabkommen quasi automatisch erfolgte, gab es für Angestellte wie schon erwähnt praktisch nur sechs Differenzierungsstufen. Unter den Bedingungen des neuen Entgeltrahmenabkommens kann für die Eingruppierung von Angestelltentätigkeiten nun im Prinzip die gesamte Bandbreite der 14 Gruppen genutzt werden. Bei einfachen Tätigkeiten beginnt das Spektrum mit der Entgeltgruppe EG 1, gehobene Sachbearbeitertätigkeiten werden in eine der Gruppen EG 9 bis EG 12 eingestuft, „tarifliche" Akademikertätigkeiten in aller Regel in EG 12 oder darüber.

Insbesondere in den unteren Abschnitten der Bewertungsskala sind die Differenzierungsmöglichkeiten gestiegen. Tätigkeiten, die bislang mit K/T 1 oder K/T 2 bewertet wurden, werden nun in eine von acht Entgeltgruppen eingestuft (EG 1 bis EG 8; vgl. Tab. 3-2). Komplexere Tätigkeiten aus den vorherigen Bewertungsstufen K/T 4, K/T 5 und K/T 6 werden nun in einer der sechs Gruppen EG 9 bis EG 14 eingestuft. Mehr Einstufungsmöglichkeiten gibt es damit auch für Ingenieure. Hochschulabsolventen wurden zuvor üblicherweise direkt in die Gehaltsgruppe K/T 5 eingruppiert. Man hatte deshalb für die ganze Bandbreite von frisch graduierten bis zu erfahrenen Ingenieuren nur zwei unterschiedliche

Grundgehaltsgruppen. Im ERA-Raster sind es nun drei Entgeltgruppen (EG 12 bis EG 14). Insgesamt entspricht die Spreizung der Vergütungen (tarifliches Effektiventgelt im Zeitentgelt) etwa dem Status quo ante ERA. Die Entgeltgruppe 1 liegt um deutlich weniger als einen Prozentpunkt niedriger als LG 2 (LG 1 war nicht besetzt) und – mit noch kleinerem Abstand – K/T 1; die oberste Entgeltgruppe 14 liegt einen knappen halben Prozentpunkt niedriger als die höchste Stufe von K/T 6. Betrachtet man wie in Tabelle 3-2 die prozentuale Differenz zwischen den alten und den neuen Vergütungsgruppen einzeln,[3] fallen allerdings deutliche Unterschiede innerhalb der weitgehend unveränderten Bandbreite auf.

Drei Stellen im in der Tab. 3-2 dargestellten Raster fallen in der Hinsicht besonders ins Auge: die alte Lohngruppe 5, die frühere Gehaltsgruppe K/T 5 sowie die ehemaligen Meistergruppen M1 und M3. Während es, was die Entgelthöhe betrifft, für alle anderen Gruppen eine ungefähre Entsprechung zwischen *einer* neuen und *einer* der alten Gruppen gibt – die Abweichungen liegen bei maximal etwa 1,7% über oder unter den früheren Beträgen – ist das hier anders. Der Differenzierungsgewinn durch das Entgeltrahmenabkommen resultiert also vorwiegend daraus, dass das neue Raster für Tätigkeiten, die vorher in eine dieser Gruppen eingestuft worden sind, nun mehr Bewertungsstufen vorsieht. Spätestens bei den hier einzustufenden Tätigkeiten sind deshalb Auseinandersetzungen bei der betrieblichen Umsetzung des ERA zu erwarten, eine Vermutung, die durch unsere Falluntersuchungen bestätigt wird (vgl. Kap. 5).

Besonders kritisch wurde das bei den Tätigkeiten der ehemaligen Gehaltsgruppe K/T 5, weil in dieser bislang etwa 40% der Metall-Angestellten in Nordrhein-Westfalen eingruppiert waren.[4] Das heißt, dass man neben den höher qualifizierten Anlerntätigkeiten (ehedem LG 5) gerade bei den am stärksten besetzten Tätigkeitsgruppen von Angestellten nun detaillierter differenziert als zuvor.

---

3   Bei dieser Betrachtung muss berücksichtigt werden, dass Tabelle 3-2 nur Beträge zueinander in Beziehung setzt. Dass beispielsweise die Vergütung in der Lohngruppe 6 ziemlich genau der in der neuen Entgeltgruppe EG 7 entspricht, bedeutet nicht notwendig, dass jede Tätigkeit, die gemäß der Bewertungssystematik des Lohnrahmenabkommens in LG 6 eingestuft worden ist, nach der Systematik des ERA sich in EG 7 wiederfinden muss. Die Neubewertung kann auch zu einer höheren (bei besonders qualifizierter Facharbeit ist ja genau das Absicht der Autoren des Entgeltrahmenabkommens gewesen) oder niedrigeren Einstufung als zuvor führen. Inhaber solcher Stellen sind dann „systematische" Unter- oder Überschreiter im Gegensatz zu solchen, bei denen die Veränderung auf einer nicht strikt tarifgemäßen früheren Einstufung beruht. Wir werden auf diese Differenz zurückkommen.

4   Grundsätzlich gilt dieses „Mengenargument" auch mit Blick auf die Gruppe M3: Dies war die am stärksten besetzte Meister-Gehaltsgruppe.

Tab. 3-2: Prozentuale Entgeltdifferenz LRA/GRA zu ERA

	E1	E2	E3	E4	E5	E6	E7	E8	E9	E10	E11	E12	E13	E14
LG 2	0,58	1,81	3,04	4,60	6,78	9,57	12,99	18,87	28,49	41,20	58,32	81,28	114,47	158,96
LG 3	-0,59	0,62	1,84	3,38	5,54	8,30	11,68	17,48	27,00	39,56	56,48	79,17	111,98	155,95
LG 4	-2,85	-1,66	-0,48	1,03	3,14	5,84	9,14	14,81	24,11	36,39	52,92	75,10	107,16	150,13
LG 5	-7,07	-5,94	-4,80	-3,36	-1,34	1,24	4,39	9,82	18,71	30,46	46,27	67,49	98,15	139,25
LG 6	-10,95	-9,86	-8,77	-7,39	-5,45	-2,98	0,04	5,25	13,77	25,02	40,18	60,51	89,90	129,29
LG 7	-14,51	-13,46	-12,42	-11,09	-9,23	-6,86	-3,96	1,04	9,22	20,02	34,57	54,09	82,30	120,11
LG 8	-20,84	-19,87	-18,91	-17,68	-15,96	-13,76	-11,07	-6,45	1,13	11,13	24,60	42,68	68,80	103,81
LG 9	-27,55	-26,66	-25,78	-24,66	-23,08	-21,07	-18,61	-14,38	-7,44	1,71	14,04	30,59	54,49	86,54
LG 10	-35,72	-34,93	-34,15	-33,15	-31,75	-29,97	-27,79	-24,03	-17,88	-9,76	1,18	15,86	37,07	65,50
KT 1	0,18	1,40	2,63	4,18	6,36	9,14	12,54	18,39	27,98	40,64	57,69	80,56	113,62	157,93
KT 2	-11,22	-10,13	-9,05	-7,67	-5,74	-3,28	-0,26	4,93	13,42	24,64	39,75	60,02	89,32	128,59
KT 3	-20,06	-19,09	-18,11	-16,87	-15,13	-12,92	-10,20	-5,53	2,12	12,22	25,83	44,08	70,45	105,81
KT 4	-37,56	-36,80	-36,04	-35,07	-33,71	-31,98	-29,86	-26,21	-20,24	-12,35	-1,72	12,54	33,14	60,75
KT 5	-50,60	-49,99	-49,39	-48,62	-47,55	-46,18	-44,50	-41,61	-36,89	-30,64	-22,24	-10,96	5,34	27,20
KT 6	-61,00	-60,52	-60,05	-59,44	-58,59	-57,51	-56,19	-53,91	-50,18	-45,25	-38,61	-29,71	-16,84	0,41
M 1	-25,18	-24,26	-23,35	-22,19	-20,56	-18,49	-15,95	-11,57	-4,42	5,04	17,77	34,86	59,55	92,64
M 2	-37,60	-36,84	-36,07	-35,11	-33,75	-32,02	-29,90	-26,25	-20,28	-12,40	-1,78	12,47	32,06	60,66
M 3	-48,51	-47,88	-47,25	-46,45	-45,33	-43,91	-42,16	-39,15	-34,22	-27,71	-18,95	-7,20	9,79	32,57
M 4	-53,34	-52,77	-52,20	-51,48	-50,46	-49,17	-47,58	-44,86	-40,39	-34,49	-26,55	-15,90	-0,50	20,13

Dargestellt sind die prozentualen Differenzen der tariflichen Effektiventgelte im Zeitentgelt einschließlich 10% durchschnittliche ERA-Leistungszulage.

Quelle: Metall NRW

Eine Aufgabe, die vorher in LG 5 eingestuft wurde, kommt nun systematisch entweder in die Gruppe EG 4, in der das Entgelt um 3,4% niedriger liegt, oder in die Gruppe EG 5, das bedeutet ein Minus von 1,3% oder nach EG 6, das bedeutet ein Plus von 1,2%, je nachdem, welche Anlerndauer für notwendig erachtet wird. Weit drastischer sind die Unterschiede aber bei Tätigkeiten, die früher in K/T 5 eingruppiert wurden; sie gehören nun entweder in die Entgeltgruppe EG 12 und werden damit um annähernd 11% niedriger bewertet als zuvor oder in EG 13, was gegenüber der alten Einstufung eine Steigerung um etwa 5,3% bedeutet. Bei den Meistertätigkeiten in der Gruppe M 3 betragen die entsprechenden Änderungen gut 7% weniger im Vergleich zu EG 12 und fast 10% mehr bei einer Einstufung in EG 13.

Insbesondere bei diesen Angestelltentätigkeiten – und das heißt, wie gerade gesagt wurde, auch: bei der größten Einzelgruppe unter den Angestellten bzw. Meistern – setzt der neue Tarifvertrag also einen Klärungsbedarf in die Welt, der in betrieblichen Verhandlungen bei der Umsetzung der neuen Bewertungssystematik aufgelöst werden muss. Angesichts der recht hohen Beträge, die eine der beiden Betriebsparteien auf Kosten der anderen verlieren wird, ist hier ein erhebliches Konfliktpotenzial angelegt.[5]

3.2 Punktbewertungsverfahren und variabler Einkommensbestandteil

Das in der nordrhein-westfälischen Metall- und Elektroindustrie bislang dominierende Bewertungsverfahren war die summarische Tätigkeitsbewertung; analytische Verfahren haben die Tarifverträge zwar zugelassen, sie wurden aber nur in wenigen Betrieben genutzt. Das Entgeltrahmenabkommen schreibt nun eine Systematik der Punktbewertung fest, die Elemente der beiden herkömmlichen Methoden enthält. Bewertet wird jede Tätigkeit, und somit also jede Arbeitsstelle, nach vier Anforderungsmerkmalen:

– Was muss die Arbeitskraft können, um die ihr gestellten Aufgaben erledigen zu können?
– Wie groß ist der Handlungs- und Entscheidungsspielraum, der an der Arbeitsstelle ausgefüllt werden muss?
– In welchem Maße muss bei der Erledigung der anfallenden Aufgaben mit anderen kooperiert werden?
– Beinhalten die Anforderungen an der Arbeitsstelle Führungsaufgaben?

---

5   Spätestens an dieser Stelle sollte klar werden, dass es bei der Implementation des ERA im Kern um Verteilungskämpfe geht und nicht um das technokratische oder partizipative Herstellen einer kuscheligen „Win-Win-Situation". Den Beteiligten braucht man das nicht zu sagen.

Für die Bewertung des Merkmals „Können" ist das höchste für eine Tätigkeit erforderliche Niveau maßgeblich, gleichgültig wie häufig die entsprechende Anforderung akut wird. Diese Regelung entschärft Konfliktpotenziale, weil so das Feilschen darüber entfällt, wie der Wert eines zeitweiligen Einsatzes mit höheren Anforderungen zu quantifizieren ist. Bei den drei anderen, in höherem Maße beurteilungsabhängigen Anforderungsmerkmalen „ist eine Gewichtung danach vorzunehmen, ob und inwieweit die Tätigkeiten die Arbeitsaufgabe insgesamt prägen" (Paragraph 2.3 ERA).

Das Beurteilungsmerkmal „Können" wird mit maximal 120 Punkten höher gewichtet als die anderen drei zusammen, nämlich mit 60% (vgl. Tab. 3-3). Unterschieden wird bei diesem Beurteilungskriterium zwischen einerseits *Arbeitskenntnissen*, damit sind solche gemeint, die eine un- oder angelernte Kraft durch Einarbeitung und „learning by doing" erworben hat, und andererseits *Fachkenntnissen*, die im Verlauf einer regulären Ausbildung (einer Lehre oder einem Studium) erworben werden.

Tab. 3-3: Arbeitsbewertung nach ERA

Anforderungsmerkmal	Max. Punktzahl
1. Können	120 (60%)
1.1 Arbeitskenntnisse	davon:
1.2 Fachkenntnisse	Kenntnisse 108 (90%)
1.3 Berufserfahrung	Berufserfahrungen 12 (10%)
2. Handlungs- und Entscheidungsspielraum	40 (20%)
3. Kooperation	20 (10%)
4. Führung	20 (10%)
Gesamt	*200 (100%)*

Die Festlegung, ob für eine dauerhaft kompetente Erledigung der Aufgaben an einer Arbeitsstelle eine ordentliche Ausbildung vorausgesetzt wird – also Fachkenntnisse – oder nicht, hat tarifsystematisch eine für die Einstufung doppelte Konsequenz. Auf den ersten Blick ist der Unterschied in der Bewertung beider Arten von „Können" nicht sehr groß (vgl. Tab. 3-4). Die höchste Stufe von durch Anlernen erworbenen Arbeitskenntnissen (ein Jahr erforderliche Anlernzeit) wird mit 40 Punkten bewertet, die niedrigste Stufe von Fachkenntnissen (durch eine zweijährige Ausbildung erworben) mit 48 Punkten. Zudem erfolgt die Steigerung auch zu den benachbarten Punktwerten in nahezu gleichen Intervallen. Zumindest potenziell ist der Abstand zwischen der höchsten Stufe der Arbeitskenntnisse und der niedrigsten Stufe der Fachkenntnisse aber deutlich größer, denn bei Tätigkeiten, die man mit bloßen Arbeitskenntnissen erfüllen kann, setzt der Tarifvertrag voraus, dass Berufserfahrung prinzipiell keine bewertungsrele-

Tab. 3-4: Bewertungsstufen nach ERA

Anforderungs-merkmal			Bewertungsstufen für die Arbeitsaufgabe	Wert
Können	Arbeitskenntnisse		Anlernzeit von bis zu einer Woche erforderlich	6
			Anlernzeit von weniger als vier Wochen erforderlich	12
			Aufgaben mit einer erforderlichen Anlernzeit ab vier Wochen	18
			Aufgaben mit einer erforderlichen Anlernzeit ab drei Monaten	25
			Aufgaben mit einer erforderlichen Anlernzeit ab sechs Monaten	32
			Aufgaben mit einer erforderlichen Anlernzeit ab einem Jahr	40
	Fachkenntnisse		Aufgaben, die eine mind. zweijährige Berufsausbildung erfordern	48
			Aufgaben, die eine mindestens dreijährige Berufsausbildung erfordern	58
			Berufsausbildung und einjährige Fachausbildung erforderlich	69
			Berufsausbildung und zusätzlich eine zweijährige Fachausbildung erforderlich (bzw. sechssemestrige Bachelor-Ausbildung)	81
			Aufgaben, die eine Fachhochschulausbildung erfordern (bzw. achtsemestrige Bachelor-Ausbildung)	94
			Universitätsausbildung erforderlich (bzw. Master-Ausbildung)	108
	Berufs-erfahrung		Aufgaben mit geforderten Fachkenntnissen und zusätzlicher Berufserfahrung von ein bis drei Jahren	6
			Aufgaben mit geforderten Fachkenntnissen und zusätzlicher Berufserfahrung von mehr als drei Jahren	12
Handlungs- und Entschei-dungsspielraum			Erfüllung der Aufgaben im Einzelnen vorgegeben	2
			Erfüllung der Aufgaben weitgehend vorgegeben	10
			Erfüllung der Aufgaben teilweise vorgegeben	18
			Erfüllung der Aufgaben überwiegend ohne Vorgaben weitgehend selbstständig	30
			Erfüllung der Aufgaben weitgehend ohne Vorgaben selbstständig	40
Kooperationserfor-dernisse			Kaum Kommunikation und Zusammenarbeit erforderlich	2
			Regelmäßig Kommunikation und Zusammenarbeit erforderlich	4
			Aufgabenerfüllung erfordert regelmäßig Kommunikation und Zusammenarbeit sowie gelegentlich Abstimmung	10
			Aufgabenerfüllung erfordert regelmäßig Kommunikation, Zusammenarbeit und Abstimmung	15
			Aufgabenerfüllung erfordert in hohem Maße Kommunikation, Zusammenarbeit und Abstimmung	20
Führungsaufgaben			Aufgabenerfüllung erfordert kein Führen	0
			Aufgabenerfüllung erfordert fachliches Anweisen, Anleiten und Unterstützen von Beschäftigten	5
			Aufgabenerfüllung erfordert zweckmäßiges Einsetzen, Unterstützen, Fördern und Motivieren von Beschäftigten	10
			Entwickeln von Zielen und zweckmäßiges, Unterstützen, Einsetzen, Fördern und Motivieren von Beschäftigten erforderlich	20

vante Rolle spielt. Anders verhält es sich bei qualifizierteren Tätigkeiten, bei denen Berufserfahrung gegebenenfalls mit sechs oder zwölf Punkten zu bewerten ist. In der Umsetzung bedeutet das, dass man bei Arbeitsstellen, auf denen der Arbeitgeber nur Arbeitskenntnisse erwartet, über Berufserfahrung nicht mehr zu reden braucht. Dadurch wird die Wertstufe zwischen diesen Tätigkeiten häufig höher als bei Betrachtung der erforderlichen Ausbildungs- oder Anlernzeit allein.

Bei den anderen drei Bewertungsmerkmalen, die im Entgeltrahmenabkommen definiert werden, gibt es einen solche formalen Nexus zwischen Anforderungsmerkmalen zwar nicht, tatsächlich wird es aber wohl nur sehr wenige Fälle geben, in denen einer Anlerntätigkeit mehr als die zweitniedrigste Stufe (vgl. Tab. 3-4) zugemessen wird.

Wegen der gegenüber dem Gehaltsrahmenabkommen veränderten Grundsystematik der Punktbewertung werden nun auch Tätigkeiten von außertariflichen (AT-)Angestellten nach den tarifvertraglich spezifizierten Kriterien bewertet. Im Entgeltrahmenabkommen ist festgelegt, dass normalerweise nur solche Beschäftigten nicht in den Geltungsbereich des Abkommens fallen – also grundsätzlich AT-Angestellte sind –, die Tätigkeiten ausüben, die mit mehr als 170 Punkten bewertet werden *und* deren „geldwerte (...) materielle(...) Arbeitsbedingungen (...) diejenigen der höchsten tariflichen Entgeltgruppe regelmäßig überschreiten" (Paragraph 1.3 ERA). Die letztgenannte Qualifizierung fehlte im Gehaltsrahmenabkommen. Das Entgeltrahmenabkommen legt mit dieser etwas sperrigen Formulierung also erstmals fest, dass außertarifliche immer auch *über*tarifliche Angestellte sind, das heißt, dass Angestellte, deren Arbeitsbedingungen nicht durch einen Tarifvertrag reguliert werden, nicht regelmäßig weniger verdienen dürfen als tarifliche Beschäftigte.

Personen, die bisher schon als „außertariflich" bestimmt worden sind, deren Tätigkeit nach der ERA-Systematik aber mit weniger als 170 Punkten bewertet wird – was sie im Prinzip in den Regelungsbereich des Entgeltrahmenabkommens „zieht" –, können ihren bisherigen Status nur dann behalten, wenn die Tätigkeit mit mindestens 155 Punkten bewertet wird und „ihre Beschäftigung im Arbeitsvertrag als außertariflich bezeichnet ist" (ebd.).

Im Entgeltrahmenabkommen ist auch festgelegt, wie hoch der variable Entgeltbestandteil, also die Leistungszulage, für Empfänger von Zeitentgelt künftig sein soll; besonders relevant ist das in Nordrhein-Westfalen deshalb, weil hier etwa drei Viertel der Beschäftigten in der Metall- und Elektroindustrie im Zeitentgelt bezahlt werden. Bislang konnten Zeitlöhner bis zu 32% Leistungszulagen erhalten, der Durchschnitt wurde tarifvertraglich auf 16% festgelegt. Bei den Angestellten lagen die entsprechenden Werte bei 8% beziehungsweise 4%. In Zukunft gilt:

„Im Zeitentgelt erhält jeder Beschäftigte eine individuelle Leistungszulage, die zwischen 0% und 20% variieren kann und im Betriebsdurchschnitt für die im Zeitentgelt Beschäftigten ca. 10% beträgt." (ERA Aktuell 10/2003, S. 2)

Wenn die Leistungszulagen im betrieblichen Durchschnitt einen Schwellenwert von 9% unterschreiten, verpflichtet der Tarifvertrag den Arbeitgeber, korrigierend einzugreifen; liegt der Durchschnitt über 11%, ist er dazu berechtigt (ERA Aktuell 11/2003).

3.3   Regelungen für Abweichungen (Unterschreiter und Überschreiter)

Es war seit Beginn der ERA-Verhandlungen abzusehen, dass nur in ganz wenigen Fällen das nach der Systematik des Entgeltrahmenabkommens bestimmte Entgelt exakt genauso hoch sein wird wie zuvor. Wenn es sich in einem konkreten Fall nur um einige Euro weniger handelt, wird häufig der vorherige Betrag gezahlt, liegt ein Beschäftigter nur geringfügig über dem bisherigen Grundeinkommen, kommt der neue Betrag gleich zur Auszahlung. Für alle anderen Fälle hat man in ergänzenden Tarifverträgen eine Regelung vereinbart. Sie basiert auf der Unterscheidung von so genannten Unterschreitern auf der „Gewinner-" und Überschreitern auf der „Verliererseite". Unterschreiter unterschreiten das ERA-Niveau, das heißt, ihr Entgelt war bislang niedriger als das, das künftig für ihre Tätigkeit gezahlt werden wird. Überschreiter hingegen überschreiten das ERA-Niveau, das bedeutet, ihr Grundlohn oder Grundgehalt war bislang höher als es das Grundentgelt für künftige Inhaber ihrer oder vergleichbarer Arbeitsstellen sein wird.

Die Tarifvertragsparteien haben vereinbart, dass die Umstellung auf die neue Bewertungssystematik für keine Person unmittelbare Einkommenseinbußen mit sich bringen soll. Gleichzeitig wurde eine „betriebliche Kostenneutralität" als verbindliche Vorgabe festgeschrieben, das heißt, dass Kostensteigerungen in Folge der betrieblichen Implementation der neuen Bewertungssystematik, die einen definierten Prozentsatz übersteigen, in den ersten fünf Jahren nach der Umstellung kompensiert werden. Diese widersprüchlichen Anforderungen lassen sich nur durch zeitliche Streckung in Einklang bringen, und genau dafür haben die Vertragsparteien ein Vorgehen festgelegt. Grundsätzlich gilt demnach, dass in dem definierten Kompensationszeitraum – das ist die in Abschnitt 2.3 (vgl. Tab. 2-5) angesprochene *betriebliche* Einführungsphase – tarifliche Entgelterhöhungen für Unterschreiter in einem Betrieb stärker ausfallen werden als bei ihren Kollegen, während der Anstieg der Tarifeinkommen von Überschreitern so lange gebremst wird, bis das der Neubewertung entsprechende niedrigere Niveau erreicht ist.

Die Anpassung der *Unterschreiter* erfolgt nach dem folgenden Prinzip: Zunächst werden bisherige übertarifliche Zulagen mit dem einem Überschreiter künftig zustehenden neuen Entgelt verrechnet, das heißt, sie werden nicht mehr zusätzlich zum tariflichen Grundentgelt gezahlt. Vom Stichtag der betrieblichen ERA-Einführung an werden von der dann noch verbleibenden Differenz 100 Euro sofort mit dem monatlichen Entgelt ausgezahlt. Der Betrag, der dann noch bis zum endgültigen „ERA-Grundeinkommen" fehlt, wird in der Abrechnung der Unterschreiter als „negativer Ausgleichsbetrag" ausgewiesen, aber zunächst nicht ausgezahlt; er nimmt allerdings an den künftigen Tariferhöhungen teil. Nach jeweils zwölf Monaten werden wiederum 100 Euro mehr gezahlt; der negative Ausgleichsbetrag vermindert sich dadurch und zwar so lange, bis das Tarifniveau erreicht ist. Nach spätestens 60 Monaten erfolgt in jedem Fall die vollständige Angleichung. Für die Betriebe bedeutet das, dass sie einen Beschäftigten bis zu fünf Jahre lang (was aber wohl selten vorkommt) quasi untertariflich bezahlen können.

Bei der Anpassung der *Überschreiter* findet eine Differenzierung des Abweichungsbetrags statt: Wenn das künftig an einer Arbeitsstelle zu zahlende Grundentgelt um nicht mehr als 10% unter dem liegt, das der Stelleninhaber bislang erhalten hat, wird der Differenzbetrag als „positiver Ausgleichsbetrag" in seiner Entgeltabrechnung ausgewiesen und auch weiterhin vollständig ausgezahlt. Bei der Umrechnung der ersten prozentualen Tariferhöhung nach der Umstellung auf das Entgelt des Überschreiters – aber frühestens zwölf Monate nach der ersten Eingruppierung in die neue Entgeltgruppe – wird dieser Betrag auch noch vollständig berücksichtigt. Alle späteren Tariferhöhungen werden dann aber bis auf 1% Steigerungsrate mit dem Ausgleichsbetrag verrechnet. Das heißt, wer einen „positiven Ausgleichsbetrag" in seiner Abrechnung stehen hat, bekommt unabhängig davon, wie hoch ein Tarifabschluss ausfällt, so lange eine maximal einprozentige Entgelterhöhung, bis der Ausgleichsbetrag vollständig abgeschmolzen ist. Wie lange das dauert, hängt also nicht nur von der Höhe des Ausgleichsbetrags ab, sondern auch von der Höhe der Tarifabschlüsse. Je größer die Tariferhöhungen sind, desto schneller wird der Ausgleichsbetrag „abgezahlt" sein.

Ein über 10% des bisherigen Tarifeinkommens hinausgehender Differenzbetrag gilt dauerhaft als (tarifdynamische) „Überschreiterzulage". Diese Vereinbarung hat zur Konsequenz, dass ein Beschäftigter im Laufe der Zeit nur bis zu maximal 10% seines Grundeinkommens vor der betrieblichen Umsetzung des Entgeltrahmenabkommens einbüßen kann. Und dies erfolgt nicht durch Abzug, sondern durch geringere Steigerungsraten. Sollte er in der Zwischenzeit versetzt und deshalb höher eingruppiert werden, werden die Überschreiterzulage und der Ausgleichsbetrag allerdings verrechnet.

Die Unterschreiter bekommen also von Beginn an schrittweise mehr, während die Entgeltkosten für die Überschreiter im ersten Jahr unverändert bleiben und in den folgenden Jahren steigen – wenn auch nur um 1%. Rein rechnerisch müsste das dazu führen, dass die Entgeltsumme eines Betriebs nach der Umstellung auf die neue Bewertungssystematik in jedem Fall zunächst einmal steigt. Genau das soll aber nicht geschehen:

> „Die Heranführung an die veränderten Entgeltniveaus erfolgt schrittweise und für das Unternehmen kostenneutral. Die Beschäftigten müssen dabei keine Absenkung ihres derzeitigen tariflichen Entgeltniveaus befürchten." (www.metallnrw. de: ERA NRW: Einführung ERA; aufgerufen am 3.9.09)

Was sich hier wie die Quadratur des Kreises liest, lässt sich realisieren, weil schon einige Jahre vor der Umstellung mit dem Aufbau so genannter betrieblicher ERA-Anpassungsfonds begonnen worden ist. Das im Folgenden beschriebene Verfahren wird nicht nur in Nordrhein-Westfalen praktiziert, sondern mit geringfügigen Abweichungen in jedem Tarifgebiet in Deutschland. Dies gilt insbesondere für die angenommene – oder zugestandene – Kostensteigerung durch Einführung des Entgeltrahmenabkommens von durchschnittlich 2,79%.

3.4   Kostenneutralität: Definition eines Grenzwerts

Der betriebliche ERA-Anpassungsfonds soll einen in finanzieller Hinsicht gleitenden Übergang in das neue Entgeltsystem ermöglichen. Das heißt, dass durch ihn Kostensteigerungen, die mit der betrieblichen Umstellung einhergehen können, kompensiert – präziser: strikt begrenzt – werden sollen; genau das ist gemeint, wenn den Arbeitgebern „betriebliche Kostenneutralität" garantiert wird. Grundlage dieser Fonds sind umfangreiche Berechnungen, die zunächst im Tarifgebiet Baden-Württemberg durchgeführt worden sind; die dortigen Tarifvertragsparteien haben hier eine gewisse Leitfunktion für die anderen Bezirke übernommen.

Auch wenn die bis auf zwei Stellen hinter dem Komma ausgewiesene Kostensteigerungsrate anderes vermuten lassen könnte, tatsächlich wurden die 2,79% nicht einfach ausgerechnet. Es herrschte unter den Tarifvertragsparteien (auch) in Südwestdeutschland Einigkeit darüber, dass die neue Vergütungssystematik für sich genommen möglichst zu überhaupt keiner Kostenveränderung führen sollte. Da aber wegen der immensen Komplexität der Aufgabe – die Neubewertung aller in der Metall- und Elektroindustrie anfallenden Tätigkeiten – eine „Punktlandung" praktisch nicht zu realisieren war, waren sich alle Beteiligten darüber im Klaren, dass man eine Bandbreite definieren musste. Man hat dann in Baden-Württemberg sechs Modellbetriebe entworfen, die zusammengenommen die Struktur der Branche in diesem Bundesland repräsentiert haben. Berechnungen zeigten, dass eine durchschnittliche Kostensteigerung von 2,79% dort tatsächlich realisiert werden konnte. Und diese Zahl wurde dann auch in den anderen Tarifregionen quasi als Normvorgabe übernommen.

Damit war es dort allerdings längst nicht getan, denn diese pauschale Entgeltkostensteigerung musste ja auf die einzelnen Entgeltgruppen heruntergebrochen werden. Auf die baden-württembergischen Erfahrungen konnte man in den anderen Tarifbezirken nur sehr eingeschränkt zurückgreifen. Das galt in Nordrhein-Westfalen möglicherweise sogar in besonderem Maße, denn die in Süddeutschland konstruierten Modellbetriebe bildeten eben die dortige Struktur der Metall- und Elektroindustrie ab und nicht die ganz anders beschaffene in Westfalen und im Rheinland (vgl. Abschnitt 2.1). Nachdem man sich die Grundlagen des Berechnungsverfahrens bei einer gemeinsamen Sitzung der beiden Tarifvertragsparteien in der Geschäftsstelle von Metall NRW in Düsseldorf von Vertretern der süddeutschen Verbände eingehend hatte erläutern lassen, ging man daran, es an die Verhältnisse in Nordrhein-Westfalen anzupassen.

„Gemeinsam mit der IG Metall und einem Fachinstitut wurden alle verfügbaren Daten der Bundesanstalt für Arbeit, des Statistischen Landesamtes und aus eigenen Erhebungen ausgewertet und zusammengeführt. Insgesamt 5.766 Betriebe mit über 740.000 Arbeitnehmer und einer jährlichen Lohn- und Gehaltssumme von ca. 30 Milliarden Euro wurden in der Auswertung berücksichtigt." (ERA Aktuell 9/2003, S. 2)

Auf diese Weise wurden 13 Metall- und Elektro-Sektoren identifiziert, die in dem Bundesland quantitativ eine besondere Rolle spielen (vgl. Tab. 3-5). Für jede dieser Teilbranchen hat man die durchschnittliche Betriebsgröße ermittelt und davon ausgehend pro Branche einen Musterbetrieb konstruiert, der von der Zusammensetzung der betrieblichen Funktionen und damit auch den Lohn- und Gehaltsstrukturen her als typisch gelten konnte. Für jeden dieser Modellbetriebe hat man dann die Systemkosten der alten Lohn- und Gehaltsrahmenabkommen mit denen des neuen Entgeltrahmenabkommens verglichen.

Bezugspunkte dieser Vergleiche waren die bis dahin bereits vereinbarten ERA-Niveaubeispiele. Man hat – die 13 Betriebsmodelle zusammengenommen – annähernd 2.500 Stellen in die alten Lohn- und Gehaltsgruppen einerseits und in die neuen Entgeltgruppen andererseits probeweise eingestuft. Diese Einstufungen wurden zwischen Vertretern der Tarifvertragsparteien in insgesamt vier zweitägigen Klausurtagungen abgestimmt. Danach haben Verbandsingenieure bei Metall NRW solange gerechnet, bis sie eine Entgeltkurve bestimmt hatten, die über alle Branchen hinweg[6] eine durchschnittliche Kostensteigerung von 2,79%

---

6   „Es sollte ja nichts rauskommen, wo die Automobilindustrie sagt, Super-ERA habt ihr gemacht und die Gießereien hinten rüber fallen. Das heißt also, auch ein typischer Fach-

erbrachte. Dabei war das ebenfalls aus Baden-Württemberg importierte Kostenprognoseprogramm sehr hilfreich, das später dann auch den Betrieben und Betriebsräten zur Verfügung gestellt wurde (vgl. die Ausführungen zur „Infrastruktur" für die ERA-Umsetzung in Abschnitt 2.2). Die vorgeschlagene Entgeltkurve wurde dann mit der Verhandlungsdelegation der IG Metall diskutiert und
schließlich vereinbart.

Damit sind Beträge für die – und damit auch wertmäßige Relationen zwischen den – 14 Entgeltgruppen des nordrhein-westfälischen ERA definiert worden, die sicherstellen, dass die Umstellung der bisherigen Entgeltstrukturen zu

Tab. 3-5: Für die Berechnung der ERA-Entgeltkurve in NRW relevante
Teilbranchen (Stand etwa 2000) [a]

Teilbranche	Zahl der Beschäftigten	Zahl der Betriebe	⌀ Betriebs-größe
Bearbeitung von Eisen, Stahl, Ferrolegierer; Erzeugung & Bearbeitung von NE-Metall	46.113	209	221
Gießereiindustrie	32.418	203	160
Stahl- und Leichtmetallbau; Kessel-, Behälter- und Dampf-kesselbau	40.740	546	75
Schmiede-, Press-, Zieh- und Stanzteile; Veredlung, Wärme-behandlung, Mechanik	45.269	692	65
Herstellen von (Schneid-) Werkzeugen, Schlössern, Be-schlägen, sonstige EBM-Waren	107.773	965	112
Herstellen von Energiemaschinen, land- und forstwirt-schaftliche Maschinen, sonst. Maschinen	95.052	742	128
Herstellen von Werkzeugmaschinen, Maschinen für sonstige Wirtschaftszweige	104.668	977	107
Herstellen von Haushaltsgeräten	16.285	55	296
Elektrotechnik	124.752	662	188
Herstellen diverser Geräte	40.742	462	88
Herstellen von Kraftwagen und Motoren, Karosserien, Auf-bauten und Anhängern	46.446	72	645
Herstellen von Teilen u. Zubehör für Kraftwagen	29.104	89	327
Sonstiger Fahrzeugbau	11.034	92	120
Gesamt	*740.396*	*5.766*	*128*

a   Die Zahlen in dieser Tabelle weichen teilweise von denen in der (aus derselben Quelle
    stammenden) Tabelle 2-2 ab. Das liegt einerseits an den unterschiedlichen Bezugsjahren,
    andererseits daran, dass die Branchenabgrenzungen hier andere sind.
Quelle: Metall NRW: Foliensatz ERA NRW Master, September 2005

---

arbeiterbetrieb sollte nicht grundsätzlich anders belastet werden als der, der sehr viele in
der Lohngruppe 2 hat oder der praktisch nur einen Engineering-Betrieb hat." (Interview
Verbandsingenieur Metall NRW)

einer systembedingten Kostensteigerung von durchschnittlich 2,79% führen wird. In gewisser Weise wurde so eine *self fulfilling prophecy* in Gang gesetzt. Man hat sich zunächst darüber verständigt, in welcher Größenordnung sich die Kostensteigerungen bewegen könnten. Dann wurde – unterstützt durch aufwändige Berechnungen – vereinbart, dass die Umstellung im Durchschnitt der gesamten Teilbranchen in einem Tarifgebiet nur 2,79% mehr kosten darf. Und schließlich hat man eine Entgeltkurve vereinbart, die genau das gewährleistet:

> „(Es) sind die ERA-Entgelttabellen bundesweit und damit auch in NRW so entwickelt worden, dass sie systembedingt im Durchschnitt des Tarifgebiets 2,79% höher liegen als (...) nach dem bisherigen System." (Metall NRW 2006, S. 3)[7]

3.5   Der ERA-Anpassungsfonds

Der so gesetzte Wert von 2,79% bestimmt auch die Höhe des ERA-Anpassungsfonds. Dieser wurde gespeist „durch die vorübergehende Einbehaltung nicht ausgezahlter Strukturkomponenten" (Paragraph 2 ERA-APF). Durch das teilweise Zurückhalten von vereinbarten Tarifsteigerungen wurde im Verlauf einiger Tarifrunden die Entgeltlinie um die antizipierte Kostensteigerungsrate abgesenkt. Bereits vom Mai 2002 an hat man zu diesem Zweck die Tariferhöhungen in zwei Komponenten aufgeteilt, zum einen in ein „lineares Volumen" und zum anderen in eben diese ERA-Strukturkomponente. Von der Tariferhöhung des Jahres 2002 gingen 0,9% als Strukturkomponenten in die betrieblichen Anpassungsfonds, in 2003 war es ein halbes Prozent, und in 2004 und 2005 waren es jeweils 0,7%. Zusammen genommen sind in diesen vier Jahren also 2,8% der Steigerungen als Strukturkomponente deklariert worden.

Tab. 3-6: Aufbau des ERA-Anpassungsfonds

Gesamterhöhung	Gültig ab	„lineares Volumen"	Era Strukturkomponente
4,0%	1. Juni 2002	3,1%	0,9%
3,1%	1. Juni 2003	2,6%	0,5%
2,2%	1. März 2004	1,5%	0,7%
2,7%	1. März 2005	2,0%	0,7%
Summe der Strukturkomponenten:		2,8%	
Erwartete Mehrkosten (Systemkosten) durch ERA:	2,79%		

---

7   Auf diese Weise wurden auch die bestehenden Unterschiede zwischen den Vergütungsstrukturen in den verschiedenen Tarifgebieten der Bundesrepublik fortgeschrieben.

In der Tabelle 3-6 ist in der Spalte „lineares Volumen" der Prozentsatz eingetragen, um den die Löhne und Gehälter im jeweiligen Jahr tatsächlich gestiegen sind. Der als Strukturkomponente definierte Steigerungsanteil hingegen wurde nur in der ersten Tarifperiode (also im Jahr des Tarifabschlusses) als Einmalzahlung ausgezahlt, in den Folgejahren ging er nicht mehr an die Beschäftigten. In diesen Jahren haben die Unternehmen die Summe statt dessen als Rückstellung für den betrieblichen ERA-Anpassungsfonds bilanziert, sie war aber tarifdynamisch, das heißt, sie wurde bei den folgenden Entgelterhöhungen rechnerisch berücksichtigt (vgl. Paragraph 3 ERA-APF).

> „Die Lohn- und Gehaltstabellen sind durch dieses Verfahren also um die Gesamthöhe der ERA-Strukturkomponenten (2,79%) geringer gestiegen als es nach dem vereinbarten Erhöhungsvolumen insgesamt eigentlich hätte sein müssen." (Metall NRW 2006, S. 4)

Und genau damit soll die angenommene Kostensteigerung ausgeglichen werden. Die Entgeltkosten werden demnach also nach der Umstellung der Betriebe auf die neue Bewertungssystematik zwar um durchschnittlich 2,79% höher liegen als davor, sie

> „befinden sich damit aber auf dem Entgeltniveau, das dem aus Tabellenlohn/-gehalt und ERA-Strukturkomponenten bestehenden bisherigen Entgeltniveau entspricht." (Metall NRW 2006, S. 4)

Das so zunächst eingesparte Geld soll insbesondere für die Ausgleichszahlungen an die Überschreiter verwendet werden. Dies ist ein rein bilanztechnischer Vorgang, weil der Fonds nicht tatsächlich durch Entzug betrieblicher Liquidität, sondern durch Rückstellungen in der Bilanz gebildet wurde.

Wie in Tabelle 3-6 zu sehen ist, werden die den Fonds speisenden „abgeschnittenen" 2,8% Lohn- und Gehaltssteigerung erst nach vier Jahren erreicht. Das ist der Grund dafür, weshalb die vierjährige tarifliche ERA-Einführungsphase in Nordrhein-Westfalen erst am 1. März 2005 begonnen hat. Wenn eine Betriebsleitung auch noch das vierte Jahr „mit Strukturkomponente" vollständig abgewartet und zum 1. März 2006 umgestellt hat, befanden sich circa 4% der tariflichen Jahresentgeltsumme im ERA-Anpassungsfonds des Betriebs.

Metall NRW empfiehlt den Unternehmen generell, die betriebliche ERA-Umsetzung mit einer detaillierten Kostenprognose zu beginnen (ein Berechnungsinstrument dafür wird angeboten) und dann erst den Einführungstermin festzulegen. Denn nur das erlaube,

> „im Fall von zu erwartenden Mehrkosten einen späteren Einführungstermin vorzusehen, zu dem ausreichend materielle Mittel zur Kompensation (... im) ERA-Anpassungsfonds zur Verfügung stehen." (Metall NRW 2004b, S. 1/8)

Verwendung des ERA-Anpassungsfonds

Für jedes der auf den Stichtag der betrieblichen ERA-Einführung folgenden fünf Jahre werden die Entgeltkosten des Betriebs ermittelt und mit denen verglichen, die im alten Vergütungsregime entstanden wären; die Kosten für die Heranführung der Unterschreiter und die Absicherung der Überschreiter werden dabei berücksichtigt (Paragraph 5 ERA-ETV). Diese Kalkulation erfolgt dynamisch, das heißt, zwischenzeitliche Tariferhöhungen werden in die Vergleichsrechnung einbezogen. Das von beiden Tarifvertragsparteien „vertriebene" Kostenprognoseprogramm erleichtert die recht komplizierten Berechnungen. Bei diesen Kostenvergleichen sind drei Ergebnisse denkbar:

(a)   Die Kosten sind um mehr als 2,79% gestiegen.
(b)   Die Kosten sind um eine Rate zwischen Null und 2,79% gestiegen.
(c)   Die Kosten sind niedriger als zuvor.

In jedem dieser Fälle wird mit dem Fonds anders verfahren. Die Details müssen Geschäftsleitung und Betriebsrat in einer Betriebsvereinbarung festgelegen, prinzipiell gilt folgendes:

(a)   Kostensteigerung über 2,79%

In diesem Fall werden die Steigerungen aus dem Anpassungsfonds um den Betrag ausgeglichen, der über 2,79% hinausgeht. Bleibt am Ende der fünfjährigen Kostenkompensationsphase noch ein Rest im Fonds, ist dieser in Form von Einmalzahlungen an diejenigen unter den Beschäftigten auszuzahlen, die zu seinem Aufbau beigetragen haben (die also zwischen Juni 2002 und März 2006 in dem Unternehmen beschäftigt waren). Reicht der Anpassungsfonds nicht aus, um die Kostensteigerungen abzudecken, können die Unternehmen übertarifliche Einkommensbestandteile verrechnen, die Anpassungsschritte der Unterschreiter um bis zu 50% verkleinern (also den „negativen Ausgleichsbetrag" auf jährlich 50 statt 100 Euro reduzieren) oder die tariflichen Jahressonderzahlungen an die Unterschreiter reduzieren (Paragraph 5.5 ERA-ETV).

(b)   Kostensteigerung bis 2,79%

In den ersten fünf Jahren passiert mit dem Fonds in diesen Fällen – und das ist die Mehrheit der Betriebe (vgl. Kap. 4) – gar nichts, das heißt, der Anpassungsfonds bleibt im Betrieb. Ein eventuell verbleibender Restbetrag wird danach in Form von Einmalzahlungen an die Beschäftigten ausgezahlt, die zu seinem Aufbau beigetragen haben.

(c) Niedrigere Kosten als vor der Umstellung

Nur in diesem Fall werden die Fondsmittel bereits ab der ERA-Einführung, also
während der ersten fünf Jahre, in Form von bis zu zwei jährlichen Einmalzahlungen zusätzlich zum regulären Entgelt an die Beschäftigten ausgezahlt, die zu
seinem Aufbau beigetragen haben. Übersteigt der eingesparte Betrag die Höhe
des Fonds, wird die verbleibende Differenz durch Erhöhung der tariflichen Jahressonderzahlung ausgeglichen (Paragraph 5.6 ERA-ETV).

Der betriebliche Anpassungsfonds darf nicht aufgelöst werden, bevor die
neue Bewertungssystematik des Entgeltrahmenabkommens in dem Betrieb eingeführt worden ist. Wo das bis zum März 2006 nicht geschehen war, musste er
grundsätzlich in Einmalzahlungen an die Berechtigten „ausgeschüttet" werden.
In einer nicht erzwingbaren Betriebsvereinbarung konnten die Betriebsparteien
aber auch Abweichendes vereinbaren (Paragraph 3c ERA-APF). So konnte zum
Beispiel der Fonds länger aufgefüllt werden (also mehr Geld zurückgestellt werden als die „üblichen" etwa vier Prozent der Entgeltsumme) oder es konnten andere Auszahlungsmodalitäten gewählt werden.

3.6   Das besondere Eingruppierungs- und Reklamationsverfahren

Die Tarifvertragsparteien haben in Paragraph 7 des nordrhein-westfälischen
ERA-Einführungstarifvertrags ein besonderes Eingruppierungs- und Reklamationsverfahren vereinbart, das an die Stelle der in den Paragraphen 99ff. des Betriebsverfassungsgesetzes spezifizierten Regularien treten kann. Es sieht vor,
dass die Betriebsparteien in einer nicht erzwingbaren Betriebsvereinbarung festlegen können, dass eine paritätische Kommission gebildet wird, die tätig wird,
wenn der Betriebsrat Einspruch gegen eine vom Arbeitgeber beantragte Eingruppierung einlegt. Kommt es in dieser Kommission nicht innerhalb der folgenden acht Wochen zu einer Einigung, entscheidet auf Antrag einer der Parteien die tarifliche Einigungsstelle den Fall verbindlich. Gegen diesen Spruch
können die Geschäftsleitung oder der Betriebsrat nur auf Grund von Verfahrens-
fehlern oder einer groben Verkennung der tariflichen Bewertungsgrundsätze
Einspruch einlegen. Da dies eher selten vorkommen dürfte, wird das Votum der
Einigungsstelle in den allermeisten Fällen endgültig gelten. Und auch eine individuelle Klage der oder des Betroffenen dagegen dürfte nicht sehr Erfolg ver-
sprechend sein, wenn zuvor zwei paritätisch besetzte Instanzen zu einem über-
einstimmenden Urteil gekommen sind.[8]

---

8   In Abschnitt 5.6 werden wir in der Diskussion unserer Fallstudienergebnisse auf die
     Bedeutung dieses Aspekts zurückkommen.

Einmal unterzeichnet, gilt das besondere Eingruppierungs- und Reklamationsverfahren nicht bloß für die Dauer der Umstellung auf die Bewertungssystematik des Entgeltrahmenabkommens, das heißt für die Ersteingruppierungen in das neue Raster. Eine entsprechende Betriebsvereinbarung hat eine Mindestlaufzeit von sechs Jahren und kann nur mit Zustimmung beider Tarifvertragsparteien vorher aufgehoben werden.

In den meisten der von uns untersuchten Betriebe wurde anlässlich der Implementation der neuen Bewertungssystematik eine entsprechende Betriebsvereinbarung unterzeichnet; die Fragebogenerhebung stützt die These, dass dies für die umstellenden Betriebe in Nordrhein-Westfalen generell gilt (vgl. Kap. 4). Geworben haben beide Tarifvertragsparteien für das Verfahren nach Paragraph 7, allerdings mit jeweils unterschiedlicher Begründung.

Von Metall NRW werden drei Vorteile hervorgehoben: Dieses Verfahren verringere die Wahrscheinlichkeit gerichtlicher Auseinandersetzungen, weil die Entscheidung einer paritätischen Kommission oder einer tariflichen Einigungsstelle weitgehend als verbindlich angesehen würde. Meinungsverschiedenheiten über vom Arbeitgeber geforderte Eingruppierungen könnten deshalb öfter innerbetrieblich gelöst werden. Weil das besondere Reklamationsverfahren nur durch den Betriebsrat, nicht aber durch einen Beschäftigten selbst eingeleitet werden könne, müssten in der Kommission schließlich nur solche Fälle behandelt werden, die auch der Betriebsrat und nicht nur der oder die Betroffene für verhandlungsrelevant hält; der Interessenvertretung komme damit eine Filterfunktion zu. Zudem gelte bei diesem Verfahren eine Eingruppierung durch den Arbeitgeber zunächst weiter, denn der Einspruch des Betriebsrats hat keine aufschiebende Wirkung (vgl. Metall NRW 2004b, S. 6/2).

Einer der im Zuge der Fallstudien befragten Personalverantwortlichen hat eine noch offensivere Würdigung des Verfahrens formuliert:

> „Ich habe einfach den Vorteil gesehen, wenn ich eine Vereinbarung hinbekomme, wo der Betriebsrat sagt, wir machen es nach Paragraph 7, dann sitze ich am Steuer und sage, wann die Einführung passiert, denn in diesem Moment gibt der Betriebsrat ja ein Stück weit was aus der Hand." (Personalchef Fallbetrieb 1)

Ganz anders waren die Einschätzungen bei der IG Metall, wo man darauf setzt, dass bei diesem Verfahren die Betriebsräte früher und intensiver in den Prozess der Stellenbeschreibung und Stellenbewertung einbezogen werden und deshalb wirkungsvoller Einfluss auf lohn- und leistungspolitische Entscheidungen nehmen können.

Für die Einschätzungen des Arbeitgeberverbands haben wir in unseren Fallstudien Belege gefunden. Weniger eindeutig sind die Befunde über die tatsächliche Mitgestaltungsmacht der Betriebsräte. Wir haben bei der Fallstudienarbeit Beispiele dafür gesehen, dass die betriebliche Interessenvertretung den erweiterten Spielraum, den das besondere Eingruppierungs- und Reklamationsverfahren bietet, in ihrem Sinne bzw. im Sinne der Vertretenen nutzen konnte. Bestätigungen fanden wir aber auch für Befürchtungen, die Gewerkschaftsvertreter auf unterschiedlichen Ebenen ihrer Organisation in Interviews formuliert haben, dass nämlich gerade dieses Verfahren betriebliche Gegenmacht eher schwächen als stärken kann. Wenn ein aus welchen Gründen auch immer nicht sehr durchsetzungsfähiger Betriebsrat dort in eine Position gerät, in der ihm nicht viel mehr bleibt, als Vorgaben des Arbeitgebers mehr oder weniger laut murrend abzunicken, kann gerade die Teilnahme an den Entscheidungen der paritätischen Kommission seine Position gegenüber der Belegschaft untergraben. Dafür haben wir eine Reihe von Beispielen gefunden, die im sechsten und achten Kapitel vorgestellt und interpretiert werden. Zuvor sollen aber Ergebnisse unserer Befragung der Betriebe vorgestellt werden, die bis zum Frühjahr 2008 bereits auf die Bewertungssystematik des ERA umgestellt hatten.

4. Materielle Konsequenzen der Stellenneubewertung und Einschätzung des Abkommens durch die Betriebsparteien

Ziel unserer Fragebogenerhebung war es, einen Überblick über einerseits die materiellen Konsequenzen der ERA-Einführung zu erhalten und andererseits Informationen darüber zu bekommen, wie das neue Entgeltrahmenabkommen von den beiden Betriebsparteien eingeschätzt wird. Was die Antworten vor allem auf die erste Frage angeht, so sind viele der Ergebnisse aber nicht als wirklich „harte" Aussagen zu begreifen. Das liegt einfach daran, dass die Befragten teilweise Einschätzungen aus ihrer Erinnerung abgegeben haben. Das ist ein prinzipielles Problem bei derartigen ex post Erhebungen. Darin liegt auch der Grund, dass wir bei der Darstellung der Ergebnisse auf pseudo-exakte Prozentangaben weitgehend verzichtet haben. Auch bei der Interpretation der Befunde sind wir deshalb entsprechend vorsichtig vorgegangen.

4.1 Überblick über das Untersuchungssample und die Rahmenbedingungen in den befragten Unternehmen

Die Ausführungen in diesem Kapitel beziehen sich im Wesentlichen auf die Ergebnisse von zwei schriftlichen Befragungen, die sich an Belegschaftsvertreter und Arbeitgeber aus mehr als 600 Betrieben der nordrhein-westfälischen Metall- und Elektroindustrie richtete, die den ERA-Umstellungsprozess bereits abgeschlossen hatten. Der Erhebungsbogen, der für die Befragung von Betriebsräten eingesetzt wurde, wurde zunächst mit einer kleinen Anzahl von Adressaten getestet, und anschließend sind einige wenige Korrekturen vorgenommen worden. Mit einem deutlich kürzeren Fragebogen für Vertreter der Arbeitsgeberseite wurde analog verfahren.[1]

Von den angesprochenen Betriebsräten haben sich 114 an der Befragung beteiligt, bei den Managern lag der Rücklauf mit 85 Teilnehmern etwas niedriger. Aus 29 Betrieben haben sowohl der Betriebsrat als auch die Managementseite den Fragebogen bearbeitet. Die folgende Darstellung und Diskussion be-

---

1 Ursprünglich war geplant, die beiden Betriebsparteien mit einem analogen Fragebogen zu befragen; der methodische Vorteil, den das gehabt hätte, ist offensichtlich. Von Seiten des nordrhein-westfälischen Arbeitgeberverbands wurde uns signalisiert, dass man bei einem so umfangreichen Fragebogen, wie er an die Betriebsräte versandt wurde, von Arbeitgeberseite mit einem extrem niedrigen Rücklauf rechnen müsse. Deshalb wurden bei dem Erhebungsbogen für diesen Adressatenkreis drastische Kürzungen vorgenommen.

ruht damit auf Angaben aus 170 Betrieben in Nordrhein-Westfalen. Etwa ein Drittel dieser Betriebe gehört zum Maschinen- und Anlagenbau. Das entspricht in etwa der Bedeutung dieses Industriezweigs in Nordrhein-Westfalen. Der Anteil der Automobilzulieferer im Sample liegt bei 36% (das sind 40 Betriebe).

Die Verteilung innerhalb unseres Untersuchungssamples nach Betriebsgrößenklassen entspricht eindeutig nicht der Struktur der Metall- und Elektroindustrie im Tarifbezirk. Kleinbetriebe mit bis zu hundert Beschäftigten sind mit nur 16% weit unterrepräsentiert (vgl. Abschnitt 2.1). Etwa jeder fünfte erfasste Betrieb hat weniger als 200 Beschäftigte, auch das liegt unter dem rechnerischen Anteil im Bezirk. Überrepräsentiert sind entsprechend die größeren Betriebe: der Anteil der Betriebsgrößenklasse zwischen 2.000 und 5.000 Arbeitskräfte liegt bei etwas über 40%, der der Großbetriebe mit mehr als 1.000 Beschäftigten bei etwa 13%.

Über 95% der Betriebe unseres Samples sind tarifgebunden; bei mehr als 85% von ihnen gilt der Flächentarifvertrag, gut 5% haben einen Anerkennungstarifvertrag[2] abgeschlossen, in vier der 170 Fälle gilt ein Firmentarifvertrag. In fünf Betrieben haben die Parteien Sonderegelungen nach dem Tarifvertrag zur Beschäftigungssicherung (TVBesch)[3] vereinbart. In einem Betrieb ist es zu einer Tarifbindung erst im Zusammenhang mit der ERA-Einführung gekommen.

Zur Zeit der Erhebung im Frühjahr 2008 schätzten fast alle Befragten die wirtschaftliche Lage ihres Unternehmens im aktuellen und den beiden davor liegenden Jahren als positiv ein. Unterschiede bei den Ergebnissen der Umstellung und bei der generellen Einschätzung des ERA können somit nicht auf Unterschiede in der wirtschaftlichen Situation der teilnehmenden Betriebe zurückgeführt werden.

Die ersten der befragten Betriebe haben Anfang 2005 mit der Umstellung auf die neue Bewertungssystematik begonnen. Der Einführungsprozess dauerte von der ersten Beschäftigung mit dem Thema Entgeltrahmenabkommen bis zur Einführung nach Angaben der Betriebsräte in etwa einem Drittel der Fälle weniger als zwölf Monate, bei etwas weniger als der Hälfte zwischen einem und zwei Jahren, bei knapp jedem fünften waren es mehr als zwei Jahre, bei einigen wenigen war der Prozess sogar nach drei Jahren noch nicht abgeschlossen.[4]

---

2   Mit einem Anerkennungstarifvertrag erklären Betriebe, die keinem Arbeitgeberverband angehören, dass sie den Flächentarifvertrag in Gänze oder in wesentlichen Teilen übernehmen.

3   Im TVBesch ist festgelegt, unter welchen Bedingungen in einem Betrieb, der in einer wirtschaftlichen Krise steckt, das Niveau des Flächentarifvertrags unterschritten werden darf, um Entlassungen zu vermeiden. Die zentrale Regelung betrifft die Verkürzung der Arbeitszeit bei entsprechender Kürzung der Monatsverdienste.

4   Diese Angaben sind mit einer gewissen Vorsicht zu interpretieren. Es ist nicht auszuschließen, dass die Befragten den Begriff „Umstellungsprozess" unterschiedlich bestimmt

Drei Viertel der Unternehmen haben im Zuge der Umstellung auf die Bewertungssystematik des Entgeltrahmenabkommens eine Betriebsvereinbarung über die Anwendung des im ERA-Einführungstarifvertrag beschriebenen besonderen Eingruppierungs- und Reklamationsverfahrens abgeschlossen. Mit fast 90% liegt der Anteil der Betriebe, in denen eine paritätisch besetzte Kommission zur Begleitung der Umstellung gebildet worden ist, noch deutlich höher.[5] Etwa jeder fünfte der Fälle folgte den üblichen Regelungen des Betriebsverfassungsgesetzes (siehe Abschnitt 3.6 zu den Unterschieden), und in fünf Betrieben wurden andere Absprachen getroffen oder die alten Eingruppierungen rein rechnerisch in das neue Entgeltgruppenraster übertragen („Regelüberleitung"). In fast einem Drittel der befragten Betriebe wurde also gegen die Empfehlung der beiden Tarifvertragsparteien nicht nach dem im Tarifvertrag spezifizierten Verfahren umgestellt. In zehn davon hat der Arbeitgeber dies verhindert, immerhin siebenmal hat der Betriebsrat einem entsprechenden Vorschlag der Gegenseite die Zustimmung verweigert. In elf Betrieben wurde die Frage entweder gar nicht erst diskutiert oder die Betriebsparteien waren sich in ihrer Ablehnung einig.

Eine kollektive Lohn- und Gehaltsabsicherung ist in 28 und die Absicherung bestimmter Lohn- oder Gehalts- beziehungsweise Beschäftigtengruppen in 24 Betrieben vereinbart worden. Die Frage, ob die Belegschaft im Zuge der Umstellung auf Ansprüche zugunsten einer Standortsicherung verzichtet hat, haben elf der Betriebsräte – das ist fast ein Zehntel – zustimmend beantwortet.

4.2   Ziele und Zusammenarbeit der Betriebsparteien

4.2.1   *Ziele*

Das wichtigste Ziel, das die befragten Betriebsräte bei der ERA-Umstellung verfolgten, war nach ihren eigenen Angaben die Sicherung des bisherigen kollektiven betrieblichen Entgeltniveaus; neun von zehn Betriebsräten bezeichneten diesen Punkt als wichtig oder sehr wichtig. Dicht gefolgt wurde dieser auf Verteidigung orientierte Vorsatz durch ein offensives Ziel, nämlich die „Aufwertung der Facharbeit". Es folgten die Ziele „Verringerung des individuellen Verdienst-

---

haben, etwa mit oder ohne Berücksichtigung einer sich an die Ersteingruppierungen anschließenden Reklamationsphase.

5   Man wird bei diesen Angaben wie generell mit einer gewissen Grauzone rechnen müssen, weil – das hat sich auch in den Fallstudien immer wieder gezeigt – für Betriebspraktiker Unterschiede, die für die Interpretation systematisch relevant sind, häufig keine große Bedeutung haben und die Antworten dann entsprechend ungenau sein können. Das gilt insbesondere dann, wenn die Ereignisse, zu denen man befragt wird, schon geraume Zeit zurückliegen.

risikos" sowie das Ziel, die Anzahl der Überschreiter gering und den Spielraum für eine Entgeltpolitik des Betriebsrats möglichst groß zu halten. Hoch auf der Prioritätenliste dieser Befragungsteilnehmer stand zudem das Ansinnen, die Schwankungen des individuellen leistungsvariablen Entgeltbestandteils[6] gering zu halten. Als ähnlich wichtig galt die Erweiterung der Mitbestimmung bei der Definition und Überwachung von Leistungsanforderungen an die Beschäftigten im Zeitentgelt.

Die Förderung innovativer arbeitspolitischer Konzepte hielt fast die Hälfte der betrieblichen Interessenvertreter, die geantwortet haben, für zentral. Dies steht in auffälligem Kontrast dazu, dass es aus dem gesamten Tarifbezirk kaum Berichte über entsprechende Reorganisationsmaßnahmen gibt – wohl aber einige über Prozesse der „Re-Taylorisierung" vor allem von Montagetätigkeiten (vgl. Kap. 5). Das ist ein Hinweis darauf, dass Themen, die von vielen Betriebsräten im Zusammenhang mit der betrieblichen Implementation des ERA für sehr wichtig gehalten wurden, nicht notwendig auch wirklich eine wichtige Rolle bei der Umstellung spielten.

Bei einigen Fragen hatten die Umfrageteilnehmer die Möglichkeit, selbst formulierte Antworten zu geben. Von einer großen Mehrheit der Interessenvertreter sind an diesen Stellen Gerechtigkeitsaspekte thematisiert worden: „Eine möglichst gerechte, dem Anforderungsprofil entsprechende Eingruppierung", „Entgeltgerechtigkeit zwischen Angestellten und Gewerblichen", „gerechte Arbeitsaufgabenbeschreibung und Aufgabenbewertung" etc. Das belegt, dass viele Betriebsräte – und wohl auch viele Belegschaftsangehörige – das Entgeltrahmenabkommen auch mit moralischen Maßstäben beurteilen. Wir werden auf die Bedeutung dieser Haltung im Fortgang dieses Berichts immer wieder zu sprechen kommen.

Die Betriebsräte wurden schließlich auch dazu befragt, welche Ziele die Arbeitgeber *ihrer* Meinung nach bei der ERA-Umsetzung verfolgten. Hierzu gab deutlich mehr als die Hälfte der Befragten an, dass die andere Seite im Zuge der Umstellungen Kosteneinsparungen und eine Absenkung des betrieblichen Entgeltniveaus insgesamt zu realisieren versucht habe. Jeweils fast die Hälfte der Befragten attestierte ihrem Arbeitgeber, er habe eine klare Trennung zwischen tariflichen und übertariflichen Entgeltbestandteilen erreichen und/oder den entgeltpolitischen Spielraum des Betriebsrats möglichst klein halten wollen.

Die von den Betriebsräten vermuteten und die von den Arbeitgebervertretern selbst geäußerten Ziele lagen in diesen Punkten nicht sehr weit auseinander. Immerhin gaben vier von zehn Arbeitgebern an, dass Kosteneinsparung ein rele-

---

6   Aus den oben ausgeführten Gründen haben wir dieses Thema nicht systematisch untersucht. Einige Angaben dazu werden weiter unten zwar dargestellt, aber nicht umfassend analysiert.

vantes Ziel bei der Umstellung gewesen sei. Fast ebenso wichtig für die Arbeitgeberseite war das Ziel, den Spielraum des Betriebsrats bei der Entgeltbestimmung einzuschränken. An erster Stelle stand bei den Managern aber – ganz wie von den Betriebsräten beobachtet – das Ziel, die tariflichen und übertariflichen Entgeltbestandteile klarer zu trennen, als dies zuletzt der Fall war. Und das dürfte in den meisten Fällen bedeuten: Rückführung der Grundentgelte auf das Niveau, das der Tarifvertrag für die entsprechende Tätigkeit vorsieht. Diese Interpretation wird auch durch Antworten auf die offenen Fragen gestützt. Als besonders bedeutsam wurden von den Arbeitgebervertretern hier genannt: „aufgabenbezogene Bezahlung", „tarifvertragskonforme Korrektur der bisherigen Entgeltstruktur", „Verbindlichkeit der Entlohnungsgrundsätze" etc.

Tab. 4-1: Prioritäten bei der ERA-Implementation

Besonders wichtig war bei der Umsetzung des ERA ...

... für die Betriebsräte	... für die Arbeitgeber
Sicherung des bisherigen kollektiven Verdienstniveaus	Klare Trennung tariflicher und übertariflicher Entgeltbestandteile
Aufwertung der Facharbeit	Aufwertung der Facharbeit
Verringerung des individuellen Verdienstrisikos bei Überschreitern	Stärkere Differenzierung beim Leistungsentgelt
Möglichst wenige Überschreiter	Bessere Kontrolle der Verdienstgrade beim Leistungsentgelt
Entgeltpolitischen Spielraum des Betriebsrats möglichst groß halten	Kosteneinsparung

Sehr wichtig war für die befragten Manager auch die Aufwertung der Facharbeit; mehr als 70% erklärten, dies sei bei der Umstellung ein wichtiges oder sehr wichtiges Ziel gewesen. Von besonderer Relevanz war zudem die Einhaltung der betrieblichen Kostenneutralität, die Einfachheit in der Handhabung und Pflege des Systems sowie der Transparenzgewinn durch die durchgehende Neubewertung der Stellen.[7]

4.2.2 Zusammenarbeit

Angesichts der teilweise konfliktreichen Implementation des ERA konnte man vermuten, dass der Umstellungsprozess das betriebliche Kooperationsklima ins-

---

7 In Interviews wurde von einigen Managern die Einschätzung formuliert, dass die umfassende Neubewertung auch innerhalb des Tarifbezirks zu mehr Transparenz geführt habe. Ein Beispiel: „Ich weiß jetzt auch wieder besser, was anderswo in unserer Umgebung hier für die Arbeit bezahlt wird" (Personalverantwortliche Fallbetrieb 7).

gesamt beeinträchtigt hat. Die Ergebnisse unserer Befragung stützen diese Hypothese (vgl. Abb. 4-1). Während fast 60% der befragten Betriebsräte die Zusammenarbeit mit der anderen Betriebspartei „im Allgemeinen" als sehr gut oder gut bewerteten, tat dies mit Blick auf die betriebliche Einführung der neuen Entgeltsystematik nur gut die Hälfte. Der Anteil derer, welche die Zusammenarbeit zwischen den Betriebsparteien als schlecht oder sehr schlecht beurteilten, erhöhte sich von 7%, wenn nach „im Allgemeinen", auf fast 11%, wenn nach der Kooperation bei der ERA-Implementation gefragt wurde.

Abb. 4-1: Einschätzung des Kooperationsklimas durch Betriebsräte (n = 111)

Wie war die Zusammenarbeit zwischen Betriebsrat und Geschäftsleitung bei der ERA-Einführung und wie ist sie im Allgemeinen?

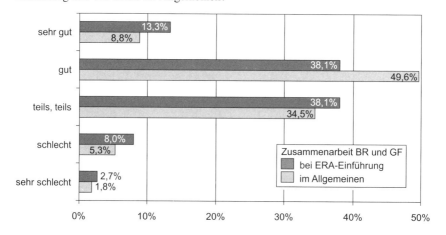

Diese Unterschiede sind deutlich, aber nicht dramatisch. Der brisanteren Frage, ob dieser „Stimmungswechsel" dauerhaft ist, sollte man in einer späteren Untersuchung nachgehen. Die Zahl der Betriebe, bei denen der Einführungsstichtag zur Zeit der Befragung schon so lang zurücklag, dass man eine entsprechende Einschätzung hätte sinnvoll abfragen können, war dafür in dem Projekt, über das hier berichtet wird, zu klein.

In der Tendenz deckten sich die Einschätzungen der Veränderungen des Kooperationsklimas durch die Arbeitgeberseite im Wesentlichen mit denen der Betriebsräte. Auffällig ist jedoch, dass die Zusammenarbeit von den Arbeitgebervertretern insgesamt deutlich besser bewertet wurde als von den Betriebsräten (vgl. Abb. 4-2). Wir werden auf diesen Punkt weiter unten zurückkommen.

Die Einschätzung der Verhandlungen und der Kooperation im Verlauf der betrieblichen Implementation der neuen Bewertungssystematik wurde von uns noch detaillierter erhoben. Hier zeigten sich dann auch deutliche Unterschiede zwischen den Wahrnehmungen der beiden Betriebsparteien (vgl. Abb. 4-2).

Abb. 4-2: Einschätzung des Kooperationsklimas durch Arbeitgeber (n = 87)

Wie war die Zusammenarbeit zwischen Betriebsrat und Geschäftsleitung bei der ERA-Einführung und wie ist sie im Allgemeinen?

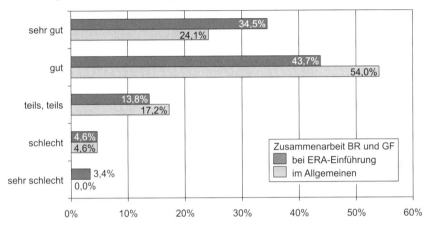

Zwar waren sich die befragten Arbeitgeber und Betriebsräte darüber einig, dass die ERA-Einführung nur gemeinsam und kooperativ gelingen kann (der Zustimmungswert lag auf beiden Seiten bei über 80%), die Meinungen gingen aber schon bei der Frage deutlich auseinander, inwieweit dies eine förmliche Beteiligung des Betriebsrates bei den einzelnen Umstellungsschritten impliziert. So hatte nicht einmal ein Drittel der antwortenden Betriebsräte den Eindruck, der Arbeitgeber habe sie von sich aus im „formal notwendigen Maße" in den Umstellungsprozess einzubinden versucht. Kaum überraschend ist, dass die Arbeitgebervertreter das anders sahen und der Frage mehr als doppelt so häufig zustimmten.

Weniger krass, aber immer noch deutlich, unterschieden sich die Einschätzungen darüber, inwieweit die jeweils andere Partei bei der Umstellung eine „hidden agenda" verfolgte. Die entsprechende Formulierung im Fragebogen für die Manager lautete: „Für den Betriebsrat war eine sachlich korrekte Anwendung der ERA-Regeln zur Arbeitsbewertung wichtiger als die Vermeidung jeder Verschlechterung". Analog wurden die Betriebsräte um die Beurteilung der Aussage gebeten: „Für den Arbeitgeber war die sachlich korrekte Anwendung der ERA-Regeln zur Arbeitsbewertung wichtiger als das Ziel der Kostensenkung".[8]

Annähernd die Hälfte der antwortenden Manager hat den Interessenvertretern in ihrem Betrieb bescheinigt, sich strikter am Text des Tarifvertrags orientiert zu haben als an dem Ziel, Abwertungen zu vermeiden. Die andere Partei ist da skeptischer; nur ein knappes Drittel der antwortenden Betriebsräte gesteht ihrem Arbeitgeber diese „Korrektheit" zu.

Es überrascht nicht, dass die Betriebsräte besonders häufig dann vom Arbeitgeber hinzugezogen wurden, wenn es Konflikte zu schlichten galt; gut zwei Drittel der befragten Betriebsräte gaben an, in solchen Fällen sehr intensiv oder intensiv beteiligt worden zu sein (vgl. Abb. 4-3). Auch die starke Einbindung in die ERA-bezogene Informationspolitik des Arbeitsgebers verblüfft nicht sonderlich. Eher unerwartet kam dagegen die Angabe von mehr als 40% der Betriebsräte, sie seien von ihrem Arbeitgeber bei der „Erstbewertung der Arbeitsaufgabe" – also der Einstufung – sehr intensiv oder intensiv beteiligt worden.

Nach den Erfahrungen, die wir im Zuge der Fallstudien und bei ERA-Workshops von Gewerkschaftern und Betriebsräten gemacht haben, überraschte uns auch der Anteil von deutlich über 35% „intensiver Beteiligung" bei den Arbeitsplatzbeschreibungen; nur ungefähr ein Viertel der Betriebsräte gab an, hier gar nicht beteiligt worden zu sein. Wir vermuten, dass ein Teil der Antworten darauf zurückgeht, dass Betriebsräte nach den Eingruppierungen in vielen Fällen die diesen Arbeitgeberentscheidungen zugrundeliegenden Stellenbeschreibungen in Frage gestellt haben (genauer: sie in Frage stellen *mussten*; vgl. Abschnitt 7.1) und sich in dieser Phase dann sehr intensiv mit dieser Materie auseinandergesetzt haben. Wie hoch der Anteil dieser Art von „Beteiligung durch den Arbeitgeber" gewesen ist, kann auf der Grundlage der vorliegenden Daten nicht gesagt werden. Recht groß ist auch der Anteil der Betriebsräte, die angaben, unabhängig vom Arbeitgeber eigenständig Aufgabenbeschreibungen angefertigt zu haben. Demnach haben deutlich über 40% der Betriebsräte sich einer der Kernaufgaben des Arbeitgebers gestellt, nämlich der Stellenbeschreibung und -einstufung. Für die Interpretation dieses Befunds wäre es nicht nur – wie gerade gesagt – wichtig zu wissen, wann im Prozess (während der betrieblichen „Bewertungs-" oder

---

8   Eine methodische Erläuterung ist hier angebracht: Die zitierten, von den Befragten zu beurteilenden Statements unterstellen, dass die Entscheidung darüber, was eine „korrekte Anwendung der ERA-Regeln" ist und was nicht, einfach zu treffen ist. Das in dieser Pauschalität zu unterstellen, wäre sicherlich naiv (wir gehen darauf in Kap. 7 im Detail ein). Das spielt hier aber keine Rolle, denn Ziel der Frage war ja nicht festzustellen, ob eine Seite „korrekter" agiert hat als die andere, sondern ob die eine Betriebspartei der anderen unterstellt hat, sie habe die betriebliche Umsetzung des Tarifvertrags dazu nutzen wollen, lohnpolitische Ziele durchzusetzen, die über den Anlass Entgeltrahmenabkommen hinausreichten.

erst in der „Reklamationsphase"), sondern auch mit welcher Intention (kooperative Stellenbewertung oder Gegenentwurf zur Einstufung oder Eingruppierung durch den Arbeitgeber) dies erfolgte. Solche Informationen haben wir aber nur für die Betriebe, die im Rahmen der Fallstudien untersucht wurden.

Abb. 4-3: Einschätzung der Betriebsratsbeteiligung (Betriebsrätebefragung)

Bei welchen Fragen/Themen wurde der Betriebsrat durch den Arbeitgeber intensiv, bei welchen weniger intensiv beteiligt?

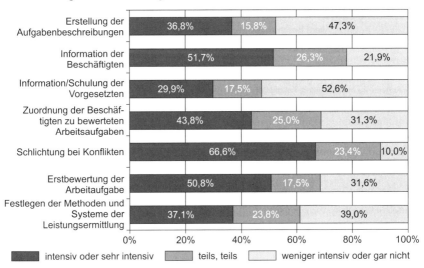

Die große Mehrheit der befragten Arbeitgeber und Betriebsräte erklärte, die Einführung der neuen Bewertungssystematik und die damit einhergehenden umfassenden Neueingruppierungen seien ohne massive Konflikte erfolgt. Interessant ist allerdings, dass sich die Einschätzungen darüber, was das im Detail heißt, zwischen den beiden Betriebsparteien deutlich unterschieden haben. So gaben knapp 44% der Betriebsräte, aber mehr als drei Viertel der Manager an, der Prozess sei sehr kooperativ oder kooperativ verlaufen.

Dieser deutliche Unterschied dürfte sich, wie auch die oben notierte insgesamt deutlich positivere Einschätzung des Kooperationsklimas durch die befragten Arbeitgebervertreter, zumindest zum Teil damit erklären lassen, dass das Austragen von Konflikten mit dem Arbeitgeber ganz eindeutig zum Rollenverständnis eines Betriebsrats gehört, während „Streit im Laden" für Manager – Personalmanager zumal, und das waren die meisten der von uns befragten Arbeitgebervertreter – nicht unbedingt als Ausweis professioneller Kompetenz gilt.

Das könnte dazu beigetragen haben, dass die Kontrahenten im Rückblick den Konfliktgehalt überstandener Auseinandersetzungen unterschiedlich erinnern.

Abb. 4-4: Reklamationen nach Beschäftigtengruppen (Betriebsrätebefragung)

Bei welchen Beschäftigtengruppen gab es überdurchschnittlich viele Reklamationen? (Angaben in Prozent, Mehrfachnennungen möglich)

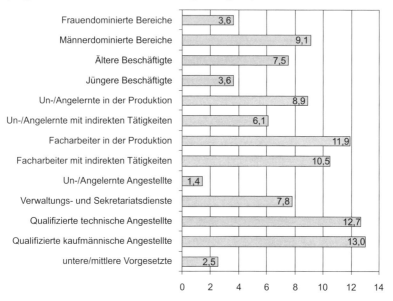

Ein relativ belastbarer Indikator für die Konflikthaftigkeit von Auseinandersetzungen um Eingruppierungen ist die Reklamationsquote. Sie kann auf der Grundlage der vorliegenden Daten aber nicht exakt bestimmt werden. Festzustellen ist immerhin, dass die Häufigkeit der Reklamationen zwischen unterschiedlichen Beschäftigtengruppen deutlich variierte (vgl. Abb. 4-4). Am höchsten war die Quote in den befragten Betrieben bei den Angestellten, wobei der Anteil der kaufmännischen Angestellten an den Reklamationen etwas über dem der technischen Angestellten lag. Knapp dahinter rangierten die Facharbeiter/innen. Aus Betriebsbereichen mit einem ausgesprochen hohen Frauenanteil an den Beschäftigten kamen deutlich weniger Widersprüche gegen Eingruppierungen. Ähnlich niedrig wurde in den Antworten der Anteil von jüngeren „Reklamierern" eingeschätzt. Am niedrigsten war die Reklamationsquote demnach bei un- und angelernten Angestellten.

4.3 Materielle Konsequenzen der Umstellung

4.3.1 Drei Vorbemerkungen

1. Immerhin ein Viertel der befragten Betriebsräte (sie sprechen für fast dreißig Betriebe) hat angegeben, bei ihnen habe es unmittelbar *vor* der Stellenneubewertung nach der Systematik des ERA bereits Veränderungen bei den Eingruppierungen und den Leistungszulagen gegeben. Bemerkenswerterweise handelte es sich es dabei in drei von vier Fällen um Höhergruppierungen. Berichtet wurde zudem über Absenkungen oder den Widerruf von übertariflichen Zahlungen, in anderen Fällen aber auch von der Absicherung übertariflicher Zulagen durch eine entsprechende Betriebsvereinbarung. Solche Veränderungen werden bei der folgenden Diskussion nicht berücksichtigt. Sie konzentriert sich ausschließlich auf Veränderungen, die in direktem Zusammenhang mit der Neubewertung der Stellen nach der ERA-Systematik stehen. Das heißt auch, dass in diesem Abschnitt ganz überwiegend vom Grundentgelt die Rede ist. Nur in Abschnitt 4.3.4 werden, um das Bild abzurunden, auch einige Entwicklungen im Zusammenhang mit der Leistungsvergütung skizziert.

2. Die tarifsystematisch gewollten und die effektiven Wirkungen der Bewertungen nach der neuen Systematik in den Unternehmen weichen häufig voneinander ab. Bei der folgenden Darstellung und Diskussion ist immer von den effektiven Wirkungen die Rede, das heißt, wir untersuchen, welche rechnerischen Konsequenzen die Neubewertungen der Stellen in den Betrieben haben. Ob es sich dabei tatsächlich um „Auswirkungen des ERA" handelt oder um Korrekturen, zu denen es auch dann gekommen wäre, wenn man die Stellen entsprechend der Systematik der alten Lohn- und Gehaltsrahmenabkommen neu bewertet hätte, spielt hier keine Rolle. Wir werden auch nur in Ausnahmefällen darauf eingehen, dass Abwertungen von Stellen nicht zu realen Einkommensverlusten bei den Betroffenen führen. Wenn also von finanziellen Verlusten oder davon die Rede ist, dass Arbeiten billiger werden etc., sind, wenn nicht ausdrücklich anderes gesagt wird, immer Tätigkeiten oder Arbeitsstellen gemeint. Anders formuliert: Die im Folgenden diskutierten Veränderungen werden in der Regel erst dann vollständig wirksam, wenn die entsprechenden Stellen neu besetzt werden.

3. Bei der politischen Bewertung der Zahlen und Tendenzen, die im Folgenden vorgestellt und diskutiert werden, muss berücksichtigt werden, dass sie sich nicht auf den Tarifbezirk insgesamt beziehen, sondern nur auf die 170 befragten Betriebe.

4.3.2   Gruppenbesetzung alt und neu

Es gilt heute als Gemeinplatz, dass in entwickelten kapitalistischen Industriena-
tionen wie Deutschland die Qualifikationsanforderungen an die Beschäftigten
beständig steigen. Das zeigt sich auch an der langfristigen Entwicklung der Besetzung der Lohn- und Gehaltsgruppen in der nordrhein-westfälischen Metall-
und Elektroindustrie. So existierte die Lohngruppe 1 in diesem Bezirk schon seit
Jahrzehnten nur mehr auf dem Papier; niemand war in dieser Gruppe eingruppiert. Seit den frühen neunziger Jahren nahm die relative Besetzung der unteren
fünf Lohngruppen ab, was wesentlich daran lag, dass die Qualifikationsanforderungen in der Branche stetig gestiegen sind. Dieser Trend hat schon früher begonnen (vgl. hierzu und zum Folgenden Klös 1997, S. 135f.); 1994 war knapp
die Hälfte der gewerblichen Arbeitskräfte in einer Lohngruppe unterhalb der
Ecklohngruppe 7 eingruppiert, 18 Jahre zuvor waren es noch rund 56%.

Bei den *Gehaltsgruppen* zeigt sich ein ähnliches Bild; auch hier beobachtet
man einen kontinuierlichen Rückgang der Besetzung der unteren Gruppen seit
den 1970er Jahren. Am stärksten besetzt war seit der Mitte der 1990er Jahre die
zweithöchste Gehaltsgruppe K/T5, 1994 lag ihr Anteil schon bei über 30%. Betrachtet man das gesamte Bild, sieht man, dass schon in diesem Jahr deutlich
mehr als die Hälfte der tariflichen Angestellten der nordrhein-westfälischen Me-
tall- und Elektroindustrie in nur zwei Gehaltsgruppen eingruppiert war, nämlich
K/T5 und K/T6. Vor diesem Hintergrund wird einsichtig, weshalb mit dem Entgeltgruppenraster des ERA gerade im Bereich der früheren oberen Gehaltsgruppen die Differenzierungsmöglichkeiten deutlich vergrößert worden sind (vgl.
Abschnitt 3.1).

Plausible Angaben zur Besetzung der Lohn- und Gehaltsgruppen und den
Veränderungen in Folge der Neubewertungen nach der Systematik des ERA liegen uns nur aus 93 Betrieben mit zusammen etwas mehr als 40.000 tariflichen
Beschäftigten vor (Tab. 4-2). Hinzu kommt, dass die entsprechenden Daten zu
mindestens einem Drittel auf Schätzungen der Befragten beruhen. Auf dieser
dünnen Datengrundlage ist ein systematischer Vergleich der Besetzungen vor
und nach der Umstellung nicht möglich. Unsere Befunde weisen allerdings auf
Unterschiede zwischen größeren und kleineren Betrieben hin.

Tab. 4-2:   Anteile der Beschäftigten in Entgeltgruppen nach
Unternehmensgröße

Entgeltgruppen	Gesamt (n = 93)	Bis 499 Beschäftigte (n = 69)	Ab 500 Beschäftigte (n = 24)
EG 1 – EG 6	24,9%	26,3%	24,1%
EG 7 – EG 12	57,5%	62,8%	54,3%
EG 13 + EG 14	17,6%	10,9%	21,6%

Wie Tabelle 4-2 zu entnehmen ist, ist knapp ein Viertel der Beschäftigten in diesen Betrieben unterhalb der Entgeltgruppe 7 eingruppiert. Im mittleren Abschnitt der Skala (EG 7 bis EG 12) liegt der Anteil bei über 57%, wobei die im Sample insgesamt am stärksten besetzten Gruppen die EG 9 und die EG 10 sind. In den beiden obersten Entgeltgruppen EG 13 und EG 14 ist deutlich weniger als ein Fünftel der tariflichen Beschäftigten in den betreffenden Betrieben eingruppiert. In den größeren Betrieben (mehr als 500 Beschäftigte) im Sample sind diese beiden Gruppen allerdings etwa doppelt so stark besetzt wie in den kleineren. Insgesamt scheinen die größeren Betriebe im Sample höhere Qualifikationsanforderungen zu stellen und/oder tendenziell höher einzugruppieren.

Diese Tendenz zeigt sich auch, wenn man die Gruppenbesetzungen einzeln betrachtet (vgl. Abb. 4-5 und 4-6). So ist bei den Betrieben mit weniger als 500 Beschäftigten die Entgeltgruppe 9, bei den größeren Betrieben die Entgeltgruppe 13 am stärksten besetzt. Angesichts der relativ kleinen Fallzahl ist freilich nicht auszuschließen, dass hier eine Verzerrung vorliegt und dieser Befund nicht verallgemeinert werden kann.

Ein direkter Vergleich der Besetzungen der alten Lohn- und Gehaltsgruppen mit denen der neuen Entgeltgruppen und Bewertungen der Verschiebungen sind, wie bereits gesagt wurde, auf der Grundlage der vorliegenden Daten nicht durchführbar. Die Angaben der Betriebsräte zu den Anteilen der Überschreiter und Unterschreiter und die Angaben zu den Auf- und Abwertungen spezieller Tätigkeiten geben aber Hinweise, die eine Einschätzung der Veränderungen erlauben.

Abb. 4-5: Besetzung der Entgeltgruppen nach der ERA-Einführung – Betriebe mit weniger als 500 Beschäftigten (Angaben von Betriebsräten in %)[a]

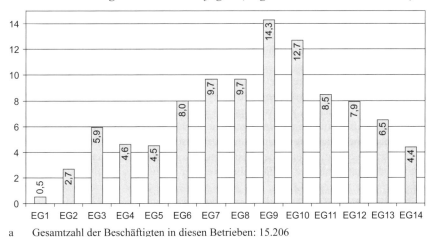

a   Gesamtzahl der Beschäftigten in diesen Betrieben: 15.206

Abb. 4-6: Besetzung der Entgeltgruppen nach der ERA-Einführung – Betriebe mit mehr als 500 Beschäftigten (Angaben von Betriebsräten in %)[a]

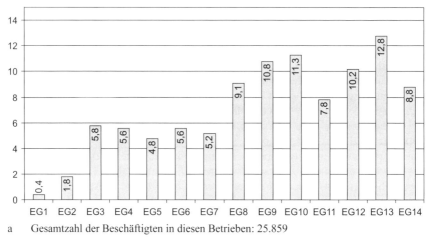

a   Gesamtzahl der Beschäftigten in diesen Betrieben: 25.859

4.3.3   Häufigkeit von Überschreitern und Unterschreitern

Dass die Umstellung auf die neue Entgeltsystematik in den Betrieben zu Kostenänderungen führen würde, war von Anfang an wohl allen Beteiligten klar; gerade deshalb ist ja das in Abschnitt 3.4 ausführlich beschriebene aufwändige Verfahren zur Sicherstellung der „betrieblichen Kostenneutralität" vereinbart worden. Damit wurde, wie oben gezeigt, ein Durchschnittswert definiert, von dem die tatsächlichen Veränderungen abweichen können. Und genau das ist auch in den von uns befragten Betrieben der Fall; die Spannweite der Kostenentwicklung reicht von „deutliche Senkung" bis „deutliche Steigerung" (vgl. Abschnitt 4.3.4).

Wegen der mit 29 relativ kleinen Zahl der Betriebe, aus denen sowohl ein Betriebsrat als auch ein Manager die entsprechende Frage beantwortet haben, wurde darauf verzichtet, die Arbeitgeber- und Betriebsratseinschätzung über das gesamte Sample hinweg systematisch zu vergleichen.[9] Bereits ein grober Überblick zeigt aber, dass die Beurteilung der Kostenentwicklung durch die beiden Betriebsparteien dort nicht übereinstimmt, wo es um Kosten*senkung* geht. Das hat mit den tatsächlichen Zahlen aber weniger zu tun als damit, dass Betriebs-

---

9   Auf der Grundlage der vorliegenden Daten hätte man nicht eindeutig bestimmen können, ob Unterschiede lediglich Einschätzungsunterschiede sind oder auf reale Unterschiede bei der Kostenentwicklung in verschiedenen Betrieben verweisen.

räte, wenn es um Entgeltkosten geht, dazu neigen, bereits eine Kostensenkung als „deutlich" zu bewerten, die einem Personalmanager als durchaus moderat erscheint mag. Das gilt insbesondere dann, wenn die Betriebsräte die Umstellung zum großen Teil als Abwehrkampf wahrgenommen haben.

Gefragt wurde auch danach, wie viele Beschäftigte – präziser formuliert: Tätigkeiten – nach der Implementation der neuen Bewertungssystematik höher und wie viele niedriger bewertet wurden. Im Schnitt wurden in diesen Betrieben von zehn Stellen durchschnittlich sechs höher und vier niedriger eingestuft als zuvor. Die Abbildung 4-7 zeigt freilich, dass sich hinter dem Durchschnittswert eine erhebliche Bandbreite verbirgt. So lag der Überschreiteranteil – also der Anteil derer, deren Stellen künftig niedriger dotiert werden – bei einem Drittel der Betriebe bei über 50%.

Abb. 4-7: Überschreiteranteil (in %) nach Prozentklassen (n = 107)

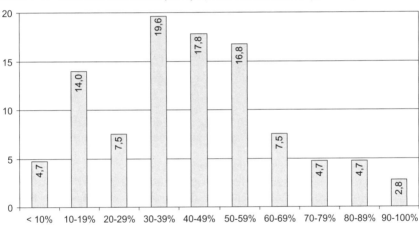

Facharbeitertätigkeiten in der Produktion gehörten in den befragten Betrieben tendenziell zu den Gewinnern der Umstellung; beispielhaft wurden unter anderem genannt: CNC-Dreher, Fräser mit Programmiertätigkeit, Kernmacher, Zerspanungsmechaniker. Auch Facharbeitertätigkeiten mit indirekten, produktionsunterstützenden Anteilen (z.B. in der Qualitätskontrolle, der Instandhaltung oder im Werkzeugbau) wurden nun höher bewertet. Die Arbeitsvorbereitung sowie Meister, Techniker, Ingenieure und Konstrukteure wurden fast so häufig zu den Unterschreitern gezählt wie untere und mittlere Vorgesetzte. Kaufmännische und Verwaltungstätigkeiten fanden sich dagegen seltener bei den nun höher bewerteten Stellen.

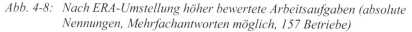

Abb. 4-8: Nach ERA-Umstellung höher bewertete Arbeitsaufgaben (absolute Nennungen, Mehrfachantworten möglich, 157 Betriebe)

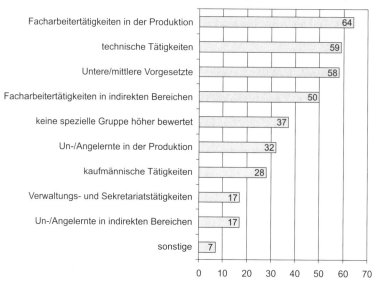

Zu den relativen Verlierern zählten insbesondere die kaufmännischen Angestellten. Genannt wurden vor allem Verwaltungs- und Sekretariatstätigkeiten, aber auch Hilfsfunktionen in der Produktion. Es fällt auf, dass von den Befragten in einigen Betrieben auch Facharbeitertätigkeiten in der Produktion und in indirekten Bereichen als „Abwertungsfälle" genannt wurden. Dies steht in eklatantem Widerspruch zu den erklärten Intentionen der beiden Tarifvertragsparteien (vgl. Abschnitt 2.3). Auf der Grundlage unserer Erhebung lässt sich dieser Widerspruch nicht lösen. Eine plausible Erklärung haben wir aber im Zuge der Fallstudien gefunden. Tatsächlich ist bei mehreren der analysierten betrieblichen Umstellungsprozesse genau die Frage, ob eine Tätigkeit (wie bislang) als Facharbeitertätigkeit zu gelten hat oder nicht, der Gegenstand harter Auseinandersetzungen gewesen (vgl. Kap. 5). Es sind wohl solche Prozesse, die hinter den in Abbildung 4-9 ausgewiesenen Zahlen stehen.

Fasst man die Ergebnisse der Befragung zur Neubewertung von Tätigkeiten zusammen, erhält man folgendes Bild: In den befragten Betrieben wurden tendenziell solche Arbeitsstellen höher bewertet, auf denen hohe Anforderungen gestellt werden. Das gilt vor allem für bestimmte Facharbeitertätigkeiten und technische Arbeiten. Niedriger bewertet wurden häufig kaufmännische Arbeitsstellen und vor allem Verwaltungs- und Sekretariatsfunktionen sowie Arbeitsstellen mit relativ niedrigen Qualifikationsanforderungen. Das bedeutet aber durchaus nicht, dass diese Tätigkeiten immer aufgrund der neuen Bewertungssystematik ab- oder aufgestuft worden sind. Die Fallstudien, die wir durchgeführt haben, und die vielen Erfahrungsberichte vor allem von Betriebsräten, die wir im Laufe des Projekts ausgewertet haben, lassen vielmehr den Schluss zu, dass die Veränderungen der Eingruppierungen in den wenigsten Fällen tatsächlich „Folgen des ERA" sind. Hinweise, die diese Interpretation stützen, findet man auch in den Ergebnissen der Befragung.

Abb. 4-9: Nach ERA-Umstellung niedriger bewertete Arbeitsaufgaben (absolute Nennungen, Mehrfachantworten möglich, 157 Betriebe)

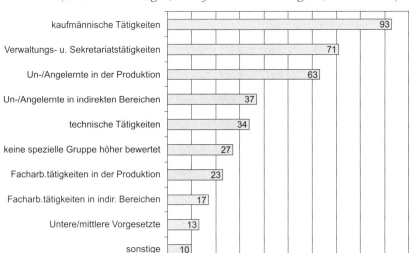

Über- und Unterschreiter

Die Differenz zwischen dem „ERA-Entgelt" und dem zuvor an einer Arbeitsstelle fälligen Grundlohn oder Grundgehalt ist in den befragten Betrieben in manchen Fällen nicht sehr groß. Mehrheitlich handelt es sich aber um Beträge von mehr als 50 Euro im Monat, und es gibt durchaus dramatische Extremfälle, in denen die Differenz mehrere tausend Euro ausmacht.

In Abbildung 4-10 sind die monatlichen Differenzbeträge für Überschreiter- und Unterschreiterstellen ausgewiesen. Dabei wird zum einen deutlich, dass die Differenzen bei mehr als der Hälfte der Stellen im Bereich zwischen 100 und 299 Euro liegen; das gilt für die Über- wie für die Unterschreiterbeträge. Zum anderen zeigt sich, dass bei Unterschreitern in den mit einigem Abstand meisten Fällen künftig zwischen 100 und 200 Euro mehr gezahlt werden wird, während es bei den Überschreitern ein leichtes Übergewicht derer gibt, deren Stellen künftig 200 bis 300 Euro niedriger dotiert sein werden. Insgesamt ist die Streuung bei den Unterschreitern deutlich breiter als bei den Überschreitern.

Abb. 4-10: Über- und Unterschreiterbeträge in Euro (Verteilung in %
(Überschreiter n = 68, Unterschreiter n = 66)

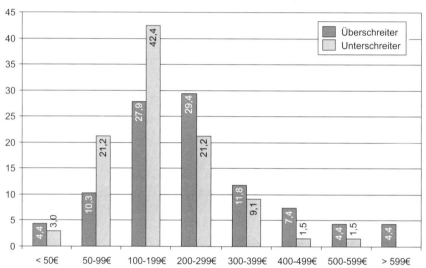

Als häufigsten Grund dafür, dass Beschäftigte zu Überschreitern wurden, nannten Betriebsräte, dass für die vorherige Eingruppierung die Dauer der Betriebszugehörigkeit eine große Rolle gespielt habe. Angeführt wurde also ein tarifvertragsfremdes Kriterium. Dasselbe gilt auch für die zweithäufigste Erklärung von Abwertungen, dass nämlich die Eingruppierung einer Arbeitskraft der bislang üblichen Praxis nach häufig eine Belohnung für dauerhaft gezeigte individuelle Leistung und Loyalität gewesen sei. Auf den nächsten Stellen der Häufigkeit der Nennungen folgten das frühere Engagement von Vorgesetzten für die Beschäftigten in ihrem Zuständigkeitsbereich sowie Markteinflüsse.Auch dies sind Einflussgrößen, die mit den tarifvertraglichen Regelungen nichts zu tun haben.

Es gibt keinen Grund daran zu zweifeln, dass diese Einschätzungen im Großen und Ganzen zutreffen. Dies würde bedeuten, dass in den meisten Fällen nicht Änderungen in der Bewertungssystematik an sich dazu geführt haben, dass es zu Überschreitern gekommen ist, sondern die in vielen Fällen nicht nur – und bisweilen vielleicht nicht einmal vorwiegend – am Tarifvertrag orientierte Eingruppierungspolitik in den Jahrzehnten zuvor. Diese Interpretation wird auch dadurch gestützt, dass sich die befragten Arbeitgeber und Betriebsräte in diesem Punkt weitgehend einig waren.

4.3.4   *Weitere Dimensionen und Konsequenzen des Umstellungsprozesses*

Wurden Überschreitern Qualifizierungsangebote gemacht?

Gefragt wurde danach, ob potenziellen Überschreitern Qualifizierungsangebote gemacht wurden, so dass sie danach auf höherwertigen Stellen hätten eingesetzt werden können, um auf diese Weise das vorherige Eingruppierungsniveau zu halten. Dies ist bei knapp der Hälfte der befragten Betriebe zumindest in einigen Fällen geschehen. Gefragt wurde auch, ob es im Zusammenhang mit der Einführung des Entgeltrahmenabkommens zu arbeitsorganisatorischen Veränderungen gekommen ist. Dies wurde in neun von zehn Fällen verneint. Nur in sechs Fällen kam es zu größeren Reorganisationen; diese bezogen sich insbesondere auf Maßnahmen zur Erhöhung der Einsatzflexibilität, der Aufgabenintegration (vor allem direkter und indirekter Funktionen) oder der Standardisierung von Tätigkeiten. Die Vermutung – oder Hoffnung –, die betriebliche Implementation der neuen Bewertungssystematik werde tendenziell mit einer Anreicherung und damit Aufwertung von Aufgaben einhergehen, um auf diese Weise den Anteil der Überschreiter möglichst klein zu halten, findet durch diese Ergebnisse also keine Grundlage.

Nimmt man die Antworten auf die genannten beiden Frage zusammen, erhält man ein Bild, das zwei Deutungen zulässt. Entweder werden Beschäftigte nach Absolvieren der entsprechenden Schulungsmaßnahmen innerhalb der etablierten Arbeitsorganisation mit anspruchsvolleren Aufgaben betraut. Das wirft die Frage auf, was mit den früheren Inhabern der entsprechenden Stellen geschieht. Oder manche Arbeitgeber weichen in einigen Fällen vom Prinzip des strikten Anforderungsbezugs bei der Eingruppierung ab und vergüten in einem gewissen Maße Qualifikationen, die von Einzelnen vorgehalten, aber nicht notwendig auch regelmäßig abgerufen werden.

Die Qualifizierungsfrage sollte in Nordrhein-Westfalen eine besondere Rolle spielen, wurde hier doch bereits im April 2006 ein „Tarifvertrag zur Qualifizierung" für die Metall- und Elektroindustrie abgeschlossen (vgl. Wannöffel/Mattiesson 2006). Die Arbeitgeber verpflichteten sich in diesem Vertrag, mit dem Betriebsrat den künftigen gesamtbetrieblichen Qualifikationsbedarf zu beraten. Der Betriebsrat wurde mit einem Vorschlagsrecht für die daraus abgeleitete Qualifizierungsplanung ausgestattet. Absehbare Abstufungen von Tätigkeiten im Gefolge der betrieblichen Umsetzung des Entgeltrahmenabkommens hätten für die

Interessenvertretung ein Anlass sein können, dieses Initiativrecht wahrzunehmen und von der Gegenseite eine konsequente Qualifizierungspolitik zu verlangen.[10] Aus den von uns erhobenen Daten lässt sich nicht folgern, dass dies in nennenswertem Umfang geschehen ist.

Entwicklung der Systemkosten

Die Angaben, die Befragte zu den Kostenänderungen im Gefolge der ERA-Umstellung gemacht haben, beruhen zum Teil auf Schätzungen und zum Teil sind sie mit dem von den Tarifvertragsparteien zur Verfügung gestellten Kostenprognoseprogramm berechnet worden. Die Bandbreite der Antworten ist beachtlich. Demnach liegen die Veränderungen der Systemkosten – also die Differenz der Summen von Grundentgelten und sonstigen tariflichen Entgelten in einem Betrieb vor und nach der Umstellung, aber ohne die Ausgleichzahlungen für Über- und Unterschreiter – zwischen einer Verringerung um etwa 8% und einer Steigerung von mehr als 10%.

Für die Einschätzung der Gesamtentwicklung wichtiger als die „Ausschläge" ist aber die Verteilung ober- beziehungsweise unterhalb der Grenze von 2,79% Zuwachs. Nach den Schätzungen der Befragungsteilnehmer (vgl. Abb. 4-11) bewegte sich die Kostenveränderung in der großen Mehrheit der Fälle innerhalb der als „betriebliche Kostenneutralität" definierten Bandbreite. Die neuen Systemkosten lagen bei etwa drei Viertel der erhobenen Fälle, wie von den Tarif-

Abb. 4-11: Angaben zur Entwicklung der Systemkosten (in %, teilweise Schätzwerte)

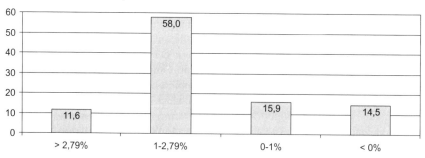

---

10   Im Rahmen einer Kurzstudie der Gemeinsamen Arbeitsstelle RUB/IGM wurden Anfang 2008 Betriebsräte zum Umsetzungsstand des Tarifvertrags zur Qualifizierung befragt (Jelich et al. 2008). Die Studie kam zu dem Ergebnis, dass in knapp der Hälfte der Betriebe kein systematisches Qualifizierungsmanagement betrieben wird.

vertragsparteien angenommen, zwischen Null und 2,79% über den alten. Über–schritten wurde diese Grenze der „betrieblichen Kostenneutralität" in unserem Sample immerhin von etwa jedem zehnten Betrieb (16 Fälle). Der Anteil derer, bei denen die Differenz unter Null lag, bei denen die systembedingten Entgelt-kosten also künftig niedriger liegen werden, war mit gut 14% (20 Fälle) etwas größer.

Veränderungen bei der Leistungsvergütung

Bei etwa jedem zehnten der befragten Betriebe sind nach der ERA-Umsetzung bereits neue Formen der Leistungsvergütung eingeführt worden. Dies ging in manchen Fällen mit einer Änderung des Kreises derer einher, die im *Leistungs-entgelt* vergütet werden; in 13% der Fälle ist der Anteil gestiegen, bei 5% ist er kleiner geworden als zuvor. Aus den oben ausgeführten Gründen ist zu erwar-ten, dass sich dieser Anteil schon bald erhöhen dürfte. Bereits jetzt ist es in über einem Drittel der befragten Betriebe zu einer Ausweitung des Personenkreises gekommen, der einer Leistungsbeurteilung unterzogen wird (Leistungsbeurtei-lung im *Zeitentgelt*). In immerhin 15% der untersuchten Fälle wird über eine Ausweitung des variablen Entgeltbestandteils an der betrieblichen Entgeltsumme berichtet.

4.4 Bewertungen der ERA-Einführung aus der Sicht von Betriebsräten und Arbeitgebern

4.4.1 *Gesamtbewertung durch die Befragten*

Auf die Frage, wie zufrieden sie alles in allem mit dem neuen betrieblichen Ent-geltsystem sind (Abb. 4-12), erklärten sich zwei Drittel der Arbeitgeber als zu-frieden oder eher zufrieden; bei den Betriebsräten war es nur knapp die Hälfte. Fast ein Viertel der Betriebsräte gab an, unzufrieden oder eher unzufrieden zu sein, bei den Arbeitgebern traf dies lediglich auf ein gutes Zehntel zu. ERA wurde demnach von den Betriebsräten insgesamt negativer bewertet als von den Arbeitgebern im Sample. Jeweils rund ein Viertel der Befragten beider Betriebs-parteien beurteilte das Entgeltrahmenabkommen eher indifferent. Bei den Ant-worten lassen sich keine signifikanten Unterschiede zwischen den Voten von Vertretern kleiner und von solchen größerer Betriebe feststellen.

Bei den Interessenvertretern hatte der Überschreiteranteil im Betrieb erwar-tungsgemäß einen direkten Einfluss auf die Beurteilung des Entgeltsystems. Ho-he Überschreiterraten führten zu schlechteren Bewertungen und umgekehrt. In den Betrieben, in denen die Überschreiterquote über der Marke von 75% lag, erklärten mehr als 85% der Betriebsräte, sie seien eher unzufrieden oder unzufrieden mit dem Tarifvertrag; dort, wo weniger als ein Viertel der Beschäftigten zu Überschreitern geworden sind, sank die Ablehnungsquote der Interessenvertreter auf moderate 15%.

Abb. 4-12: Zufriedenheit mit dem ERA-Entgeltsystem (Angaben in %)

Wie zufrieden sind Sie alles in allem mit dem neuen betrieblichen Entgeltsystem? (dunkle Balken: 111 Betriebsräte; helle Balken: 85 Arbeitgeber)

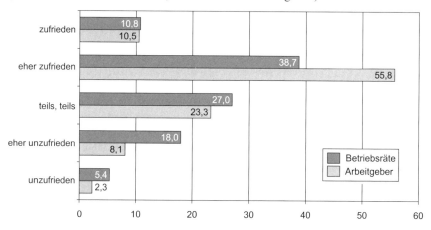

Nach den Befragungsergebnissen können auch in Abhängigkeit vom Umstellungsstichtag keine signifikanten Veränderungen der Beurteilung des Entgeltrahmenabkommens durch Betriebsräte festgestellt werden. Die Einschätzungen aus den Betrieben, die zu den ersten im Bezirk gehörten, die umgestellt haben, ähneln denen, die die Betriebsräte von Unternehmen zu Protokoll gaben, in denen die Stellen erst kurz vor der Erhebung nach der neuen Systematik eingestuft worden sind.

4.4.2   Beurteilungen im Detail

Betrachtet man die Antworten auf die detaillierteren Fragen nach einer vergleichenden Bewertung des Entgeltrahmenabkommens gegenüber dem bisherigen Lohn- und Gehaltssystem, ergibt sich ein differenzierteres Bild. Die Adressaten wurden aufgefordert, die Auswirkungen des ERA mit denen der Vorgängerabkommen in Hinblick auf eine Reihe von Sachverhalten zu beurteilen. Zunächst sollen die Voten der befragten Betriebsräte vorgestellt werden, dann die der Manager.

ERA im Urteil von Betriebsräten und Arbeitgebern

Schlechte Bewertungen vergaben die befragten Betriebsräte vor allem bei dem Item „Höhe der Bezahlung". Was diesen Punkt betrifft, beurteilten mehr als 60% das Lohn- beziehungsweise Gehaltsrahmenabkommen in der Rückschau mit „sehr gut" oder „gut"; der Anteil derer, die das Entgeltrahmenabkommen mit diesen Werten belegten, war nur halb so hoch.[11] Bei der Kategorie „Zusammenarbeit zwischen den Kolleginnen und Kollegen" war die Differenz ähnlich groß. Erstaunlicherweise wurde ERA von den Betriebsräten auch mit Blick auf die Förderung der Zusammenarbeit zwischen Arbeitern und Angestellten schlechter bewertet als die alten Rahmentarifverträge. Dass die Auswirkungen des Entgeltrahmenabkommens auf die Motivation und Leistungsbereitschaft eher negativ eingeschätzt wurden, kann hingegen kaum überraschen, wenn man an die, wie oben erläutert, stellenweise sehr hohen Überschreiteranteile denkt.

Dass die hier wiedergegebenen Aussagen nicht mehr – aber auch nicht weniger – vermitteln als ein Stimmungsbild, zeigen mögliche Inkonsistenzen bei den aggregierten Antworten. So erklärte knapp ein Drittel der befragten Betriebsräte, ERA wirke sich positiv auf die Höhe der Entgelte aus, aber annähernd 70% bescheinigten dem neuen System, dass es zu mehr Durchschaubarkeit und immerhin etwa 45%, dass es zu mehr Gerechtigkeit bei den Grundentgelten führt. Erklären lassen sich diese Bewertungsunterschiede nur dann, wenn man unterstellt, dass die Befragten höhere Entgelte nicht notwendig auch für gerechtere Entgelte halten. Wenn dem so ist, und dafür spricht einiges, wird man unterstellen können, dass auch vielen der eher skeptischen Betriebsräte klar war, dass nicht das Entgeltrahmenabkommen das Problem ist, sondern der Umstand, dass mit seiner Umsetzung die Grundentgelte nach langen Jahren wieder unter Rückgriff auf einen einheitlichen Standard bestimmt werden. Oder anders formuliert: Nicht der Tarifvertrag ist letztlich ausschlaggebend, sondern die Tatsache, dass er zu einer Zeit implementiert wurde, in der viele Belegschaften wegen der allgemeinen Arbeitsmarktlage in einer eher schwachen Verhandlungsposition gegenüber dem Arbeitgeber waren. Zumindest für die Gewerkschaft dürfte dieser Unterschied perspektivisch von erheblicher Bedeutung sein.

---

11 Der Hinweis, dass hier tatsächlich nicht die Abkommen bewertet werden, sondern die jahrelange Praxis der Höhergruppierung bestimmter Beschäftigtengruppen, die mit der Re-Standardisierung der Grundentgelte im Zuge der umfassenden Neubewertungen aller Stellen nun korrigiert wird, mag zutreffen, er sticht aber nicht. Hier gilt das Thomas-Theorem: *If men define situations as real they are real in their consequences.* Wenn Betriebsräte das Entgeltrahmenabkommen als Ursache für etwas interpretieren, das sie als Niederlage wahrnehmen, wird der bloße Verweis darauf, dass es eigentlich ja ganz anders sei, sie nicht überzeugen.

Erstaunlicherweise zogen auch viele der befragten Manager die alten Rahmenabkommen dem neuen Entgeltrahmenabkommen vor, wenn es um die Höhe der Bezahlung der Beschäftigten ging. Beim Thema „Angemessenheit der Grundentgelte" ergab die vergleichende Bewertung praktisch keinen Unterschied; man gewinnt den Eindruck, dass die Arbeitgeberseite, zumindest in den Betrieben aus unserm Sample, in Bezug auf die Kostenseite, sehr gut ohne ERA hätten leben können. Ganz anders wird das Bild, wenn es um die Transparenz des Verfahrens geht (gefragt wurde nach der „Durchschaubarkeit"); hier schnitt das Entgeltrahmenabkommen im Urteil der befragten Manager deutlich besser ab als das Lohn- und das Gehaltsrahmenabkommen. Bei der Interpretation dieses Votums gilt es aber zu beachten, dass die positive Wertung weniger der neuen Systematik an sich als der Tatsache geschuldet sein könnte, dass nun überhaupt wieder nach einer einheitlichen Systematik bewertet wird.

Deutlich besser im Urteil der befragten Manager schnitt ERA im Vergleich zum Lohn- und Gehaltsrahmenabkommen auch mit Blick auf die Frage nach dem Einsatz gemischter Teams (Gewerbliche und Angestellte) ab; das konnte man angesichts der Aufhebung der Differenzierung zwischen Lohn- und Gehaltsempfängern erwarten. Auffällig ist, dass die stärkste relative Zustimmung beim Punkt „Angemessenheit des Leistungsentgelts" zum Ausdruck gebracht worden ist. Bei der Interpretation dieses Votums muss beachtet werden, dass hier – weil eine Neuregelung der Leistungsentgelte tarifgemäß frühestens ein Jahr nach der betrieblichen Implementation der neuen Bewertungssystematik zulässig ist – in vielen Fällen *Erwartungen* zum Ausdruck gebracht worden sind, nicht Erfahrungen.

Stellt man die Beurteilungen der befragten Parteien einander direkt gegenüber (vgl. Abb. 4-13), so fällt auf, dass sich die Voten bei den meisten der angebotenen Bewertungs-Items zwar in der Ausprägung, nicht aber in der Tendenz unterscheiden. Nur bei zwei Themen – „Gerechtigkeit im Leistungsentgelt" und „Zusammenarbeit Arbeiter-Angestellte" – sahen die befragten Arbeitgeber eine Verbesserung durch das Entgeltrahmenabkommen, während die Betriebsräte eine Verschlechterung diagnostizierten (dass es keinen umgekehrten Fall gibt, bestätigt den Eindruck, dass ERA bei den befragten Managern besser beurteilt wurde).

In einem Punkt war die Übereinstimmung zwischen den beiden Parteien besonders groß: Betriebsräte wie Arbeitgeber waren der Meinung, dass ERA für mehr Transparenz sorgt. Dass das Urteil der befragten Manager hier noch etwas positiver ausfiel als das der Betriebsräte, könnte damit zu tun haben, dass mangelnde Transparenz vom Arbeitgeber häufig stärker als Manko empfunden wurde. Dass die übereinstimmend diagnostizierte „bessere Durchschaubarkeit" eventuell gar nicht aus den Bestimmungen des Entgeltrahmenabkommens selbst resultiert, wurde bereits mehrfach angemerkt.

Abb. 4-13: Relative Bewertung des Entgeltrahmenabkommens durch die Betriebsparteien (Mittelwertdifferenz)

1 = sehr gut / 2 = gut / 3 = teils, teils / 4 = schlecht / 5 = sehr schlecht

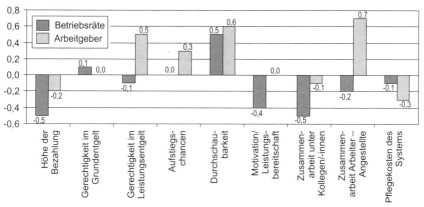

Relativ ähnlich fielen die Urteile der beiden Betriebsparteien in den von uns befragten Betrieben auch mit Blick auf die Durchlässigkeit zwischen den Entgeltgruppen aus. Ansonsten bewerten die Betriebsrats- und die Arbeitgeberseite in unserem Sample die Effekte der Umstellung auf die neue Bewertungssystematik durchgängig unterschiedlich.

Bewertung der Gewerkschafts- und Arbeitgeberseite durch die Betriebsräte

Nach den bis hierher vorgestellten Ergebnissen der Befragung der Betriebsräte sollte klar sein, dass das Entgeltrahmenabkommen und seine Umsetzung nicht umstandslos als gewerkschaftliche Erfolgsgeschichte gewertet werden können. Um zu erfahren, ob es sich gar um eine – für die IG Metall – Misserfolgsgeschichte handeln könnte, wurden die Betriebsräte auch danach gefragt, ob sich ihre Meinung über die Gewerkschaft aufgrund der Erfahrungen im Zusammenhang mit ERA verändert hat. Die Frage wurde außerdem mit Blick auf den Arbeitgeberverband und das betriebliche Management gestellt.

Die Umsetzung des Tarifvertrags scheint zumindest zeitweise zu einer Belastung des Betriebsklimas geführt zu haben; immerhin 36% der befragten Betriebsräte gaben an, ihre Meinung über das Management habe sich im Gefolge der Neubewertungen und -eingruppierungen eher zum Negativen verändert. Gelitten hat auch das Prestige des Arbeitgeberverbands bei den Betriebsräten, während sich Ansehensverluste und Ansehensgewinne der Gewerkschaft die Waage hielten.

Abb. 4-14: Änderung der Wertschätzungen des Betriebsrates von Management Arbeitgeberverband und Gewerkschaft (Prozentwerte gerundet)

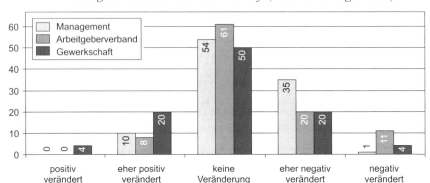

Entwicklung des gewerkschaftlichen Organisationsgrads

In knapp der Hälfte der Betriebe, deren Betriebsräte sich an der Befragung beteiligt haben, gibt es einen Vertrauensleutekörper der IG Metall. Der durchschnittliche Organisationsgrad über das gesamte Sample hinweg beträgt knapp 50% (mit einer deutlichen Streuung). Nach den vorliegenden Befragungsergebnissen hat er sich im Zusammenhang mit der betrieblichen Umsetzung des Entgeltrahmenabkommens nicht wesentlich verändert (vgl. Abb. 4-15). Eine deutliche Erhöhung des Organisationsgrades wurde aus nur vier Betrieben vermeldet. Über eine deutliche Verringerung berichtete nur ein Betriebsrat.

Nicht in der Erhebung, aber in den Interviews und bei der Fallstudienarbeit wurden Hinweise darauf gefunden, dass sich nicht nur bei den Belegschaften insgesamt, sondern auch bei vielen Gewerkschaftsmitgliedern in bezug auf die Einschätzung der IG Metall zwei gegensätzliche Tendenzen überlagert und so wechselseitig neutralisiert haben könnten. Einerseits herrschte Verärgerung darüber, dass die Gewerkschaft einen Tarifvertrag abgeschlossen hat, dessen Umsetzung bei nicht wenigen Beschäftigten Abwertungen zur Folge hatte. Andererseits wurde die Erfahrung gemacht, dass man im Abwehrkampf gegen solche Zumutungen als Gewerkschaftsmitglied in einer besseren Position war als die Nichtorganisierten. In einigen Fällen wurde berichtet, dass die Aktivitäten im Zusammenhang mit der ERA-Einführung dazu beigetragen haben, Austrittswillige zum Verbleib in der Organisation zu bewegen.

Die Betriebsräte wurden auch danach gefragt, welche der Unterstützungsmaßnahmen durch die IG Metall sie im Vorfeld und im Verlauf des betrieblichen Umstellungsprozesses genutzt haben und wie sie im Rückblick deren Wert

*Abb. 4-15: Entwicklung des gewerkschaftlichen Organisationsgrads im
Zusammenhang mit der ERA-Einführung (Angaben in %)*

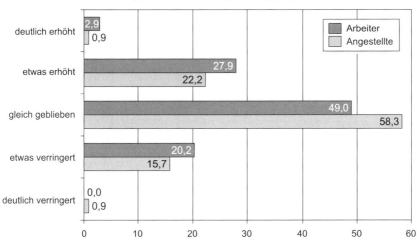

einschätzen. Die Antworten auf diese Fragen zeigen, dass die personell aufwändigsten Unterstützungsangebote von den Befragten am häufigsten genutzt wurden. Hierzu gehörten die Schulungsangebote der Bezirksleitung und die ERA-Arbeitskreise, die von den Verwaltungsstellen der IG Metall organisiert wurden. Eine besonders wichtige Rolle spielte offenbar auch die betriebliche Beratung durch Vertreter der Verwaltungsstellen. Deutlich mehr als drei Viertel der Befragten haben diese persönlichen Beratungsmöglichkeiten genutzt. Mehr als die Hälfte der Befragten griff zudem auf die Informationsangebote der Gewerkschaft im Internet sowie auf deren Handbücher, Informationsbroschüren etc. zu (Letzteres wird von Betriebsräten etwa ebenso häufig genutzt wie die entsprechenden Angebote vom Metall NRW).

Erwartungsgemäß wurden die Leistungen der Gliederungen der Gewerkschaft am besten beurteilt, die am intensivsten in Kontakt mit den Betriebsräten vor Ort stehen, also die lokalen Verwaltungsstellen; mit deren Unterstützung waren sieben von zehn Befragten insgesamt zufrieden. Dass jede/r der Befragten eine Meinung zur Leistung seiner oder ihrer Verwaltungsstelle geäußert hat, darf man wohl als Ausweis für deren zumindest im Gebiet unseres Samples flächendeckendes Engagement werten. Ganz überwiegend positiv wurden auch die Informationsmaterialien beurteilt, namentlich das Handbuch zur Umstellung und die Informationsbroschüren.

5. ERA-Umsetzung als betriebspolitischer Prozess – Befunde aus den Betriebsfallstudien

Wir haben im ersten Kapitel darauf hingewiesen, dass die Umsetzung des neuen Entgeltrahmenabkommens unter Umständen gleichbedeutend ist mit einer Neujustierung der gesamten betrieblichen Entgeltstruktur. Damit rücken zwangsläufig die betrieblichen Akteure in das Zentrum des Geschehens. Ihre Rolle im Prozess der Umstellung auszuleuchten, ist Gegenstand dieses Kapitels.

Zunächst werden das Untersuchungssample und die methodische Vorgehensweise vorgestellt (Abschnitt 5.1). Anschließend werden in mehreren Schritten – illustriert durch Fallstudienergebnisse – Untersuchungsdimensionen beschrieben, mit deren Hilfe die ERA-Umsetzung auf der betrieblichen Ebene untersucht werden kann (Abschnitte 5.2 bis 5.5). Zum Abschluss des Kapitels werden Befunde zur Wirkung des in den meisten der untersuchten Betriebe vereinbarten besonderen Eingruppierungs- und Reklamationsverfahrens (Paragraph 7 des ERA-Einführungstarifvertrags) vorgestellt und diskutiert (Abschnitt 5.6).

5.1 Zum Untersuchungssample und zur Methode der Fallstudien

Neben den Interviews mit Verbandsvertretern war der Besuch von regionalen Informationsveranstaltungen der Verbände (zumeist der IG Metall) die wichtigste „Quelle" bei der Fallsuche. Hier wurden potenziell interessante Betriebe identifiziert und teilweise auch schon erste Kontakte zu späteren Interviewpartnern geknüpft. In einem nächsten Arbeitsschritt wurden dann möglichst viele Informationen über die ins Auge gefassten Unternehmen bzw. Unternehmensstandorte in Archiven und im Internet gesammelt und aufbereitet. Auf diese Weise wurden etwa 30 Betriebe in die Vorauswahl genommen.

Eine repräsentative Fallauswahl gemäß den Branchenstrukturen der nordrhein-westfälischen Metall- und Elektroindustrie war nicht geplant, weil dies nicht zu realisieren gewesen wäre. Stattdessen haben wir versucht, möglichst kontrastierende Betriebsfälle zu untersuchen: große und kleine; solche mit hohem Frauenanteil an der Belegschaft und solche mit niedrigem; solche mit überdurchschnittlich vielen Hochqualifizierten und solche, bei denen dieser Anteil niedriger liegt. Diese Vorgabe ist allerdings als eine heuristische Leitlinie zu verstehen, die vor allem die Suchbewegungen angeleitet hat. Die konkrete Fallauswahl erfolgte notgedrungen pragmatisch; allerdings nicht zufällig. Maßgebliche Kriterien waren die geografische Lage, der Unternehmensstatus (eigentümergeführt oder nicht) und die Konflikthaltigkeit der Einführungsprozesse: Da die vom Unternehmensbesatz her wichtigsten Regionen der Metall- und Elektroindustrie in Nordrhein-Westfalen nicht die industriellen Ballungsräume an Rhein und Ruhr sind (vgl. Kap. 2), war es angezeigt, neben einigen Fällen an klassischen Standorten der Großindustrie insbesondere Betriebe in den eher ländlichen Regionen des Tarifbezirks (vor allem Sauerland, Siegerland, Märkischer Kreis) zu untersuchen. Geachtet wurde außerdem darauf, sowohl Konzernbetriebe als auch konzernungebundene, wenn möglich unternehmergeführte Betriebe auszuwählen. Eingang in das Untersuchungssample fanden schließlich auch solche Umstellungsfälle, die uns von Vertretern der Tarifvertragsparteien als entweder außergewöhnlich konfliktreich oder als außergewöhnlich harmonisch beschrieben worden sind.

Interviews als Teil der Fallstudien wurden in insgesamt 21 Betrieben (sie gehören zu 19 Unternehmen) und sieben Verwaltungsstellen der IG Metall geführt. In 20 der Untersuchungsbetriebe war die ERA-Umstellung zur Zeit unserer Erhebungen weitgehend abgeschlossen, d.h., der Einführungsstichtag lag bereits in der Vergangenheit. Einige der Betriebe befanden sich allerdings noch in einer längeren „Reklamationsphase", so dass dort zum Untersuchungszeitpunkt die Eingruppierungen oder Teile davon noch vorläufigen Status hatten. In manchen der Betriebe war bzw. ist die Reklamationsphase deutlich länger als der eigentliche Einführungsprozess mit den drei Arbeitsschritten Stellenbeschreibung, Bewertung und Eingruppierung.

Angestrebt wurde bei den Erhebungen, in jedem Betrieb Vertreter beider Betriebsparteien sowie externe Experten zu befragen, soweit der betriebliche Umstellungsprozess von solchen unterstützt worden ist. Wohl mehr noch als für die Arbeitgeberseite hat das Entgeltrahmenabkommen für die IG Metall organisationspolitisch eine besondere Bedeutung. Um zu erfahren, ob und wie sich dies auf den unteren Ebenen der Organisation abbildet, wurde in einer frühen Phase der Erhebungen versucht, möglichst bei jedem Betriebsfall auch die in der jeweils zuständigen Verwaltungsstelle damit befassten Expertinnen und Experten zu befragen. Inhalte dieser Gespräche waren einerseits die allgemeinen Aktivitäten der Verwaltungsstelle mit Bezug auf das ERA und andererseits der konkrete Umstellungsfall, den wir untersucht haben und die entsprechenden Unterstützungsleistungen der Verwaltungsstelle.

Tab. 5-1: Übersicht über die Untersuchungsbetriebe[a]

Betriebscode	Beschäftigte	Teilbranche	Umstellungsstichtag	eigentümergeführt
Betrieb 1	125	Maschinenbau	1. April 2007	nein
Betrieb 2	230	Maschinenbau	1. Januar 2008	nein
Betrieb 3	320	Elektrotechnik	1. März 2006	nein
Betrieb 4	*180*	*Automobilzulieferer*	*1. März 2006*	*ja*
Betrieb 5	185	Maschinenbau	1. April 2007	nein
Betrieb 6	208	Maschinenbau	1. April 2007	nein
Betrieb 7	*264*	*Automobilzulieferer*	*1. November 2006*	*ja*
Betrieb 8	*240*	*Maschinenbau*	*1. Januar 2007*	*nein*
Betrieb 9	*1250*	*Maschinenbau*	*1. Juli 2007*	*nein*
Betrieb 10	*235*	*Stahlverarbeitung*	*1. Juli 2007*	*ja*
Betrieb 11	*175*	*Automobilzulieferer*	*1. März 2006*	*ja*
Betrieb 12	*420*	*Metallverarbeitung*	*1. Januar 2007*	*nein*
Betrieb 13	*760*	*Automobilzulieferer*	*1. Juni 2006*	*nein*
Betrieb 14	*163*	*Maschinenbau*	*1. Mai 2005*	*nein*
Betrieb 15	*2200*	*Maschinenbau*	*1. Mai 2005*	*nein*
Betrieb 16	*540*	*Metallbearbeitung*	*1. März 2006*	*nein*
Betrieb 17	*650*	*Stahlverarbeitung*	*1. Mai 2007*	*nein*
Betrieb 18	*1050*	*Maschinenbau*	*1. Juni 2006*	*ja*
Betrieb 19	*790*	*Automobilzulieferer*	*1. Juli 2007*	*nein*
Betrieb 20	725	Metallbearbeitung	n.a.	ja
Betrieb 21	60	Maschinenbau	1. März 2007	nein

a   Bei den kursiv gesetzte Betrieben wurde der Umstellungsprozess intensiver untersucht

In 13 der 21 Fälle ist es gelungen, Interviews mit Vertretern beider Betriebsparteien zu führen. Lediglich in einem der Untersuchungsbetriebe konnte der Betriebsrat nicht für ein Interview gewonnen werden; die betrieblichen Interessenvertreter sahen es hier als ausreichend an, dass sich der Personalchef zur ERA-Umstellung im Betrieb äußert. Dass Vertreter der Arbeitgeberseite in manchen Fällen nicht befragt werden konnten, lag teilweise daran, dass es auch nach mehrmaligen Anläufen nicht möglich war, einen Gesprächstermin zu vereinbaren; teilweise lag es an personellen Diskontinuitäten. Wichtige Akteure der ERA-Umsetzung aus dem Personalbereich hatten das betreffende Unternehmen zum Zeitpunkt der Interviewanfrage bereits verlassen und konnten von uns entweder nicht aufgefunden werden oder waren zu einem Gespräch über Erfahrungen bei ihrem alten Arbeitgeber nicht bereit.

Hinsichtlich der Betriebsgröße reicht die Spannweite der 21 Betriebe des Untersuchungssamples von einem ausgesprochenen Kleinbetrieb mit nur etwa 60 Beschäftigten bis zu einem relativ großen Werk mit mehr als 2.000 Arbeitskräften. Zwar war es nicht unser Anspruch, die Dominanz von kleinen und mittelgroßen Betrieben in der Branche in repräsentativer Weise abzubilden. Gleichwohl dominieren in unserem Untersuchungssample Betriebe mit weniger als achthundert Beschäftigten. Etwa die Hälfte der Betriebe gehört zu Maschinenbauunternehmen; die zweitgrößte „Gruppe" bilden Zulieferfirmen der Automobilindustrie. Beide Teilbranchen spielen in der Metallindustrie in Nordrhein-Westfalen eine besondere Rolle (vgl. Abschnitt 2.1). Die verbleibenden Fallbetriebe stammen aus den Teilbranchen Metallbearbeitung, Stahlverarbeitung und Elektrotechnik. Ein knappes Drittel der Betriebe ist eigentümergeführt (vgl. Tab. 5-1).

In jedem dieser Betriebe wurden Interviews mit Funktionsträgern geführt, um einen genaueren Einblick in Prozessverläufe und Problemlagen der ERA-Einführung zu erhalten. Neun Betriebe wurden schließlich genauer analysiert. Grundlage dieser Arbeit waren Beobachtungen und vor allem weitere Gespräche mit Vertretern der beiden Betriebsparteien sowie mit außerbetrieblichen Beteiligten. Pro Umstellungsfall wurden zwischen vier und sieben Gesprächspartner befragt. Betriebsräte und Personalverantwortliche aus zwei von diesen Betrieben haben sich auch an der Fragebogenerhebung beteiligt.

5.2 Betriebliche Kontingenzen und Implementationskonstellationen

Auch wenn man einzelne Bestimmungen des Entgeltrahmenabkommens in unterschiedlicher Weise auslegen kann, so bildet es doch ein in sich geschlossenes Gefüge von Regularien, mit dem Grundbedingungen für jede betriebliche Debatte gesetzt sind. Damit wird Beliebigkeit reduziert, weil sich die Betriebsparteien an den so bestimmten Bedingungen orientieren. Sie strukturieren, was legitimer Gegenstand von Auseinandersetzungen ist und was nicht, und das ist wohl auch der Grund für die längst nicht nur bei Praktikern verbreitete verdinglichte Redeweise über den Tarifvertrag: ERA hat Konsequenzen, ERA führt zu Auf- oder Abwertungen usw.

Diese Sichtweise ist vielleicht nicht rundweg falsch, aber sie ist auf jeden Fall unterkomplex. Das Entgeltrahmenabkommen tut nichts, aber mit ERA kann und muss man eine Menge tun, nämlich zunächst einmal im Prinzip alle Stellen in einem Betrieb neu bewerten und anschließend die Belegschaft neu eingruppieren. Genau das macht im Kern die ERA-Einführung (ERA-Umsetzung, ERA-Implementation) aus. Die dabei häufig stattfindenden Aushandlungsprozesse und ihre Ergebnisse werden durch das, was der Tarifvertrag als entgeltrelevante

Kriterien bestimmt, zwar verbindlich vorstrukturiert, aber in aller Regel nicht determiniert.

Diese Kriterien definieren quasi einen Standard, der einerseits bestimmte Entscheidungen als normal ausweist und andererseits Verhandlungsgegenstände – häufig nur für einschlägige Experten sichtbar – als solche markiert. Wie genau und mit welchem Ergebnis solche Entscheidungen tatsächlich getroffen werden, hat gewiss mit den Inhalten des Rahmenabkommens und der begleitenden Verträge zu tun – man denke nur an den Einführungstarifvertrag –, aber ganz zentral eben auch mit den betrieblichen Besonderheiten und Auseinandersetzungen, unter deren Einfluss bzw. in deren Verlauf festgeschrieben wird, was man dann nach Vollendung der Tatsachen als „Konsequenzen des ERA" in einem Betrieb feststellen kann.

Dieser Zusammenhang bedeutet aber gerade nicht, dass es auf den Text des Tarifvertrags nicht ankäme, weil Lohnfragen letztlich doch bloß Machtfragen sind. Form und Ergebnisse der Umsetzung des ERA – wie jeden Abkommens dieser Art – sind zwar auch Ausdruck von betrieblicher Lohn- und Leistungspolitik. Aber die Betriebsparteien machen diese Politik nicht unter selbst gewählten Bedingungen, und ein wichtiges Element dieser Bedingungen ist eben das, was als Vorgabe im Tarifvertrag festgeschrieben ist. Wegen dieser komplexen Wechselwirkung müssen auch betriebliche Kontingenzen als ein wesentlicher Erklärungsfaktor dafür herangezogen werden, welche Implikationen das Entgeltrahmenabkommen in einem Einzelfall hat. Nun weisen die von uns untersuchten betrieblichen Einführungsprozesse durchaus viele Gemeinsamkeiten auf. Gleichzeitig fallen jedoch zahlreiche Unterschiede auf, in denen sich – so unsere These – besagte betriebliche Besonderheiten widerspiegeln. Somit stellt sich bei der Darstellung unserer Befunde die Anforderung, einen Kompromiss zwischen der notwendigen Abstraktion von Details und der zureichenden Berücksichtigung der empirischen Vielfalt zu finden. Wir entwickeln deshalb im Folgenden ein Tableau von Elementen, das helfen soll, in den komplexen und vielfältigen Implementationsprozessen Ähnlichkeiten zu identifizieren. Es geht uns dabei aber nicht um eine Typologie, jedenfalls nicht unmittelbar. Das Ziel ist bescheidener, nämlich die Spezifizierung eines Baukastensystems, das hilft, betriebliche Implementationsmuster – wir reden von Implementationskonstellationen – zu unterscheiden. Damit dingfest gemachte Unterschiede zu einer Typologie zu verdichten ist wohl nicht immer möglich, in jedem Fall aber ein weiterer, eigener Arbeitsschritt.

Unser Ziel ist es, nicht nur die Verläufe mehrdimensional zu systematisieren, sondern auch, ihre Form, ihre (möglichen) Widersprüchlichkeiten und ihre Ergebnisse mit betrieblichen Voraussetzungen der ERA-Einführung in Beziehung zu setzen. Mit anderen Worten: das Konzept der Implementationskonstellationen zielt nicht nur auf den Prozess, sondern auch auf die organisatorischen und betriebspolitischen Bedingungen, unter denen er sich vollzieht bzw. vollzogen hat.

Dieser Anspruch hat gegenüber einer Typologie von Einführungsmustern, die sich auf wenige Variablen beschränkt, ganz offensichtlich einen Nachteil: Die Sache droht unübersichtlich zu werden. Und das ist vor allem dann ein Problem, wenn man die Analyse mit der Absicht betreibt, praktische Handlungsorientierungen zu geben. Gewissermaßen auf einem Umweg kann unser Vorgehen aber gerade dafür auch von Vorteil sein. „Implementationskonstellation" ist ein im Vergleich zu „Einführungstypus" insofern weniger abstraktes Konzept, als man bei der Bestimmung dieser Konstellationen von weniger absieht – genau daraus entsteht ja unter Umständen Unübersichtlichkeit.

In diesem und dem folgenden Abschnitt soll gezeigt werden, dass die Umsetzung des Entgeltrahmenabkommens mit mehr oder weniger großen Interpretationsmöglichkeiten und Entscheidungsspielräumen verbunden ist, wie diese in unterschiedlichen Umstellungsfällen genutzt oder ausgefüllt worden sind und unter welchen betrieblichen Bedingungen (Implementationskonstellationen) das geschehen ist.

5.2.1   Elemente von „Implementationskonstellationen"

Bei der Bestimmung der Spezifika, die für den Verlauf und die Ergebnisse eines betrieblichen Implementationsprozesses von Bedeutung waren, haben wir uns an drei Leitfragen orientiert:

– Welches Ziel verfolgte der Arbeitgeber bei der Neubewertung der Stellen?
– Wie versuchte das Management dieses Ziel zu erreichen?
– Auf welche Weise (re-) agierte die betriebliche Interessenvertretung?

Die empirischen Befunde zu diesen Fragen wurden zu jeweils unterschiedlichen Mustern verdichtet (vgl. Tab. 5-2), die die Bausteine eines flexiblen Analyseinstrumentariums bilden. Die je spezifische Kombination der Ausprägung dieser „Bausteine" nennen wir betriebliche Implementationskonstellation. Der Begriff bezeichnet also vor allem die Art, wie sich in einem ERA-Umstellungsfall die Betriebsparteien aufeinander bezogen haben.

Die den Baukasten illustrierende Tabelle 5-2 insinuiert eine bestimmte Wirkungsrichtung: Die Zielsetzung des Arbeitgebers steht am Anfang, dieses Ziel wird dann auf die eine oder andere Art verfolgt, und die betriebliche Interessenvertretung reagiert darauf wiederum in einer bestimmten Weise. Das bedeutet aber nicht, dass wir auf der Ebene der Konzeptualisierung bereits eine Vorentscheidung darüber getroffen hätten, dass die betriebliche Interessenvertretung im Prozess der Implementation des Entgeltrahmenabkommens immer nur eine pas-

Tab. 5-2: Baukasten zur Kartierung der ERA-Umstellungsprozesse

	Bausteine	
Hauptziel der Arbeitgeberseite	Vorgehensweise der Arbeitgeberseite	Handlungsmuster der Interessenvertretung
Kostensenkung	unilateral	Konfrontation
Friedenswahrung	bilateral	Konfliktvermeidung
Standardisierung/		Kooperation
Differenzierung		

sive, reagierende Rolle spielen muss. Das ist – und das werden wir auch mit zahlreichen empirischen Belegen zeigen – nicht der Fall. Betriebsräte sind teilweise durchaus initiativ gewesen; zusammen mit der, aber in manchen Fällen auch gegen die Arbeitgeberseite. Allerdings hat kaum einer der befragten Betriebsräte zu erkennen gegeben, dass man bei der betrieblichen Implementation des Entgeltrahmenabkommens eine autonome, von den Zielsetzungen des Arbeitgebers unabhängige Strategie verfolgt hat. Das dürfte zu einem guten Teil damit zu erklären sein, dass es prinzipiell der Arbeitgeber ist, der das Recht zum ersten Zug hat. Die Beschreibung und Einstufung der Arbeitsstellen in einem Betrieb gehören zu seinem Direktionsrecht, das bekanntlich auch die Möglichkeit umfasst, auf Arbeitsplatz*beschreibungen* gänzlich zu verzichten. Prämisse der im Folgenden präsentierten Ergebnisse ist, dass das allein aber nur wenig darüber aussagt, wie Stellenbewertungsprozesse real ablaufen.

Außerdem unterstellen wir auch nicht, dass Arbeitgeber im Allgemeinen und im ERA-Umstellungsprozess im Besonderen grundsätzlich strategisch vorgehen. Festzuhalten bleibt gleichwohl, dass jede/r der Arbeitgebervertreter/in im Interview zumindest ein Hauptziel genannt hat, das man im Umstellungsprozess mehr oder weniger konsistent verfolgt habe. Den naheliegenden Einwand, bei solchen Darstellungen handele es sich erfahrungsgemäß häufig um eine Ex-post-Rationalisierung früheren Verhaltens, können wir nicht völlig entkräften. In der Darstellung des Materials in Abschnitt 5.3 werden wir aber zeigen, dass auch die Betriebsräte ihrem Gegenüber in jedem Fall ein dominantes Ziel unterstellt haben.

Nicht immer waren die Aussagen der beiden Betriebsparteien in diesem Punkt völlig kongruent; unsere Zuordnung zu einer von drei allgemeinen Zielorientierungen erfolgte in solchen Fällen nach Plausibilität.

Hauptziel der Arbeitgeberseite

Wir haben drei Zielstellungen identifiziert, die entweder von der jeweiligen Führungsspitze in den untersuchten Fallbetrieben als Vorgabe für die an der Umsetzung operativ beteiligten Vertreter der Arbeitgeberseite ausgegeben worden sind oder die sich im Laufe des Umstellungsprozesses als dominierende Handlungsorientierung der Verhandlungsführung auf der Arbeitgeberseite (Personalchef, Geschäftsführer, Leiter des ERA-Projekts etc.) herausgestellt haben:

- *Kostenreduktion:* die Senkung der betrieblichen Entgeltkosten insgesamt;
- *Friedenserhaltung:* die Wahrung des Betriebsfriedens, d.h., Unruhe und motivationsabträgliche Verärgerung der Belegschaft oder besonders geschätzter Belegschaftsteile sollte vermieden werden;[1]
- *Standardisierung:* die Neubewertung der Stellen sollte dazu genutzt werden, für relevant erachtete Unterschiede zwischen Tätigkeiten entgeltseitig (wieder) eins zu eins abzubilden.

Gerade in den Betrieben, in denen das zuletzt genannte Motiv eine besondere Rolle spielte, konnten wir häufig auch beobachten, dass der Arbeitgeber auf der Grundlage einer betriebsweiten Re-Standardisierung am Maßstab des ERA-Tarifvertrags neue, dann aber außertarifliche Differenzierungen bei der Vergütung implementiert hat (vgl. Abschnitt 5.3.5).

Handlungsmuster der Arbeitgeberseite

Was die Vorgehensweise betrifft, mit der die Unternehmensführung die an die ERA-Einführung geknüpfte Zielstellung zu erreichen suchte, lässt sich grob eine „unilaterale" von einer „bilateralen" Variante unterscheiden. In ihrer reinen Form übernahm im ersten Fall der Arbeitgeber bzw. übernahmen von ihm Beauftragte alle notwendigen Arbeitsschritte von der Spezifizierung der Aufgaben an einer Arbeitsstelle bis zur Eingruppierung der Personen, die auf den Stellen arbeiten. Der Betriebsrat wurde in solchen Fällen erst dann in den Prozess einbezogen, als ihm die Eingruppierungsvorschläge ausgehändigt wurden. Verhandlungen zwischen den Betriebsparteien fanden dementsprechend auch erst nach der (vorläufigen) Eingruppierung statt. Bei der reinen Form der bilateralen Variante waren dagegen beide Betriebsparteien gemeinsam an allen Umsetzungsschritten beteiligt, d.h. der Betriebsrat wurde nicht vor weitgehend vollendete Tatsachen gestellt, nachdem der Arbeitgeber alles Wesentliche definiert hatte. Stattdessen wurde er zumindest über Zwischenstände schon bei der Formulierung der Stellenbeschreibungen informiert, wenn er nicht sogar aktiv involviert war.

Handlungsmuster der Interessenvertretung

Bei ihrem Versuch, die wirtschaftlichen und moralischen (vgl. Abschnitt 7.3) Interessen der Beschäftigten daran zu wahren, im Gefolge der ERA-Einführung nicht abgewertet zu werden, standen einem Betriebsrat grundsätzlich drei Wege offen:

---

1   Diese Zielsetzung galt freilich nur unter der Prämisse, dass die Entgeltkosten nicht stärker ansteigen durften als um die im Tarifvertrag ausgewiesenen 2,79%.

- *Konfrontation:* Man machte dem Arbeitgeber durch Mobilisierung der Belegschaft und eine entsprechende Verhandlungsführung von Anfang an klar, dass man zu notfalls harten Auseinandersetzungen bereit ist.
- *Kooperation:* Man machte die eigenen Forderungen deutlich und versuchte den Konflikt dann verständigungsbereit auszutragen.
- *Konfliktvermeidung:* Man versuchte, Konflikte erst gar nicht entstehen zu lassen, was wiederum unterschiedliche Formen annehmen konnte.

Unser Konzept der betrieblichen Implementationskonstellationen ist weitgehend deskriptiv angelegt und liefert immer nur eine Momentaufnahme. Es hilft also, wesentliche Unterschiede zwischen ERA-Umstellungsprozessen zu erfassen.[2] Eine Erklärung dafür, wieso eine Konstellation so ist, wie sie ist, und ob es systematische Zusammenhänge zwischen bestimmten Ausprägungen bei den „Bausteinen" gibt, findet man so aber nicht.

Um solche und ähnlich gelagerte Fragen adressieren zu können, nutzen wir ein Analyseraster, das drei Dimensionen eines betrieblichen Implementationsprozesses unterscheidet: die soziale, die sachliche und die zeitliche Dimension. Zusammen mit dem Baukasten zur Kartierung der Umstellungsverläufe sollten wir so ein hinreichend differenziertes Instrumentarium zur Verfügung haben, um Unterschiede und Ähnlichkeiten zwischen Prozessen der betrieblichen Implementation des Entgeltrahmenabkommens und ihrer Ergebnisse bestimmen und erklären zu können.

5.2.2   Dimensionen der Analyse der betrieblichen ERA-Umsetzung

Mindestens ein Unterschied zwischen Betrieben im Umstellungsprozess fällt normalerweise recht schnell ins Auge. In manchen Betrieben gibt es harte Auseinandersetzungen, in anderen vollzieht sich die ERA-Umsetzung in mehr oder weniger großer Übereinstimmung zwischen den Betriebsparteien. Schaut man genauer hin, stellt sich in der Regel heraus, dass die Formen des Umgangs miteinander im einen wie im anderen Fall eine mehr oder weniger weit zurückreichende Tradition haben. Dieses Phänomen kennt man aus der Forschung zu den industriellen Beziehungen, wo die Unterscheidung zwischen kooperativen und konfliktorischen Arbeitsbeziehungen zu den geläufigen Begriffsstrategien gehört (so schon Bergmann et al. 1975). Sie findet auch bei der Analyse von ERA-Einführungsprozessen Verwendung (Bahnmüller/Schmidt 2007 und 2008a, Kuhlmann/Sperling 2008). Allerdings stellt sich die Frage, ob diese vergleichsweise grobe Unterscheidung hinreichend differenziert ist, um die wesentlichen Unter-

---

2   Im Abschnitt 5.3 werden Umstellungsfälle vorgestellt, bei denen sich das besonders gut zeigen lässt. In den weiteren Kapiteln beziehen wir dann nach und nach auch Ergebnisse der weiteren Falluntersuchungen ein.

schiede zu erfassen, die für eine Beschreibung und Interpretation der realen Verläufe in den Betrieben relevant sind.

Wir zweifeln daran. Damit wird zwar eine wichtige, aber eben nur eine Dimension der Umstellungsprozesse berücksichtigt; wir wollen sie die soziale Dimension nennen. Um jeweilige Besonderheiten und Differenzen zu erfassen, soll im Folgenden auf zwei weitere Dimensionen der betrieblichen Prozesse und Konstellationen fokussiert werden: eine „sachliche" und eine „zeitliche". Die sachliche Dimension bezieht sich auf die Gegenstände, um die sich die Auseinandersetzungen erklärtermaßen drehen. Mit der Berücksichtigung der zeitlichen Dimension tragen wir dem Umstand Rechnung, dass es im Verlauf eines Umstellungsprozesses ja durchaus Veränderungen in der sozialen und/oder der sachlichen Dimension geben kann oder eben nicht. Wir können damit die Frage, ob es im Verlauf des Umstellungsprozesses Ereignisse gegeben hat, die zu spürbaren Veränderungen der Umgangsformen zwischen den Betriebsparteien oder von Verhandlungsgegenständen geführt haben, ausdrücklich als Vergleichsdimension aufnehmen.

Dem entsprechend soll die ERA-Umsetzung in den von uns untersuchten Betrieben zunächst unter drei Gesichtspunkten betrachtet werden. In der im beschriebenen Sinn *sozialen* Perspektive stehen die Akteure im Fokus, die die Bewertungssystematik des neuen Tarifvertrags unter jeweils spezifischen betrieblichen Bedingungen umsetzen müssen. Zu erörtern ist dabei die Frage nach den vorherrschenden Handlungskonstellationen und -strategien. In einer *sachlichen* Perspektive sind die nur vermeintlich simplen Fragen zu beantworten, worum genau es bei der betrieblichen ERA-Umsetzung im Einzelfall gegangen ist und wie die Gegenstände der Aushandlungsprozesse zwischen den Betriebsparteien definiert wurden. In *zeitlicher* Perspektive schließlich interessiert die Frage, welche Phasen sich im Einführungsprozess unterscheiden lassen und wo sich gegebenenfalls Brüche – zum Beispiel Revisionen vorheriger Entscheidungen oder Praktiken – im Zeitverlauf ergeben haben. Um die Präsentation nicht zu überfrachten, erfolgen die Darstellung und Diskussion unserer empirischen Befunde zu dieser zeitlichen Dimension der betrieblichen ERA-Einführungen in einem getrennten Abschnitt (5.5). Zunächst sollen aber die für relevant erachteten Analysedimensionen noch etwas genauer erläutert werden.

Soziale Dimension

Ansatzpunkte für eine Erörterung dieser Perspektive liefert eine frühe Untersuchung von Weltz (1977) über die erfolgreiche Einführung neuer Technologien in Industriebetrieben. Dass der Autor seine Analyse darauf konzentriert, wie die Anforderungen, die solche Innovationen aufwerfen, im Zusammen- oder Gegeneinanderspiel von Management und Betriebsrat verarbeitet werden, erlaubt uns einen direkten Anschluss an seine konzeptionellen Überlegungen. Schließlich ist auch die betriebliche Umsetzung einer neuen Systematik für die Arbeitsbewertung ein veritabler Innovationsprozess.

Weltz unterscheidet drei Typen – er selbst redet von Stilen – des Umgangs mit technisch-organisatorischen Umstellungen: die offene Konfrontation, die Konfliktverdrängung und die kooperative Konfliktverarbeitung. Die beiden ersten Typen dienen bei Weltz eher dazu, die Extreme eines Spektrums zu markieren. Der Schwerpunkt seiner Betrachtung liegt eindeutig auf dem kooperativen Modus. Zur Kennzeichnung dieser Form der Konfliktbearbeitung führt er folgende zentrale Merkmale an:

„–   Das Bestreben der Vertreter beider Seiten, eine offene und harte Konfrontation zu vermeiden, durch die die Gegensätzlichkeit beider Positionen festgeschrieben würde;
–   die Bereitschaft zum Kompromi(ss), d.h. Lösungen zu finden, in denen die Interessen beider Seiten in vertretbarer Weise berücksichtigt sind;
–   den Verzicht auf die Vertretung maximalistischer Positionen, d.h. der volle Spielraum des jeweils nach der rechtlichen oder faktischen Lage Erreichbaren wird nicht voll ausgereizt. Dieser Verzicht auf die extreme Nutzung der jeweils gegebenen Durchsetzungschancen erfolgt im Vertrauen auf ein ähnliches Entgegenkommen der anderen Seite bei nächster Gelegenheit;
–   die Bezogenheit auf von beiden Seiten als gemeinsam definierte betriebliche Interessen, bei gleichzeitiger Anerkennung divergierender Interessen beider Seiten;
–   die grundsätzliche Anerkennung des gesetzlichen und tarifvertraglich festgelegten Rahmens als verbindlich, zugleich aber die Bereitschaft, innerhalb dieses Rahmens Lösungen zu finden, die den spezifischen betrieblichen Erfordernissen und Gegebenheiten gerecht werden. Dies bedeutet unter Umständen, da(ss) dieser Rahmen durch stillschweigendes Übereinkommen beider Seiten ‚stillgelegt‘, d.h. den spezifischen betrieblichen Erfordernissen angepa(ss)t wird." (Weltz 1977, S. 293)

Dieser „kooperativen Konfliktverarbeitung" wird zum einen der Modus der „offenen Konfrontation" gegenübergestellt. Bei diesem wird die

„Auseinandersetzung zwischen Management und Betriebsrat (...) von beiden Seiten eindeutig als Austragung widerstreitender Interessen verstanden und praktiziert. Der Bezug von Belegschaftsinteressen auf betriebliche Interessen wird zwar gesehen, nicht aber als oberste Handlungsmaxime verstanden. Beide Seiten bestimmen ihre Position vielmehr primär in Absetzung zur anderen Seite. Forderungen werden aus der eigenen Interessenlage abgeleitet und legitimiert. Bei der Durchsetzung dieser Forderungen orientiert man sich tendenziell an einer maximalistischen Position." (Weltz 1977, S. 299)

Die Verhaltensmuster, die zum dritten Typus der Interaktion von Management und Betriebsrat führen – dem Modus der Konfliktverdrängung –, lokalisiert Weltz nur auf der Seite der Interessenvertretung:

> „Hier agiert der Betriebsrat vorwiegend als verlängerter Arm der Geschäftsleitung, ganz im Sinne des als vorrangig und übergeordnet verstandenen Betriebswohls, mit dem die Interessen der Belegschaft weitgehend gleichgesetzt werden. Eine Orientierung an davon abgesetzten, eigenständigen Interessen der Belegschaft fehlt weitgehend. Der Geschäftsleitung gegenüber tritt der Betriebsrat kaum als Fordernder auf, eher vertritt er die Erwartung der Geschäftsleitung gegenüber der Belegschaft" (Weltz 1977, S. 300).

Ein Vorteil der Weltzschen Begriffsstrategie besteht aus unserer Sicht darin, dass Konflikt und Kooperation nicht als Dualismus, also als sich wechselseitig ausschließende Interaktionsformen, verstanden werden. Konflikte und ihre Bearbeitung können vielmehr als Bestandteil von Kooperation gelten – genau darauf zielt ja der Begriff der kooperativen Konfliktbearbeitung. Damit muss nicht mehr jede Meinungsverschiedenheit als Gegensatz von Kooperation begriffen werden, zugleich wird aber deutlich gemacht, dass Kooperation nicht mit Interessenidentität gleichzusetzen ist. Allerdings wirft diese Begriffswahl nachdrücklich die Frage nach der Trennschärfe zwischen kooperativer und nicht-kooperativer Konfliktbewältigung auf.

Die von Weltz vorgeschlagenen Typen implizieren zudem einen „Gleichklang" der Handlungsmuster von Betriebsrat und Geschäftsleitung. Dem kooperativen beziehungsweise dem konfrontativen Handeln der einen Seite steht ein entsprechendes Handlungsmuster auf der anderen Seite gegenüber. In gewisser Weise funktioniert die Entsprechung auch beim Typ der „Konfliktverdrängung", da sich das Handlungsmuster des Betriebsrats hier an den Belangen der Geschäftsführung ausrichtet. Bei unseren empirischen Fällen haben wir aber Konstellationen gefunden, die sich auch anders lesen lassen. Außerdem zeigen unsere Studien, dass im Umstellungsprozess auch auf der Seite ein und derselben Betriebspartei unterschiedliche Interessen artikuliert worden sind oder Konfliktlinien quer zur Gegenüberstellung von Arbeitgeber versus Arbeitnehmervertretung gelegen haben.

Sachliche Dimension

Auf welcher Ebene setzen die Strategien der betrieblichen Akteure an und um welche konkreten Gegenstände drehen sich die Auseinandersetzungen und Verhandlungen bei der ERA-Umsetzung? Steht bei der Stellenbewertung tatsächlich die isolierte und unvoreingenommene Überprüfung der Einstufung jedes einzelnen Arbeitsplatzes bzw. des entsprechenden Anforderungsprofils im Vordergrund oder sind mehr oder weniger deutliche Abwandlungen von dieser formal gebotenen Vorgehensweise an der Tagesordnung? In den mit diesen Formulierungen umrissenen thematischen Zusammenhang gehört auch die Frage, ob in den Betrieben primär um die Bewertung von Anforderungen nach den Kriterien des Entgeltrahmenabkommens gestritten wird oder doch eher um die Erhaltung oder Revision früherer Eingruppierungen.

Formal sollte es um Ersteres gehen. Denn wie in Kapitel 2 ausgeführt worden ist, wurde das Entgeltrahmenabkommen auch in Nordrhein-Westfalen als Projekt gestartet, das ausdrücklich *nicht* eine Etappe im Verteilungskampf zwischen Kapital und Arbeit sein sollte. Angestrebt war vielmehr eine Neujustierung der Binnendifferenzierung auf Seiten der abhängig Beschäftigten. Es ist zu fragen, welchen materiellen Niederschlag diese Intention auf der betrieblichen Ebene gefunden hat. Dabei stellt sich allerdings ein Problem. Nicht nur wissenschaftlichen Beobachtern, sondern auch allen Beteiligten in den Betrieben und bei den Tarifvertragsparteien war und ist klar, dass die Eingruppierungen sich in den letzten Jahrzehnten in sehr vielen Fällen von den tarifvertraglichen Vorgaben recht weit entfernt haben, und zwar im Schnitt eher nach oben als nach unten.

Das hatte durchaus unterschiedliche Gründe, führte aber in der Konsequenz dazu, dass viele Beschäftigte in eine höhere Lohn- oder Gehaltsgruppe eingruppiert worden sind, als es von den Anforderungen an ihrer aktuellen Arbeitsstelle her zu begründen war. Unterstellt man, dass deren Zahl hoch ist, dürfte schon ein im Prinzip „kostenneutrales" Entgeltrahmenabkommen einfach deshalb zu einer hohen Zahl von Überschreitern führen, weil nun wieder „nach Tarif" eingruppiert wird. Deshalb war nicht auszuschließen, dass die Neubestimmung des Entgeltgefüges mit Verlusten auf Seiten der Beschäftigten – sowohl im Einzelfall wie auch für eine Belegschaft insgesamt – einhergehen kann. Nicht nur die Ergebnisse unserer Befragung (vgl. Kap. 4) zeigen, dass genau dies in nicht wenigen Fällen auch geschehen ist. Wie viel davon dem Tarifvertrag und wie viel der früheren betrieblichen Eingruppierungspraxis geschuldet ist, ist nicht immer leicht zu unterscheiden, es war aber in jedem Fall ein „Aufhänger" betrieblicher Auseinandersetzungen. Zu klären ist, inwieweit dieser Zusammenhang von einer der Betriebsparteien oder von beiden in den Auseinandersetzungen explizit thematisiert wurde oder nicht und welche Konsequenzen das für den Verlauf und die Ergebnisse des Umstellungsprozesses gehabt hat.

Zeitliche Dimension

Ein betrieblicher ERA-Einführungsprozess lässt sich schematisch als Abfolge von bis zu fünf Schritten darstellen, die logisch aufeinander aufbauen. Einer Phase (1) der Information und Vorbereitung folgt eine Phase (2), in der die Anforderungen beschrieben werden, die an den Arbeitsstellen des Betriebs gestellt werden (Stellenbeschreibung). Danach folgt (3) die Einstufung dieser Stellen, also die Zuordnung der Stellen zu je einer Entgeltgruppe. Danach werden (4) die Arbeitskräfte der Entgeltgruppe zugeordnet, die zuvor für die entsprechenden Anforderungen bestimmt worden ist (Eingruppierung). Verlängert wird der Prozess, gegebenenfalls, durch (5) eine Phase der Reklamation – und zwar dann, wenn Beschäftigte ihrer Eingruppierung widersprechen sollten.

Typologien der innerbetrieblichen Konfliktbearbeitung gehen meist von einer Stabilität in den Beziehungsmustern zwischen Arbeitgeber und betrieblicher Interessenvertretung über diese ganze Sequenz hinweg aus. Uns interessiert, ob sich Konfliktbearbeitungsmuster im Zuge der ERA-Umsetzung durch die unterschiedlichen Phasen hindurch tatsächlich als stabil erweisen oder ob sich die Formen der Konfliktbearbeitung im Verlauf des Umstellungsprozesses geändert haben – und wenn ja, weshalb und in welchen Ausmaß.

5.2.3 Exkurs: Einstufung und Eingruppierung

Das eben skizzierte Phasenschema wäre missverstanden, würde man es als Deskription lesen; es enthält nämlich an einer Stelle eine normative Vorgabe. Die Unterscheidung einer Phase der Einstufung von einer anschließenden Phase der Eingruppierung unterstellt die Herrschaft des Anforderungsbezugs bei der Bestimmung der Grundentgelte. Dieses Prinzip ist bei der Arbeitsbewertung in der Praxis durchaus umstritten. Setzt man es jedoch als gegeben voraus, dann ist die Sache formal klar:

> „Eingruppiert wird der Arbeitnehmer nach der Tätigkeit, die er ausüben soll. Eingestuft wird die Tätigkeit nach den Kriterien, die im Tarifvertrag festgelegt sind" (Meine et al. 2006, S. 111).

In dieser knappen Formulierung wird das zum Ausdruck gebracht, was wir oben als logische Abfolge apostrophiert haben. Zuerst erfolgt die Bewertung einer Tätigkeit, danach die Eingruppierung eines Beschäftigten entsprechend der zuvor erfolgten Bewertung. Logisch ist das dann, wenn man bei der Eingruppierung nicht das zu Grunde legt, was eine Arbeitskraft kann – das wäre der Qualifikationsbezug – oder tut, sondern das, was sie tun soll. Es gibt aber keinen Grund anzunehmen, dass die Einstufung und die Eingruppierung in den Betrieben tatsächlich immer in Form von zwei aufeinanderfolgenden und deutlich voneinander abgegrenzten Schritten vollzogen wurden. Denn auch wenn die strikte Trennung von Aufgabenbeschreibung und -bewertung einerseits und Eingruppierung andererseits eine, wenn nicht sogar die wesentliche Grundlage der institutionalisierten betrieblichen Auseinandersetzungen um Leistung und (Grund-)Entgelt ist, so ist die damit implizierte Abstraktion, also die Stellenbewertung in strikter Absehung von ihrem Inhaber kein trivialer Vorgang.

Weil bei der betrieblichen Umsetzung des Entgeltrahmenabkommens praktisch alle Stellen, die neu bewertet werden, bereits besetzt und die Stelleninhaber eben auch in eine bestimmte Lohn- oder Gehaltsgruppe eingruppiert sind, ist die Frage nach der tatsächlichen Abgrenzung dieser beiden „logischen Phasen" im Umstellungsprozess im Grunde genommen die Frage danach, wie mit der Zumutung umgegangen wird, bei der Einstufung der Stellen von den Stelleninhaberinnen und Stelleninhabern sowie ihren Eigenschaften abzusehen.

Zwei Extreme sind dabei denkbar. Das eine ist die so genannte Regelüberleitung, d.h., dass die Beschäftigten da, wo es möglich ist,[3] in die Entgeltgruppe eingestuft werden, die der bisherigen Eingruppierung rein finanziell am ehesten entspricht. Unter den Fallbeispielen, die wir untersucht haben, findet sich kein Betrieb, in dem das geschehen wäre.[4] Das andere Extrem ist ein Vorgehen strikt nach der Logik des zweistufigen Verfahrens: erst Anforderungen feststellen und bewerten, dann eingruppieren. Wir haben Beispiele dafür gefunden, dass dies in manchen Fällen zumindest versucht worden ist – und zwar vom Arbeitgeber. Die meisten Fälle, und das gilt sicher nicht nur für unser Sample, liegen irgendwo zwischen diesen beiden Polen.

Die betriebliche ERA-Umsetzung hat auch eine zeitliche Dimension. Wegen der zweistufigen Systematik – erst die Stellenbewertung, dann die Eingruppierung – können Konflikte um eine Eingruppierung nur als Streit um die Stellenbewertung (also die Einstufung einer Stelle) geführt werden. Denn was eine Arbeitskraft kann – und selbst, was sie tut –, ist systematisch für die Eingruppierung ja völlig irrelevant; es zählt einzig, was von ihr verlangt wird (Anforderungsbezug), und genau das ist in der Stellenbeschreibung definiert. Deshalb sind die Eingruppierten und ihre Betriebsräte im Streitfall immer in der Position derjenigen, die vergangene Entscheidungen – nämlich die darüber, was in die Stellenbeschreibung aufgenommen wird – in Frage stellen (vgl. Abschnitt 7.1).[5]

Dieser Punkt ist nicht nur analytisch relevant. Er wird auch praktisch bedeutsam im Zusammenhang mit der Frage nach der Beteiligung der betrieblichen Interessenvertretung am Prozess der Implementation der neuen Bewertungssystematik. Formal ist auch hier der Sachverhalt klar: Die Eingruppierung ist mitbestimmungspflichtig, die Einstufung für sich genommen nicht. Es gibt in unserem Sample Betriebe, in denen diese Unterscheidung eine größere Rolle spielte als in anderen. Das heißt die Form, in der der hier skizzierte Phasenab-

---

3   Vgl. Tabelle 3-2 zu den Fällen, wo das nicht möglich ist.

4   Das bedeutet nicht, dass es solche Fälle in Nordrhein-Westfalen nicht gibt. Aber sie sind für unsere Fragestellung nicht instruktiv.

5   Das ist dann besonders schwierig, wenn man am Zustandekommen dieser Entscheidungen selbst beteiligt war. Wir werden auf diesen Punkt in Kapitel 6 zurückkommen.

lauf sich in den Betriebsfällen tatsächlich dargestellt hat, ist ein weiteres wichtiges Kriterium bei der Abgrenzung unterschiedlicher Implementationsmuster.

5.3   ERA-Einführungsprozesse: Konfliktlinien und Ergebnisse

Um Unterschiede in den Handlungsmustern und Handlungskonstellationen besser erkennen zu können, betrachten wir im Folgenden einige ausgewählte Fälle unseres Samples etwas detaillierter, die sich nicht nur in der Zielstellung der Arbeitgeberseite und in den Formen der Zusammenarbeit zwischen den Betriebsparteien, sondern auch deutlich im Grad ihrer Konfliktträchtigkeit unterscheiden. Als Indikator für die Konflikthaftigkeit des ERA-Einführungsprozesses kann die Rate der Reklamationen dienen, d.h. die Häufigkeit, mit der Eingruppierungen durch den Arbeitgeber in einem Betrieb widersprochen worden ist. Allerdings ist zumindest auf zwei Dinge hinzuweisen, die bei der Nutzung dieses Indikators zu berücksichtigen sind.

   Zum einen signalisieren hohe Reklamationsraten zwar Konflikte, sagen aber weder etwas über deren Ursachen aus, noch darüber, wie damit betrieblich umgegangen wird. Teilweise ist ein Einspruch auch nicht Ausdruck von manifestem Dissens zwischen einem Beschäftigten und seinem Arbeitgeber, sondern er ist schlicht deshalb erfolgt, weil für den Eingruppierten nicht nachvollziehbar war, wie seine Eingruppierung zustande gekommen ist. In vielen Betrieben wurde nämlich die Aufgabenbeschreibung nicht an die Beschäftigten weiter gegeben. Wenn es in solchen Fällen Unklarheiten gab, hat die IG Metall ihren Mitgliedern geraten, vorsichtshalber auf jeden Fall Widerspruch einzulegen. Wir haben Beispiele im Sample, wo Widersprüche zurückgezogen worden sind, nachdem der Arbeitgeber die Begründung seiner Eingruppierung nachgereicht hat.

   Zum anderen kann auch der umgekehrte Fall nicht immer als Indikator für die Abwesenheit von Konfliktpotenzialen gedeutet werden. So kann sich eine niedrige Reklamationsrate auch dem Umstand verdanken, dass die Betroffenen, etwa aus Sorge um ihren Arbeitsplatz, nicht riskieren wollen, der Eingruppierung durch den Arbeitgeber zu widersprechen. Es gibt also auch hier Konflikte, sie bleiben aber latent, werden nicht offen ausgetragen, sondern – in der Terminologie von Weltz (1977) formuliert – verdrängt.

   Betrachtet man die Reklamationsraten in unseren Fallbetrieben genauer, so fällt auf, dass es in einigen von ihnen sehr niedrige und in anderen sehr hohe Widerspruchsquoten gibt (Tab. 5-3). Wir gehen zunächst auf einen Fall ein, in dem beinahe allen vom Arbeitgeber vorgeschlagenen Eingruppierungen widersprochen worden ist (Betriebsfall 13). Als Kontrast dazu werden wir direkt im Anschluss auf einen Umstellungsprozess eingehen, bei dem die Reklamationsrate sehr niedrig war (Betriebsfall 19).

Tab. 5-3: Reklamationsraten in den Fallbetrieben[a]

Reklamationsrate	0% bis 6%	16% bis 30%	40% bis 60%	80% bis 100%
Zahl der Betriebe	5	8	3	3

a   Zu den „Sprüngen" zwischen den Spalten kommt es, weil wir keinen Fall mit einer Reklamationsrate von beispielsweise 10% im Sample hatten. Die gewählte Clusterung soll
unterschiedliche Bandbreiten möglichst deutlich zeigen (eine Widerspruchsrate von
100% gibt es tatsächlich in einem Fall). Die Reklamationsrate kann nicht für alle Fallbetriebe angegeben werden; in einem Fall war der Umstellungsprozess zum Zeitpunkt
unserer Erhebung noch nicht abgeschlossen, in einem anderen hat man uns die Zahl
nicht mitgeteilt.

5.3.1   Betriebsfall 13: „Die haben uns schon die Wurst vom Brot genommen, und jetzt sind sie dabei, uns auch noch die Butter abzukratzen." – Mit ERA auf dem Weg zu einem „wettbewerbsfähigen Entgelt"

Betriebliche Rahmenbedingungen

Bei diesem Betrieb handelt es sich um die Niederlassung eines international tä-
tigen Automobilzulieferers. Von den knapp 800 Beschäftigten gehören etwa 80%
zum gewerblichen Bereich. Der gewerkschaftliche Organisationsgrad liegt bei
60%. Der Betrieb steht unter permanentem Druck, seine Konkurrenzfähigkeit
innerhalb des Konzernverbunds unter Beweis stellen zu müssen. Verlagerungs-
drohungen sind allgegenwärtig. Drei Jahre vor unserer Erhebung wurde ein An-
passungstarifvertrag mit einer Laufzeit von fünf Jahren abgeschlossen, der der
Belegschaft eine 14-prozentige Absenkung der Bruttobezüge bescherte. Mit diesem Lohnzugeständnis wurde zumindest ein Teil der Arbeitsplätze vor der Ver-
lagerung nach Osteuropa bewahrt.

Neben der Kostensenkung zielen die Rationalisierungsstrategien der Geschäftsführung auf die Steigerung von Produktivität und Qualität. Im Produktionsbereich des Betriebs kann bereits seit einigen Jahren eine tendenzielle Verschiebung hin zu qualitativ anspruchsvolleren Montagetätigkeiten beobachtet
werden. Es ist absehbar, dass ein Teil der Belegschaft (vorwiegend Migranten
mit Sprachproblemen) den damit wachsenden Anforderungen in Zukunft nur
schwerlich wird genügen können.

Der Stichtag für die betriebliche Einführung des Entgeltrahmenabkommens,
der 1. Juni 2006, lag zum Zeitpunkt unserer Erhebung schon mehr als eineinhalb
Jahre zurück.

Die Unternehmensführung ging mit einer klaren Prämisse an die ERA-Umsetzung heran: „Wenn es kostenneutral wird, führen wir es ein" (Personalchef).
Dass die Entgeltkosten nach der Umstellung auf Dauer sogar sinken könnten,
zeichnete sich schon bald ab. Und klar war auch, dass der Grund dafür weniger

die Art sein würde, wie nach der ERA-Systematik die Tätigkeiten bewertet werden, als der Umstand, dass der Arbeitgeber entschlossen war, sich bei den Eingruppierungen strikt am Text des Tarifvertrags zu orientieren. Das war nach Einschätzung des relativ neuen Personalleiters des Betriebs schon längere Zeit nicht mehr der Fall gewesen. Er habe schon zu Beginn seiner Tätigkeit in dem Unternehmen den Eindruck gehabt,

> „dass es mit den Entgeltgruppen über die Jahre etwas aus dem Ruder gelaufen war. Die unteren Lohngruppen gab es gar nicht mehr, das Gros war in (Lohngruppe) 5. Dann gab es eine Menge Hilfskrücken, den Einrichter, den Hilfseinrichter, den Meister, den Hilfsmeister, da gab es noch den Koordinator und da noch was. Vollkommen strubbelige Struktur! Funktionen, von denen man sich fragte, warum habt ihr die mal ins Leben gerufen."

Vorgehensweise (Rolle der betrieblichen Akteure)

Die Anfertigung der Arbeitsbeschreibungen, deren Bewertung (Einstufung) sowie die Eingruppierung der einzelnen Beschäftigten führte der Arbeitgeber – einer entsprechenden Empfehlung des Arbeitgeberverbandes folgend – ohne die Mitwirkung des Betriebsrats und der Betroffenen durch. Man bildete für diese Aufgabe eine Projektgruppe, zu der je zwei Personen aus der Zeitwirtschaft und der Personalabteilung gehörten. Die Mitglieder dieses Teams erledigten die im Zusammenhang mit der ERA-Einführung anfallenden Aufgaben neben ihrer normalen Tätigkeit.

Gemeinsam mit den Führungskräften (inklusive der Meister) wurden zunächst alle Funktionen im Betrieb unter der Maßgabe beschrieben, „alles Alte an die Seite" zu legen. Das habe sich als ein dorniger Weg erwiesen, so der Personalleiter, da die Führungskräfte stark dazu neigten, sich immer wieder auf ihre alten Unterlagen zu stützen, um so ihren Arbeitsaufwand zu minimieren und die Veränderungen so gering zu halten, dass nicht allzu viel Unruhe in ihrem Zuständigkeitsbereich entstehen würde. Auch deshalb war das Projektteam insgesamt mehrere Monate damit beschäftigt, bestehende Arbeitsbeschreibungen zu überarbeiten und neue zu entwickeln. Einige exemplarische Beschreibungen wurden auch mit dem regionalen Verbandsingenieur[6] besprochen. Der beurteilte sie den Angaben zufolge als zu detailliert, damit könne das Management seinen Handlungsspielraum bei späteren Eingruppierungen unnötig einschränken.

Im Anschluss daran erfolgte eine erste detaillierte Prognose der Kosten der Neubewertungen – die Konzernzentrale war nach Aussage des Personalleiters immer sehr stark daran interessiert gewesen, „was da kostenmäßig rauskommt"

---

6   Dieser Verbandsingenieur unterstützte das Projektteam auch bei der Einstufung der Arbeitsstellen.

– und die habe gezeigt, dass sich die Umstellung für den Arbeitgeber finanziell auf Dauer durchaus günstig auswirken werde. Die vom Projektteam vorgeschlagenen Einstufungen sind danach mit den Fachbereichen diskutiert und mit nur geringfügigen Veränderungen übernommen worden.

Dem Betriebsrat wurden zunächst lediglich die Aufgabenbeschreibungen als Gesamtpaket vorgelegt. Die Ergebnisse der Bewertungen hat man ihm erst zu einem späteren Zeitpunkt mitgeteilt. Von da an begannen die Auseinandersetzungen heftiger zu werden. Zwar sind auch zuvor schon bei einer gemeinsamen Sitzung von Arbeitgeber und Betriebsrat unterschiedliche Auffassungen bei der Diskussion von beispielhaften Stellenbeschreibungen sichtbar geworden, manifest wurden die Kontroversen aber erst nach der Veröffentlichung der Stellenbewertungen. Dazu der Personalleiter:

> „Als das vorgestellt wurde, ist der Betriebsrat hellwach gewesen, denn in den Betriebsversammlungen ist der Belegschaft von der IG Metall der Eindruck vermittelt worden, wenn ERA kommt, habt ihr alle mehr."

Hält man sich an diese Darstellung, dann war der Unmut der Arbeitnehmerseite also darauf zurückzuführen, dass vorher zu hoch gespannte Erwartungen enttäuscht worden sind. Der Betriebsratsvorsitzende stellte das im Interview ein wenig anders dar. Finanzielle Verbesserungen habe er demnach nicht erwartet, aber ursprünglich auch nicht damit gerechnet, „dass es durch ERA noch runter geht, sondern dass das Niveau gehalten wird." Dass es dann anders gekommen ist, führte er auf die Strategie des Arbeitgebers zurück. Der habe versucht,

> „aus ERA ein Kostensenkungsprogramm zu machen. Die haben uns schon die Wurst vom Brot genommen (mit dem erwähnten Anpassungstarifvertrag) und jetzt sind sie dabei, uns auch noch die Butter abzukratzen."

In der Wahrnehmung der Personalvertretung hat der Arbeitgeber also die Gunst der Stunde genutzt und der ohnehin schon finanziell gebeutelten Belegschaft noch weitere Einbußen zugemutet. Die andere Betriebspartei sah das erwartungsgemäß anders (siehe unten).

Beide Parteien wurden im Umstellungsprozess von ihrem jeweiligen Verband unterstützt. Der Arbeitgeber ließ sich von Anfang an immer wieder vom zuständigen Verbandsingenieur beraten, und der Betriebsrat nutzte die üblichen überbetrieblichen Schulungsangebote der IG Metall. Nachdem die Streitigkeiten über die Bewertungen im Betrieb nicht zu klären waren, wurden schließlich Abgesandte der Tarifvertragsparteien als Vermittler hinzugezogen. Es gab zunächst ein Friedensgespräch auf lokaler Ebene unter Beteiligung des regionalen Arbeitgeberverbands[7] und der Verwaltungsstelle der Gewerkschaft, später dann noch

---

7 Die regionalen Arbeitgeberverbände der nordrhein-westfälischen Metall- und Elektroindustrie sind keine Tarifvertragspartei (vgl. Abschnitt 2.2.1). Aber Metall NRW hat sie

ein Gespräch in Düsseldorf, bei dem Vertreter von Metall NRW und der Bezirksleitung der IG Metall anwesend waren. Aber bei keiner dieser Gelegenheiten
konnten alle offenen Streitfragen geregelt werden. Stattdessen stimmte der Arbeitgeber bei dem Düsseldorfer Treffen dem vom Betriebsrat vorgebrachten
Ansinnen zu, einen externen Gutachter mit der Bewertung einiger ausgewählter
Arbeitsplätze im Fertigungsbereich zu beauftragen.

Die Betriebsparteien entschieden sich zu Beginn der ERA-Umsetzung für
ein Vorgehen gemäß Paragraph 7 des ERA-Einführungstarifvertrags. Dies ging
auf die Initiative des Arbeitgebers zurück. Grund für seinen Vorstoß war, dass
bei diesem Verfahren Streitfälle länger im Betrieb bearbeitet werden. Zwar
schrecke man – so der Personalleiter – nötigenfalls auch vor Arbeitsgerichtsver-
handlungen nicht zurück, prinzipiell habe man aber kein Interesse daran, betriebliche Konflikte in außerbetrieblichen Gremien auszutragen. Der Betriebsrat
akzeptierte den Vorschlag des Arbeitgebers und unterzeichnete die entsprechende
Betriebsvereinbarung. Letztlich bereute er seine Zustimmung aber und zwar aus
genau dem Grund, der seinem Widerpart als Vorteil erschien: Durch dieses Verfahren werde vor den Gang zum Arbeitsgericht eine lange Phase gesetzt, in der
betrieblich nach einer Einigung in Streitfragen zu suchen ist. Und genau dies
habe in dem Betrieb zu einer enorm langen Dauer des Reklamationsprozesses
geführt.

Den Arbeitgeber traf diese faktische Verlängerung des Verfahrens nicht
sehr hart, da die von ihm vorgenommenen Eingruppierungen gemäß der entsprechenden Regelung im Tarifvertrag auch dann provisorisch wirksam blieben, als
ihnen widersprochen wurde. Dem Betriebsrat schien es aber schwer zu fallen,
dem Druck der unzufriedenen Belegschaftsmitglieder über den langen Zeitraum
zu widerstehen – oder, das konnte im vorliegenden Fall nicht eindeutig geklärt
werden: den Druck der unzufriedenen Belegschaftsmitglieder auf den Arbeitgeber über so lange Zeit aufrecht zu erhalten.

Konfliktgegenstände, Aushandlungstaktiken, Konfliktverarbeitung

Folgt man der Darstellung des Betriebsrats, ging es bei den Konflikten genau
genommen überhaupt nicht um das Entgeltrahmenabkommen. Vielmehr habe
der Arbeitgeber Veränderungen der Arbeitsorganisation durchsetzen wollen,
wodurch zumindest einige der bislang höherwertigen Tätigkeiten durch billigere
ersetzt würden. Dieses Interpretationsmuster ist uns auch in anderen Betrieben
begegnet.

Ob es tatsächlich so war, dass ein Arbeitgeber die Umstellung auf die ERA-
Systematik zum Anlass nahm, neue Aufgabenzuschnitte und damit auch neue

---

ausdrücklich ermächtigt, bei ersten „Schlichtungsversuchen" in Vertretung des Dachverbands zu agieren.

Formen der Arbeitsorganisation durchzusetzen, oder ob er den neuen Tarifvertrag vielmehr dazu genutzt hat, bereits in der Vergangenheit vollzogene Veränderungen dieser Art nun auch entgeltseitig wirksam zu machen, lässt sich generell und auch in dem hier diskutierten Fall nicht mit letzter Sicherheit sagen.

Der Streit in diesem Betrieb entzündete sich an Tätigkeiten im Zusammenhang mit dem Einrichten und Steuern von Maschinen. Der Betriebsrat war der Auffassung, dass generell eine Facharbeiterausbildung zum Maschineneinrichter notwendig sei, um diese Arbeiten dauerhaft und auch in immer wieder auftauchenden kritischen Situationen kompetent erledigen zu können. Der Arbeitgeber hingegen argumentierte, dafür reiche in vielen Fällen eine längere Anlernphase aus. Er bestritt nicht, dass einige der in diesem Bereich eingesetzten Kräfte ausgebildete Facharbeiter sind und konzedierte auch, dass dies durchaus nützlich ist. Aber nötig sei eine Facharbeiterqualifikation bei vielen der Tätigkeiten nicht und deshalb seien sie nicht in der Facharbeiter-Entgeltgruppe 9 einzustufen, sondern niedriger:

> „Es ist sinnvoll, dass es Facharbeiter sind, aber es müssen eben keine Facharbeiter sein. Jetzt haben wir hier hundert Einrichter. Wie viele sind denn davon Facharbeiter? Das waren zehn Stück. Der Rest ist alles gewachsen hier über die Jahre, die sind herangeführt worden an die Tätigkeit. Damit ist der Argumentation eigentlich schon der Boden entzogen. Aber der Betriebsrat wollte trotzdem Facharbeiter haben, weil, mit den Ausbildungsstufen, die ERA vorgibt, machen sie natürlich die meisten Punkte."

Das sei aber von der Sachlage her nicht zu begründen.

> „Man muss fragen, was ist erforderlich an Qualifikation, um die zuvor beschriebenen Aufgaben zu erledigen. Und dann sind es eben überwiegend Anlerntätigkeiten."

Im selben Produktionsbereich gab es auch eine Auseinandersetzung um die Einstufung von Positionen, die betriebsintern Hilfseinrichter genannt werden. Die Betriebsparteien stimmten überein, dass diese Stellen in der Regel mit angelernten Kräften besetzt sind, die sich aber so weiterqualifiziert haben, dass sie auch vertretungsweise Funktionen übernehmen können, die gemeinhin von ausgebildeten Einrichtern übernommen werden. Ursprünglich wurden diese Hilfseinrichter in die Lohngruppe 5 eingruppiert und für die Zeit, in der sie die höherwertigen Tätigkeiten ausgeführt haben, gemäß Lohngruppe 7 bezahlt. Da dies häufig vorgekommen ist, kam man bereits vor Jahren überein, die aufwändigen Berechnungen bei wiederkehrenden temporären Tätigkeitswechseln dadurch zu vereinfachen, dass man diese Kräfte generell in die Lohngruppe 6 eingruppierte. Das sollte nach dem Willen des Arbeitgebers nun anders werden. Weil sie nur selten Maschineneinrichter vertraten, sollten diese Kräfte nun als Hilfskräfte und damit niedriger eingestuft werden (in Entgeltgruppe 5). Der Betriebsrat stützte seine Gegenargumentation auf die Bestimmung des Tarifvertrags, wonach für die Bewertung des Merkmals „Können" das höchste für eine Tätigkeit erforderliche Niveau maßgeblich ist (vgl. Abschnitt 3.2). Das wiederum konterte der Arbeitgeber mit dem Hinweis auf den Paragraphen 2.5 des Entgeltrahmenabkommens, nach dem diese Regelung erst dann greift, wenn eine Tätigkeit aufs Jahr gerechnet mindestens vier Wochen ausgeübt wird; und das sei hier nicht der Fall.

Um seine Gegenposition zu stärken und Argumente für nachfolgende Verhandlungsrunden zu erhalten, schaltete der Betriebsrat – dem hatte der Arbeitgeber während des oben erwähnten Gesprächs zugestimmt – einen externen Gutachter ein, der einige der umstrittenen Anforderungsbeschreibungen beim Einrichten und Steuern von Maschinen überprüfen sollte. Zum Zeitpunkt unserer Interviews war diese Begutachtung zwar bereits abgeschlossen, die Verhandlungen zwischen den Betriebsparteien darüber, wie mit den Ergebnissen nun zu verfahren sei, hatten aber gerade erst begonnen. Obwohl der Arbeitgeber nicht an das Urteil des Gutachters gebunden ist, erklärte der Betriebsrat im Gespräch, er sehe gute Chancen, wenigstens partielle Verbesserungen erzielen zu können.

Ein weiteres Konfliktfeld tat sich auf, weil der Arbeitgeber die gesamte Breite des Entgeltgruppenrasters nutzen wollte. Während in den Jahren zuvor die unteren drei Lohngruppen in dem Betrieb nicht besetzt waren, sollten nun immerhin 88 Personen in die Entgeltgruppen 1 und 2 eingruppiert werden, deren Vergütung etwa der in den alten Lohngruppen 2 und 3 entspricht. Der Betriebsrat versuchte dies mit dem Argument abzuwenden, dass ein nicht unerheblicher Teil der Betroffenen zwar einfache, aber häufig wechselnde Aufgaben erfülle, was insgesamt zu einem höherwertigen Anforderungsprofil führe. Der Arbeitgeber hielt dem entgegen, dass nicht jeder Tätigkeitswechsel auch höheres Können erfordere.

Während der Betriebsrat also an vielen Stellen noch grundsätzlichen Klärungsbedarf sah, ging es aus Sicht des Personalchefs eigentlich nur noch darum, vereinzelt aufgetretene Fehler zu korrigieren. Im Gespräch räumte er ein, dass hier und da im Eifer des Gefechts der eine oder die andere vielleicht zu niedrig eingruppiert worden sei. Das habe man aber vielfach bereits korrigiert. Davon, dass ganze Tätigkeitsprofile falsch eingestuft worden seien, könne seiner Ansicht nach aber nicht die Rede sein.

Sieht man von den genannten und für den Arbeitgeber offenbar strategisch relevanten Problemfeldern ab, zeigte sich der Personalleiter in den Gesprächen mit der anderen Betriebspartei an einigen Punkten durchaus verhandlungsbereit. Das muss aber nicht unbedingt heißen, dass er das auch tatsächlich war. So räumte er im Interview mit entwaffnender Offenheit ein, er habe

„eine kleine Anzahl von Beschreibungen bewertungsmäßig ein bisschen rückwärts gedreht, um in der Diskussion dem Betriebsrat gewisse Erfolge möglich zu machen, wo der sagen kann, da habe ich mich für euch eingesetzt und das ist rausgekommen. Aber da sind die nicht drauf gekommen. (Stellenbewertungen für) Meister gehören dazu. Das Spektrum in den Niveaubeispielen geht von EG 12 bis 14. EG 14 ist es nicht, aber aufgrund der Verantwortung, die die Meister hier haben, könnte man sicherlich guten Gewissens eine 13 vertreten."

Er habe aber zunächst eine Einstufung in EG 12 vorgelegt und sich dann scheinbar auf EG 13 hoch verhandeln lassen.

Taktiken dieser Art gehören in betrieblichen Verhandlungen gewiss zum Handwerkszeug beider Seiten.[8] Und gerade in den Fällen, in denen sich die Interessenvertreter „auf Augenhöhe" begegnen, wissen das wohl auch alle Beteiligten. Im vorliegenden Fall war das anscheinend nicht so. Der Personalchef gab zu erkennen, dass er vom Betriebsrat keine sehr hohe Meinung hat. Er hielt dessen Beharren auf den bisherigen Bewertungen für unvernünftig und bezweifelte zudem seine Kompetenz in Sachen Entgeltrahmenabkommen. Dass so etwas Fremden gegenüber signalisiert wurde, spricht dafür, dass der Gesprächspartner mit seiner Einschätzung auch innerbetrieblich nicht hinterm Berg hält. Damit könnte man erklären, dass der Betriebsratsvorsitzende seine Position (und Selbstdarstellung) im Interview geradezu als Gegenbild zu seinem Widerpart stilisiert hat. So kokettierte er einerseits mit seiner „bildungsfernen" Herkunft, verwies aber andererseits darauf, dass er (anders als der Personalchef) aufgrund seiner beruflichen Vergangenheit die Arbeitsbedingungen in den besonders umstrittenen gewerblichen Bereichen sehr gut kenne. Die Botschaft war klar: Der hat zwar studiert, aber ich habe über viele Jahre gesammelte praktische Erfahrung und das ist es, worauf es bei der Arbeitsbewertung letztlich ankommt.[9]

---

8   In unseren Interviews stießen wir auf folgendes Beispiel auf der Arbeitnehmerseite: Der Vertreter einer Verwaltungsstelle berichtete im Interview, er habe den von ihm betreuten Betriebsräten empfohlen, vor wichtigen Verhandlungen mit dem Arbeitgeber sehr sorgfältig die Unterlagen zu studieren, auf deren Grundlage der Betrieb ein Qualitätszertifikat nach ISO-Norm 900x erhalten hat. „Da sind ja Aufgabenbeschreibungen drin, und die sind ja häufig sehr optimistisch beschrieben worden, weil man da noch nicht an ERA gedacht hat. Und da haben wir 'ner ganzen Reihe von Betriebsräten gesagt, besorgt euch die Unterlagen und die Aufgabenbeschreibung. Da wird der Chef ja schlecht sagen können, wenn er damit zertifiziert worden ist, dass das jetzt auf einmal anders wäre" (Bevollmächtigter IG-Metall-Verwaltungsstelle D).

9   Diese Auffassung stellt keinen Einzelfall dar. Die eine Seite zweifelt die Kompetenz der anderen Seite an, und zwar tut sie das nach einem bestimmten Muster: Manager zeihen Betriebsräte der Unfähigkeit, die Systematik der Stellenbewertung („Anforderungsbezug") zu begreifen, und Betriebsräte kritisieren, dass ihr Gegenüber in Verhandlungen nicht so genau weiß, wovon er eigentlich redet. Dass in jedem der Betriebsfälle, in denen

Materielle Konsequenzen

Auch wenn der Personalchef nicht näher auf genaue Zahlen eingehen wollte, gibt es doch eine Reihe von Hinweisen darauf, dass das Unternehmen nach der Umstellung auf die ERA-Systematik nicht unerhebliche Einsparungen bei den Entgeltkosten realisieren wird. Eine erste Kostenprognose, die dem Betriebsrat zugänglich gemacht wurde, kam auf ein Minus von 4%, und zum Einführungsstichtag lagen die Systemkosten um 1,6% unter den vorherigen. Entsprechend hoch war der Anteil der Überschreiter. Er lag nach Schätzungen des Betriebsrats betriebsweit bei etwa 80% (wobei allerdings zu berücksichtigen ist, dass zum Zeitpunkt der Interviews über die meisten Widersprüche noch nicht entschieden war).

Unterschreiter gab es bei bestimmten Positionen im Angestelltenbereich (zum Beispiel beim Controlling), bei einigen Technikerstellen sowie in der Qualitätssicherung. Zu den Gewinnern der Umstellung gehörte in diesem Betrieb auch das Servicepersonal mit Kundenkontakt, dessen Tätigkeiten zuvor schon in einer Facharbeiterlohngruppe eingestuft worden waren. Aber auch im Bereich der unmittelbaren Produktion gab es Beschäftigte, die nach den Kriterien des alten Lohnrahmenabkommens bisher falsch, nämlich zu niedrig, eingruppiert waren. Sie hatten sich im Laufe der Zeit für anspruchsvollere Tätigkeiten qualifiziert und wurden auch entsprechend eingesetzt, ohne dass sich dies in der Eingruppierung niedergeschlagen hätte. Das wurde nun bei der Neubewertung aller Stellen im Betrieb korrigiert.

Zum Teil gravierende Abweichungen nach unten gab es bei einigen Meisterstellen sowie bei einigen Arbeitskräften im Tätigkeitsgebiet „Einrichten und Steuern von Maschinen", deren Tätigkeit früher mit der Facharbeiterlohngruppe 8 bewertet wurde und die nach dem Willen des Arbeitgebers nun unterhalb der der LG 8 rein rechnerisch ungefähr entsprechenden Entgeltgruppe 9 eingestuft werden sollten. Insgesamt gehörten zu den „Verlierern" vor allem Angelerntentätigkeiten in der Produktion und in produktionsunterstützenden Bereichen. Aber auch einige Facharbeitertätigkeiten im indirekten Bereich wurden niedriger bewertet. Darunter waren Stellen von Schlossern und Elektrikern, die zuvor in LG 9 eingestuft waren und künftig in EG 9 zu finden sind. Das entspricht rein rechnerisch in etwa der alten LG 8.

---

wir ähnliche Verhaltens- und Konfliktmuster gefunden haben, die Arbeitgebervertreter noch recht jung waren und/oder aus anderen, weniger gewerblich geprägten Branchen gekommen sind, ist vermutlich kein Zufall. Hier deutet sich ein *clash of cultures* an, dessen Bedeutung für Verlauf und Ergebnisse betrieblicher Auseinandersetzungen im Allgemeinen und der Implementation der neuen Entgeltsystematik im Besonderen nicht unterschätzt werden sollte. Dieses Thema verdient generell, dass man ihm systematisch nachgeht. Im Rahmen unserer Untersuchung war das leider nicht möglich.

Der hohe Anteil von Angelernten unter den Überschreitern ist nicht sonderlich überraschend. Er erklärt sich aus der verbreiteten Praxis, dass langjährig mit bestimmten Aufgaben betraute Personen im Laufe der Zeit höhergruppiert worden sind, auch wenn das mit Blick auf die Tätigkeitsmerkmale bzw. deren Bewertung im Rahmentarifvertrag nicht zwingend geboten war. Erstaunlicher ist schon die Abwertung von Facharbeitertätigkeiten, denn genau diese aufzuwerten ist ja eine wesentliche Intention der Autoren des Entgeltrahmenabkommens gewesen. Die Erklärung, die dafür gegeben wurde, passt wieder in das Muster des historisch gewachsenen Auseinanderfallens von Anforderungen und Eingruppierung: An diesen Arbeitsplätzen mögen früher einmal Anforderungen gestellt worden sein, für deren Bewältigung man eine Ausbildung als Schlosser oder als Elektriker gebraucht hat; inzwischen sei das aber nicht mehr so (Personalleiter). Demnach handelt es sich also durchaus nicht um eine Abwertung von Facharbeit, sondern um den Nachvollzug von Veränderungen im Arbeitszuschnitt.

Die obersten beiden Gehaltsgruppen K/T 5 und K/T 6 waren mit 55 Beschäftigten besetzt, also mit mehr als einem Drittel der Angestellten im Betrieb. Nach der Neubewertung war die EG 12 die bei diesen Tätigkeiten am stärksten besetzte Entgeltgruppe. Das Grundeinkommen liegt auf dieser Stufe etwa 11% unterhalb des Gehalts für K/T 5 und sogar fast 30% unterhalb der alten K/T 6; diese drastischen „Ausschläge" sind durch die in Abschnitt 3.1 erläuterte „Anomalie" des Entgeltgruppenrasters zu erklären. Betroffen waren davon im hier diskutierten Betrieb in erster Linie kaufmännische Sachbearbeitertätigkeiten.

Bemerkenswert ist, dass der Betriebsrat über diese teilweise ganz massiven Abwertungen im Interview (und vermutlich auch in den Verhandlungen mit dem Arbeitgeber) nur wenig Aufhebens gemacht hat.[10] Diese Haltung haben wir in ganz ähnlicher Form auch in anderen Betrieben beobachtet. Sie ist nicht untypisch, denn es ist allgemein bekannt, dass sich viele Betriebsräte in erster Linie als Interessenvertreter der gewerblichen Arbeitskräfte in einem Betrieb sehen. Das hat in einigen der von uns untersuchten Fälle teils ganz beträchtliche materielle Konsequenzen gehabt. Auch dies gehört also zu den betrieblichen Kontingenzen, die bei der Interpretation der Veränderungen, zu denen es mit der Im-

---

10 Ein besonders drastisches Beispiel für das – bestenfalls – Desinteresse dieses Betriebsrats an bestimmten Fraktionen der Belegschaft ist der Fall von zwei Sachbearbeiterinnen in der Personalabteilung. Diese waren zuvor in K 5 eingruppiert und nach der Umstellung in der um knapp 11% niedriger dotierten EG 12. Der Betriebsrat hat dem nicht widersprochen, sondern zu erkennen gegeben, dass er eine Eingruppierung in EG 9 für angemessen hält. Das Mindeste was man dazu sagen kann, ist, dass die beiden Betroffenen offenbar nicht zur Kernklientel des Betriebsrats zählen. Dabei dürften wenigstens drei Faktoren zusammenwirken: es sind Frauen, es sind Angestellte, und sie arbeiten im Personalwesen. Wir kommen auf dieses Thema in Abschnitt 6.3 zurück.

plementation des Entgeltrahmenabkommens kommen kann, nicht außer Acht gelassen werden sollten.

Mit Blick auf die Konflikthaftigkeit des Umstellungsprozesses repräsentiert dieses Betriebsbeispiel den Fall, bei dem zwischen Arbeitgeberseite und betrieblicher Interessenvertretung der Großteil aller Eingruppierungen umstritten ist. Der Arbeitgeber hat gute Aussichten, im Gefolge der ERA-Einführung die Kostenstrukturen erheblich zu seinen Gunsten verändern zu können.

Interpretation und Einordnung des Betriebsfalls Nr. 13

Die Beschreibung dieses Umstellungsfalls kann unsere These stützen, dass die Frage nach den „Konsequenzen des ERA" falsch gestellt ist. Es mag einige Ausnahmen geben, aber die meisten der angesprochenen Veränderungen sind nicht Konsequenzen von manifesten Festschreibungen im Vertrag, sondern Ergebnisse von sozialen Prozessen, die durch die betriebliche Implementation des Entgeltrahmenabkommens ausgelöst und durch dieses strukturiert, aber eben nicht determiniert worden sind.

Bei den Beteiligten tauchte diese Einsicht häufig als Klage darüber auf, dass viele Dinge im Tarifvertrag „schwammig" formuliert seien. Genau das bemängelte auch der Personalleiter des Fallbetriebs 13. Halbwegs ironisch zitierte er den lokalen Verbandsingenieur („Es gibt kein Richtig oder Falsch, es hängt von den konkreten Umständen des Einzelfalls ab, wie ihr das ausprägt") und folgerte daraus, dass ein so komplexes Vertragswerk wie das Entgeltrahmenabkommen nur dann praktikabel werde, wenn man es nicht als Gebrauchsanweisung verstehe, sondern sich seiner inneren Logik vergewissere. Und dabei käme dann auch das „eigene innere Wertgefüge" zum Tragen. Man wird unterstellen können, dass sich das Wertgefüge in diesem Zusammenhang typischerweise zwischen den Betriebsparteien unterscheidet. Und wenn (weil) das zutrifft, wird es mit einer gewissen Notwendigkeit immer wieder zu Konfrontationen kommen, die sich nicht mit Verweis auf scheinbar eindeutige Formulierungen im Vertrag lösen lassen. Auch dies unterstreicht die Bedeutsamkeit von Spezifika „vor Ort" für die Ergebnisse der Implementation des Entgeltrahmenabkommens.

Für die Einschätzung des Implementationsprozesses in dem hier diskutierten Betrieb ist wichtig, dass trotz der unilateralen Vorgehensweise des Arbeitgebers anfänglich über die Funktionsbeschreibungen und deren Bewertung insgesamt ein recht weitgehender Konsens zwischen den Parteien herrschte. Konflikte brachen erst aus, als nach der Übermittlung der Eingruppierungsvorschläge die negativen finanziellen Implikationen für viele Beschäftigte offenbar und insgesamt erhebliche „Geländegewinne" für die Arbeitgeberseite erkennbar wurden. Dann kündigte der Betriebsrat in etlichen Fällen gleichsam rückwirkend auch den zuvor scheinbar erreichten Konsens auf. Eine andere Chance, Handlungsfähigkeit zu zeigen, hatte er auch nicht mehr (vgl. Abschnitt 5.2.3).

Die Art und Weise, wie das Entgeltrahmenabkommen hier umgesetzt wurde, lässt sich auch als Indikator für einen Kulturwandel in diesem Betrieb lesen. Die vom aktuellen Personalchef diagnostizierte „strubbelige Entgeltstruktur" war das Ergebnis einer jahrzehntelangen Lohn- und Gehaltspolitik von Vorgesetzten, die an patriarchalischen Werten orientiert, sowie eher an Konfliktvermeidung interessiert waren, und einer Werksleitung, die das mitgetragen hat.[11] In der jüngeren Vergangenheit wurden aber wichtige Managementpositionen im Betrieb neu besetzt – unter anderem die des Personalleiters –, und deren Inhaber waren in die bis dahin waltende Konsenskultur nicht eingebunden. Für sie eröffnete die mit der Umsetzung des neuen Entgeltrahmenabkommens gesetzte Notwendigkeit, alle Stellen im Betrieb neu zu bewerten, die Möglichkeit, wieder stärker nach Maßgabe der (durch das ERA definierten) Arbeitsanforderungen einzugruppieren und damit zu einer konkurrenzfähigeren Entgeltstruktur zu kommen.[12] Der Personalchef drückte das im Interview folgendermaßen aus:

> „ERA bot die Gelegenheit, auf der grünen Wiese (!) neu zu bauen und die Sünden der Vergangenheit zu eliminieren, die man sicher, wenn ERA nicht gekommen wäre, im alten System hätte bearbeiten müssen."

„Überschüssige" Qualifikationspotenziale der Beschäftigten, die sich unter Umständen als funktional für die Aufgabenbewältigung erweisen, können so weiterhin genutzt werden, das Unternehmen muss sie aber in vielen Fällen nicht mehr unbedingt honorieren. Der Betriebsrat versuchte in vielen Fällen alte Eingruppierungen zu verteidigen, indem er – auch durch Hinzuziehen externer Gutachter – andere Anforderungsdefinitionen durchzusetzen suchte. Dabei scheint er eher eine Alles-oder-Nichts-Strategie verfolgt und vom Management angebotene Kompromisslinien entweder übersehen oder abgelehnt zu haben.

---

11 Hinzu kommen wohl auch in diesem Fall höhere „Knappheitspreise", die früher für bestimmte Qualifikationen gezahlt werden mussten und dann nicht mehr nach unten korrigiert werden konnten oder sollten.

12 Wie nachhaltig dieser Kulturwandel ist, muss hier nicht entschieden werden. Es gibt aber keinen Grund anzunehmen, dass die Entgeltstrukturen in dem Betrieb nicht in einigen Jahren wieder „strubbeliger" sein werden. Denn selbst wenn die Betriebsräte zu schwach sein sollten, eine Drift nach oben zu initiieren, die „außerordentliche" Höhergruppierung und der Verzicht auf nach dem Tarifvertrag mögliche Abgruppierungen sind so nützliche Führungsinstrumente, dass die Vorgesetzten auch künftig wohl nicht gänzlich darauf verzichten werden.

Tab. 5-4: Implementationskonstellation im Fallbetrieb Nr. 13

Hauptziel der Arbeitgeberseite:	Kostensenkung
Vorgehensweise der Arbeitgeberseite:	Unilateral
Handlungsmuster der Interessenvertretung:	Konfrontation

In der Tabelle 5-4 sind die in diesem Abschnitt diskutierten Verhandlungspositionen und -verläufe zusammengefasst: Die auf Kostensenkung zielende Strategie des Arbeitgebers, die mit einem unilateralen Einführungsprozess durchzusetzen versucht wurde, ist von einer konfrontativen Antwort des Betriebsrats gekontert worden. Die Zahl der Einsprüche gegen die Eingruppierungen war sehr hoch. Unter Rückgriff auf externen Sachverstand versuchte der Betriebsrat noch Verbesserungen für die von Abwertungen betroffenen – jedenfalls bedrohten – Belegschaftsmitglieder zu erreichen.

Als Kontrast zu diesem Betriebsfall dient der nun zu diskutierende betriebliche Umsetzungsprozess. Hier hatte der Arbeitgeber zwar auch die Möglichkeiten im Blick, die Entgeltkosten des Betriebs zu reduzieren. Die Reklamationsrate der Beschäftigten war aber sehr niedrig. Diese Konstellation bietet die Möglichkeit, zu zeigen, wie beim Implementationsziel „Kostensenkung" Alternativen in der Vorgehensweise und im Betriebsratshandeln aussehen können, die wir in der betrieblichen Praxis beobachtet haben.

5.3.2   Betriebsfall 19: „Es ist uns nicht gelungen, die Angestellten zu schützen." – ERA-Einführung in einem „Facharbeiterbetrieb"

Betriebliche Rahmenbedingungen

Der untersuchte Betrieb gehört zu einem Automobilzulieferkonzern, der Antriebs- und Fahrwerkkomponenten entwickelt und herstellt. Am untersuchten Standort arbeiten etwa 800 Menschen, von denen zwei Drittel gewerbliche Tätigkeiten verrichten. In der direkten Fertigung wird die Arbeit im Prämienentgelt vergütet; das betrifft knapp 400 Beschäftigte. Für die restliche Belegschaft wird Zeitentgelt bezahlt. Die Beschäftigungsentwicklung verlief in den letzten fünf Jahren insgesamt positiv. Im Jahr vor unserer Untersuchung sind allerdings 70 Arbeitsverhältnisse einvernehmlich aufgelöst worden; dies ist mit Strukturveränderungen in der Produktpalette begründet worden. Der Organisationsgrad im Betrieb liegt bei 76%. Abweichungen vom Flächentarifvertrag gibt es keine.

Der Stichtag für die betriebliche Einführung des Entgeltrahmenabkommens, der 1. Juli 2007, lag zum Zeitpunkt unserer Erhebung etwa ein halbes Jahr zurück.

Der Betriebsratsvorsitzende erklärte im Interview nicht ohne Stolz, man habe in dem Betrieb bislang eigentlich permanent gegen das Lohn- und das Gehaltsrahmenabkommen „verstoßen – aber nach oben hin"; dafür zu sorgen, sei schließlich Aufgabe eines Betriebsrats. Allerdings sei das nicht der alleinige Grund für diese Entwicklung gewesen. Vielmehr habe auch das Management lange Zeit eine Eingruppierungspolitik mit dem Ziel der Personalbindung betrieben. Insgesamt habe dies dazu geführt, dass die unteren Lohn- bzw. Gehaltsgruppen im Betrieb schon seit vielen Jahren kaum besetzt waren. Und bei vielen Handwerkern sei es sogar gelungen, eine Eingruppierung in die höchste Lohngruppe, die LG 10, zu erreichen, obwohl dies in dem damals gültigen Lohnrahmentarifvertrag eindeutig nicht vorgesehen gewesen sei.

Ein Grund für das relativ hohe Eingruppierungsniveau gerade im gewerblichen Bereich dürfte aber auch die anspruchsvolle Arbeitsorganisation gewesen sein. So wurde Mitte der 1990er Jahre in der Fertigung flächendeckend Gruppenarbeit eingeführt. Viele der Arbeitsplatzbeschreibungen, auf die man bei der ERA-Einführung zurückgegriffen hat, stammten aus dieser Zeit. Neben diesen Beschreibungen sind auch so genannte Befähigungsstufen definiert worden, die qualifikatorische Voraussetzungen für die Erledigung unterschiedlich anspruchsvoller Arbeitsaufgaben spezifiziert haben. Markiert wurde damit quasi ein Qualifizierungspfad für Aufstiegswillige. Aus der Sicht des Betriebsrats haben sich diese Vorarbeiten als außerordentlich hilfreich für die Begründung der Bewertung von Arbeitsplätzen auch nach der ERA-Systematik erwiesen.

Vorgehensweise (Rolle der betrieblichen Akteure)

Die Vorgesetzten hatten zunächst die Aufgabe, zusammen mit den Beschäftigten in ihrem Zuständigkeitsbereich bestehende Arbeits- und Funktionsbeschreibungen zu überprüfen und, wo notwendig, neue zu erstellen. In einem nächsten Schritt wurden die so entstandenen Beschreibungen erörtert und später redaktionell überarbeitet. Dazu wurden so genannte Redaktionskonferenzen initiiert, zu denen sich die betroffenen Vorgesetzten und Vertreter der Personalabteilung sowie ein vom Arbeitgeber beauftragter externer Berater getroffen haben. Gelegentlich nahm auch ein Vertreter des Betriebsrats an diesen Versammlungen teil. Die redaktionell überarbeiteten Beschreibungen wurden dann den entsprechenden Betriebsbereichen mit der Bitte um Kenntnisnahme und nötigenfalls Korrekturvorschläge zugestellt. In den Fällen, in denen von dieser Seite Änderungsbedarf angemeldet wurde, sind die Arbeitsplatzbeschreibungen nochmals in der Redaktionskonferenz behandelt und gegebenenfalls modifiziert worden.

Insgesamt sind mehr als 160 verschiedene Arbeitsplätze beschrieben worden. Bei ca. 30 Beschreibungen wurde aus den Betriebsabteilungen kein Korrekturbedarf angemeldet. Zu den restlichen Beschreibungen sind Anmerkungen gemacht worden, aber nur bei etwa 40 davon ist es dann auch tatsächlich zu Veränderungen gekommen.

Der Arbeitgeber hat sich in Phasen des Umstellungsprozesses von einer Beratungsfirma unterstützen lassen. Über die Rolle, die dieser Akteur in dem Gesamtgeschehen spielte, gehen die Meinungen der Betriebsparteien auseinander. Während die Arbeitgeberseite seine Neutralität betonte, gestand der interviewte Betriebsrat dem Berater zwar ein hohes Maß an professionellem Können zu, beklagte aber gleichzeitig seinen durchgängigen Versuch, Stellenbeschreibungen so zu formulieren, dass möglichst wenige eindeutig bewertungsrelevante Tatbestände aufgeführt wurden. Während dem Betriebsrat daran gelegen war, die Anforderungen an einer Stelle so zu beschreiben, dass der verbleibende Interpretationsspielraum gering gehalten wurde, verfolgte der Berater des Arbeitgebers die entgegen gesetzte Strategie.[13] Das sei den Intentionen seines Auftraggebers entgegen gekommen, dem der Betriebsrat unterstellte, er habe die Entgeltkosten im Zuge der betrieblichen Umsetzung der neuen Bewertungssystematik nach unten drücken wollen. Schon im Vorfeld der Umstellung habe der Arbeitgeber mit Hilfe des Kostenprognoseprogramms (vgl. Abschnitt 3.4) eine probeweise Testbewertung durchgeführt, die ein Kostensenkungspotenzial von fast 3% ausgewiesen habe. Diese Berechnung sei zwar als nicht ganz ernst gemeinte „Trockenübung" kommuniziert worden; genau das bezweifelte der Betriebsrat aber: „Die haben da wirklich dran geglaubt".

Die Arbeitsplatzbeschreibungen, über die zwischen Betriebsrat und Arbeitgeber Konsens bestand, wurden – über die in Paragraph 7 des ERA-Einführungstarifvertrags spezifizierten Vorgehensweise hinausgehend – in einer paritätisch besetzten Bewertungskommission in das ERA-Entgeltgruppenraster eingestuft. Mitglieder dieser Kommission waren auf Arbeitgeberseite der Personal- und der Werksleiter des Betriebs, hinzu kamen zwei Betriebsräte. Ursprünglich dachte man daran, auch einen Vertreter aus der Konzernzentrale einzubeziehen. Das konnte aber aus terminlichen Gründen nicht realisiert werden.

Unabhängig davon gab es betriebsübergreifende ERA-Arbeitskreise für die Vertreter der Konzernbetriebe im Tarifbezirk Nordrhein-Westfalen, die mit der Umsetzung des Tarifvertrags beauftragt worden waren. An den entsprechenden Sitzungen, die der wechselseitigen Information dienten, nahmen auch Abgesandte der Konzernzentrale teil. Insbesondere während der „heißen Phase" der Arbeitsplatzbewertungen gab es einen häufigen und intensiven Austausch zwischen den Personalabteilungen aus den einzelnen Betrieben und der Konzernführung. Auf diese Weise sollte sichergestellt werden, dass die Beschreibungen und Bewertungen gleicher Tätigkeitsprofile konzernweit einheitlich sind.

---

13 Äußerst beunruhigt wurde der Betriebsrat durch eine Aussage dieses Beraters, es sei für ihn überhaupt kein Problem, auf der Basis ein und derselben Arbeitsplatzbeschreibung für die Wertigkeitsstufe der Entgeltgruppe 10 eine Einstufung dieser Stelle in EG 7 oder auch in EG 12 oder EG 13 zu begründen.

Konfliktgegenstände, Aushandlungstaktiken, Konfliktverarbeitung

Die Arbeit der betrieblichen paritätischen Bewertungskommission gestaltete sich anfangs recht mühselig. In den Interviews wurde uns berichtet, man habe über die drei ersten Arbeitsplatzbeschreibungen zwei Tage lang diskutiert, ohne eine Einigung erzielen zu können. Da diese Diskussionen von allen Beteiligten als ermüdend und unfruchtbar empfunden wurden, ist man dazu übergegangen, zunächst einmal über die Bewertung der Stellen zu reden, bei denen wenigstens die Beschreibung unumstritten war, und davon gab es viele. Dadurch entstand dann anscheinend eine Verhandlungsatmosphäre, in der es beiden Parteien vertretbar erschien, manche Details (wie beispielsweise die bei drei der vier Beurteilungskriterien wichtige Frage, wann etwas als „prägend" für eine Tätigkeit zu gelten hat; vgl. Abschnitt 3.2) nicht mehr bis zur Erschöpfung zu diskutieren.

Das bedeutete aber nicht, dass es nicht auch harte Kämpfe um Positionen gegeben hat. Das war etwa der Fall bei der Bewertung der Tätigkeiten der Prämienlöhner in der Montage. Hier zeigte der Betriebsrat keinerlei Kompromissbereitschaft. In den Worten des interviewten Vorsitzenden des Gremiums:

> „Der ganze Block gewerbliche Beschäftigte, da hat es für uns nur eine Sache (soll heißen: Lösung) gegeben: dreijährige Ausbildung! Wir haben festgestellt, wenn wir das nicht bekommen, haben wir auf einen Schlag 400 Leute, die weniger Geld für die gleiche Arbeit bekommen. Deshalb haben wir die Strategie verfolgt, die Gewerblichen durchgehend als Facharbeiter zu definieren. Das ist der politische Anspruch gewesen, den Leuten Geld zu besorgen, und kein Anspruch, der aus dem ERA gekommen ist. Und das Instrument dazu war die Ausbildung. Die Anforderungen im Betrieb geben das her, das ist ein knallharter Facharbeiterjob."

Stützen konnte man sich bei dieser Argumentation auf die Arbeitsbeschreibungen, die im Zusammenhang mit der Einführung der Gruppenarbeit zehn Jahre zuvor erstellt worden sind.

> „Wichtig ist gewesen, dass die Beschäftigten in ihren ursprünglichen Arbeitsbeschreibungen dispositive Tätigkeiten fest geschrieben bekommen haben. (Nach der Einführung der Gruppenarbeit galt nämlich,) im Rahmen einer Planung von fünf Tagen können die selbst sagen, welches Produkt sie als nächstes fertigen, weil sie am besten wissen, welche Reihenfolge die beste ist. Das war für uns Anlass zu sagen, von wegen keine Abstimmung und solche Sachen!"

Zudem interpretierte der Betriebsrat den Umstand, dass in diesem arbeitsorganisatorischen Regime erfahrene Kräfte ihre neu eingesetzten Kollegen angelernt haben, in den Verhandlungen um die Bewertung der entsprechenden Stellen als Beleg für (bepunktungsrelevante) Mitarbeiterführung.

> „Daran haben wir uns hoch gehangelt, denn der Fertigungslinienleiter wird jemanden nie anleiten für die nächste Befähigungsstufe (s.o.), das machen die Mit-

arbeiter untereinander. Das Verständnis des Arbeitgebers hingegen war, dass Mitarbeiterführung nur dem Kreis der Führungskräfte überlassen ist. Wenn Beschäftigte sich unterweisen, sei das nur Weitergabe von Wissen."

Nach längeren Verhandlungen stimmte der Arbeitgeber zu, dass diese Tätigkeiten
generell als Facharbeit einzustufen sind. Dafür wurden im Wesentlichen zwei
Gründe genannt. Zum einen war das Management stark daran interessiert, die
Motivation der Beschäftigten in der Fertigung hoch zu halten. Zum anderen
zeigte eine Berechnung mit dem Kostenprognoseprogramm, dass die durch eine
solche Einstufungsentscheidung bedingte Kostensteigerung sich in einem für
den Arbeitgeber akzeptablen Rahmen bewegen würde.

> „Als der Arbeitgeber sah, dass die Lohnkosten nicht explodierten, ist er auch ru-
> higer geworden. Man hat ja vorgehabt, unbedingt Kostenneutralität herzustellen"
> (Betriebsrat).

Beide Betriebsparteien kalkulierten während dieser Phase gleichsam unter der
Hand immer wieder, welche finanziellen Konsequenzen eine bestimmte Festlegung haben würde. Der Personalleiter dazu im Interview:

> „Wir hatten ja schon bei der Aufgaben- und Funktionsbeschreibung im Hinter-
> kopf, was kommt da für eine Entgeltgruppe raus. Oder rückwärts von der Ent-
> geltgruppe (aus): Was müssen wir jetzt für eine Aufgaben- und Funktionsbe-
> schreibung machen, die dem gerecht wird, was da hinten raus kommen soll."

Nach diesem Vorlauf erwiesen sich die Verhandlungen über die Eingruppierung
der Beschäftigten in der Fertigung letztlich als recht unproblematisch, da die
Auseinandersetzungen ja schon bei der Abfassung der Arbeitsplatzbeschreibungen und ihrer Einstufung geführt worden waren.

In der paritätischen Kommission wurden insgesamt 43 Widersprüche verhandelt. Die Reklamationen kamen fast ausschließlich von Angestellten, wobei
der Vertrieb etwas überproportional vertreten war, und einigen wenigen (ehemaligen) Zeitlöhnern. Aus der Gruppe der Beschäftigten im Prämienentgelt gab es
keine Einsprüche. In 20 Fällen haben Reklamationen zu einer höheren Eingruppierung geführt. In fünf weiteren Fällen gab es zwar eine Korrektur der ursprünglichen Bewertung, die Zahl der Bewertungspunkte änderte sich aber nicht in
einem solchen Maß, dass er zu einer Höhergruppierung geführt hätte. Die restlichen Einsprüche wurden entweder abgewiesen oder waren zum Zeitpunkt unserer Erhebung noch nicht entschieden. Eine Besonderheit dieses Betriebsfalls
bestand darin, dass die Akteure auf der Arbeitgeberseite sich bisweilen nach
zwei Richtungen rechtfertigen mussten: gegenüber dem Betriebsrat, aber auch
gegenüber der Konzernzentrale bzw. den Fachkollegen in anderen Konzernbetrieben. Wie bereits angesprochen, waren die Vertreter der Zentrale bei den
standortübergreifenden Sitzungen stets bestrebt, der Linie „gleiche Tätigkeit

– gleiche Beschreibung – gleicher Lohn" Geltung zu verschaffen. Für den Personalleiter des untersuchten Betriebs erwuchs daraus das Problem, die Berechtigung des höheren Lohnniveaus in der Fertigung an seinem Standort zu rechtfertigen. Sein Verweis auf die spezifische Führungsstruktur (flache Hierarchien) und den ungewöhnlich breiten Aufgabenumfang der Fertigungskräfte, der aus der vergleichsweise geringen Arbeitsteilung resultierte, wurde nach seinen Angaben aber letztlich akzeptiert.

Materielle Konsequenzen

Der zum Zeitpunkt unserer Erhebungen von Unternehmensseite kommunizierte Anstieg der betrieblichen Entgeltkosten lag noch unter einem Prozent. Es gab etwa 100 Überschreiter, davon 50 aus dem Angestelltenbereich. Die Relation von Über- zu Unterschreitern lag bei 14 zu 86. Am stärksten abgewertet wurden Tätigkeiten in der Personalabteilung. Nach Einschätzung des Betriebsrats entsprach das durchaus der Absicht der Autoren des Entgeltrahmenabkommens, was man an den entsprechenden tariflichen Niveaubeispielen ablesen könne.[14] Deshalb sei der Verhandlungsspielraum der Belegschaftsvertretung hier sehr eng gewesen. Bei den Prämienlöhnern in Gruppenarbeit habe man hingegen viele gute Argumente vorbringen können, was schließlich zu Eingruppierungen geführt habe, die nicht wesentlich von den bisherigen Bewertungen abweichen.

Bei den Beschäftigten in der Fertigung, so die Aussage des Personalleiters, habe niemand verloren. In diesem Bereich gebe es nur Gewinner, also Unterschreiter unterschiedlichen Ausmaßes. Insbesondere für die Facharbeiter auf der höchsten der oben erwähnten Befähigungsstufen habe sich der Betriebsrat sehr stark gemacht und sei damit beim Arbeitgeber auch durchaus auf Wohlwollen gestoßen. Die Verlierer bzw. Überschreiter waren mehrheitlich solche Angestellte, die aus „welchen Gründen auch immer" (Personalleiter) zuvor sehr hoch eingruppiert worden waren. Diese Einschätzung wurde auch vom Betriebsrat bestätigt, der hervorhob, dass bei vielen dieser Arbeitsstellen eine Einstufung, die der Gehaltsgruppe K/T 5 oder K/T 6 entsprochen hätte (in der ERA-Systematik: EG 13 oder höher), angesichts der tariflichen Niveaubeispiele nicht durchzusetzen war. Als Anhaltspunkt dafür, dass diese Einschätzung auch in diesem Fall mit einer gewissen (ideologischen) Distanz zwischen Betriebsrat und bestimmten Angestelltenfraktionen zu tun haben könnte, mag man dessen Aussage werten, dass bei dieser Beschäftigtengruppe ja auch eher der Arbeitgeber in der Pflicht sei, für eine höhere Einstufung zu sorgen.

---

14 Das heißt aber nicht, dass Angestelltentätigkeiten nach der ERA-Systematik in toto niedriger bewertet werden als im Gehaltsrahmenabkommen.

Interpretation und Einordnung des Betriebsfalls Nr. 19

Charakteristisch für dieses Fallbeispiel war das Bemühen der beiden Betriebsparteien, das bisherige Bewertungsniveau der gewerblichen (Fach-) Arbeit nicht abzusenken. Die Arbeitgeberseite im Betrieb stand dabei vor dem Problem, dies gegenüber der Zentrale und den anderen Konzernbetrieben plausibel zu erklären. Auch wenn dies im Großen und Ganzen gelungen ist, wurde uns doch berichtet, dass der ständige Vergleich der Beschreibungen und Bewertungen ähnlicher Tätigkeiten in unterschiedlichen Unternehmensstandorten in Nordrhein-Westfalen den Druck zu einer Vereinheitlichung massiv verstärkt habe. Deshalb habe die Umstellung auf die Bewertungssystematik des Entgeltrahmenabkommens dazu geführt, dass standortspezifische Verfahren und Regeln transparenter und damit zugleich hochgradig legitimationsbedürftig geworden sind. Damit tat sich zumindest potenziell eine neue Frontlinie auf, die nicht zwischen den Betriebsparteien verlief, sondern innerhalb der Arbeitgeberseite zwischen unterschiedlichen Standorten bzw. zwischen Zentrale und Konzernbetrieb. Für eine solche Konstellation gibt es in unserem Untersuchungssample weitere Beispiele.

Der Betriebsrat sah durch die Neubewertung schon früh vor allem den Besitzstand seiner Kernklientel im Fertigungsbereich bedroht. Weil er den von den Beschäftigten „vorfinanzierten", tarifvertraglich definierten Durchschnittswert von 2,79% Kostensteigerung als Höchstgrenze akzeptierte, hatte er einen klar begrenzten Verhandlungsspielraum. Diese Ausgangsbedingungen trugen letztlich dazu bei, dass das Entgeltniveau der gewerblich Beschäftigten gesichert wurde und dass dies mindestens teilweise zu Lasten von früher höher eingruppierten Angestellten(tätigkeiten) gegangen ist.

Ein weiteres Spezifikum dieses Falls bestand darin, dass die Unternehmensführung eine Beraterfirma eingeschaltet hat, die insbesondere bei der Erstellung der Arbeitsplatzbeschreibungen engagiert war. Dabei wurde deutlich, wie groß die interpretative Flexibilität bei der Auslegung von Bestimmungen des Entgeltrahmenabkommens ist und wie sie genutzt werden kann. Entscheidend für den Ausgang des Implementationsprozesses dürfte gewesen sein, dass der Betriebsrat nicht erst nach Formulierung der Eingruppierungsvorschläge des Arbeitgebers eingeschaltet worden ist, sondern bereits bei dieser Auslegung beteiligt war.

Tab. 5-5: Implementationskonstellation im Fallbetrieb Nr. 19

Hauptziel der Arbeitgeberseite:	*Kostensenkung*
Vorgehensweise der Arbeitgeberseite:	*Bilateral*
	Unilateral
Handlungsmuster der Interessenvertretung:	*Kooperation*
	Konfliktverdrängung

Versucht man, den eben diskutierten Umstellungsprozess hinsichtlich der Strategien und der Vorgehensweise der Betriebsparteien einzuordnen (Tab. 5-5[15]), lässt sich wie im zuvor erörterten Betriebsfall 13 das Ausloten der Möglichkeiten zur Kostensenkung als treibendes Motiv des Arbeitgebers ausmachen. Bei näherem Hinsehen wird allerdings deutlich, dass dieses Interesse vor allem auf Konzernebene virulent war und durch die spezifischen Interessen des Standortmanagements an einer gut motivierten Belegschaft wenn nicht gebrochen, so doch zumindest moduliert worden ist. Unter diesen Bedingungen war es dem Betriebsrat möglich, durch geschickte Klientelpolitik faktisch das bisherige Eingruppierungsniveau eines Großteils der gewerblichen Belegschaft zu halten. Dies geschah freilich um den Preis einer mehr oder weniger bereitwilligen Selektivität bei der Interessenvertretung.

5.3.3 Betriebsfälle 14/15: „Vierzehn Entgeltgruppen sind nicht genug." – Differenzierungsbedarf auf der Arbeitgeberseite und Konflikte auf der Arbeitnehmerbank

Auch im folgenden Umstellungsprozess waren die Strategien auf der Arbeitgeberseite am Ziel der Kostensenkung orientiert. Von besonderem Interesse sind in diesem Fall jedoch die Handlungsmuster der betrieblichen Interessenvertretung. Die Umstellungsprozesse in den beiden untersuchten Konzernbetrieben unterschieden sich deutlich voneinander sowohl hinsichtlich der Reklamationsrate als auch der Taktik des Betriebsrats. Diese Differenzen sind vor allem deshalb bemerkenswert, weil es nicht in erster Linie die Standortbetriebsräte waren, die die ERA-Umsetzung begleitet haben, sondern der Gesamtbetriebsrat. Wenn im letzten Fallbeispiel (Fallbetrieb 19) von Frontlinien zwischen Arbeitgebervertretern an unterschiedlichen Standorten eines Konzerns die Rede war, illustrieren die nun behandelten Fälle vergleichbare Divergenzen auf der „Arbeitnehmerbank".

Betriebliche Rahmenbedingungen

Die beiden Fallbetriebe gehören zu einem Maschinenbauunternehmen, das sich seit seiner Gründung im 19. Jahrhundert in Familienbesitz befindet. Erst in den letzten zehn Jahren hat sich ein Wandel hin zu einem managergeführten Unternehmen vollzogen. In der Konzernzentrale ist der gesamte Verwaltungs- und Innovationsbereich ansässig. Zählt man die Vertriebsorganisation dazu, kommt man dort auf mehr als 2.000 Arbeitsplätze, wovon etwa ein Drittel auf den ge-

---

15 Die kursiv gedruckten Begriffe der Tabelle verweisen auf die im Fallbetrieb dominierenden Verhaltensmuster. Die anderen aufgeführten Elemente waren zwar ebenfalls zu beobachten, hatten aber eher sekundäre Bedeutung.

werblichen Bereich entfällt. Der Organisationsgrad ist mit 12% recht niedrig, was mit dem hohen Angestelltenanteil zusammenhängen dürfte.

Neben der Zentrale hat das Unternehmen in Nordrhein-Westfalen zwei weitere Betriebsstandorte. Für einen davon war die Schließung vor wenigen Jahren bereits beschlossene Sache. Diese Entscheidung wurde jedoch nicht zuletzt aufgrund der massiven Belegschaftsproteste und des dadurch ausgelösten öffentlichen Echos wieder rückgängig gemacht. Gleichwohl kam es in diesem Betrieb in der Folge zu einem drastischen Abbau von Arbeitsplätzen. Mittlerweile sind hier noch ca. 160 Menschen in der Ersatzteilproduktion und der Endmontage beschäftigt, darunter sechs Angestellte. Der gewerkschaftliche Organisationsgrad in diesem Betrieb liegt bei über 85%. Im zweiten Zweigbetrieb gibt es etwa 280 Beschäftigte (davon zwanzig Angestellte). Dort werden im Wesentlichen vorgefertigte Baugruppen montiert, und es dominieren eher einfache, „anspruchslose" Tätigkeiten.

Wir haben die ERA-Einführung in der Zentrale und dem ersten der beiden vorgestellten Zweigbetriebe untersucht. Zur Zeit unserer Erhebung lag der ERA-Umstellungsstichtag (1. Mai 2005) bereits mehr als zwei Jahre zurück.

Vorgehensweise (Rolle der betrieblichen Akteure)

In dem untersuchten Unternehmen wurden die neuen tarifvertraglichen Regelungen nicht nach dem im Paragraph 7 des ERA-Einführungstarifvertrags spezifizierten besonderen Eingruppierungs- und Reklamationsverfahren umgesetzt. Weil die Unternehmensleitung daran interessiert war, den Umstellungsprozess in allen drei Betrieben vom Ergebnis her möglichst einheitlich und auch zeitlich parallel abzuwickeln, wurde ein betriebsübergreifendes ERA-Projektteam gebildet, das sich im Wochenrhythmus traf. Die Mitglieder der Arbeitgeberseite kamen allesamt aus dem Personalbereich des Unternehmens. Die andere Partei war mit je zwei Betriebsräten pro Standort im Tarifbezirk vertreten; federführend war hier allerdings der Gesamtbetriebsrat. Der Betriebsrat wurde vom Arbeitgeber also von Anfang an in den ERA-Einführungsprozess eingebunden.

Ein wichtiges Anliegen des Arbeitgebers bestand darin, die Neubewertung aller Stellen im Zuge der ERA-Implementation dazu zu nutzen, den „außertariflichen Wildwuchs" zu beseitigen, der sich in den vergangenen Jahrzehnten entwickelt hatte. In den Worten eines Betriebsrats:

> „Marschrichtung des Personalchefs war der Abbau aller AT-Zulagen mit dem Motto, ich gehe jetzt einmal mit dem eisernen Besen durch, um die Hütte sauber zu haben."

Das ERA-Projektteam überprüfte zunächst, inwieweit bereits vorhandene Arbeitsplatzbeschreibungen für die Neueinstufungen nach den Kriterien des Entgeltrahmenabkommens nutzbar waren. Da die vorhandenen Unterlagen jedoch nicht den Anforderungen genügten, wurden die Abteilungsleiter aufgefordert, aktuelle Arbeitsplatzbeschreibungen zu erstellen. Freilich erwies sich auch die Qualität der neu verfassten Beschreibungen oftmals als unzureichend.

„Vor allem im Angestelltenbereich sind einige Stellenbeschreibungen in einer Nacht-und-Nebel-Aktion am Schreibtisch entstanden. Da hat sich der Vorgesetzte nach Abschluss seines Arbeitstages hingesetzt und Stellenbeschreibungen erfunden, muss man schon sagen." (Betriebsrat)

Wohl auch aufgrund solcher Erfahrungen hat das ERA-Projektteam ein Raster entwickelt, an dem sich die mit der Formulierung neuer Stellenbeschreibungen Beauftragten orientieren sollten. In einem längeren Prozess wurden im Projektteam in der Folge viele alte Beschreibungen überarbeitet und neue erstellt. Die Vorgabe der Arbeitgeberseite war dabei zunächst, die Zahl der Stellenbeschreibungen möglichst niedrig zu halten, um die Nutzungs- und Pflegekosten zu minimieren.

Bei vielen Tätigkeitsbeschreibungen konnte unter den Teammitgliedern schnell Einigkeit erzielt werden. In den Streitfällen wurden recht aufwändige Rückkopplungsprozesse organisiert: Der Arbeitgeber hielt nochmals mit der betroffenen Führungskraft, der Betriebsrat mit den Stelleninhabern Rücksprache. Im weiteren Verlauf zeigte sich schnell, dass die Vielfalt der Tätigkeiten nicht mit einer niedrigen Zahl von Arbeitsplatzbeschreibungen abgedeckt werden konnte. Nach Einschätzung des Betriebsrats wurde das den Arbeitgebervertretern aber erst durch die Reaktionen während der angesprochenen Rückkopplungsprozesse klar.

Mit den Bewertungen angefangen wurde bei Arbeitsstellen im gewerblichen Bereich, weil man annahm, dass dort die Arbeitsteilung und die Tätigkeitsprofile klarer strukturiert und dokumentiert seien als bei vielen Sachbearbeiterfunktionen im Angestelltenbereich. Sobald man sich über die Beschreibungen einig war, wurden die entsprechenden Stellen zunächst provisorisch eingestuft. Formal anschließend, tatsächlich aber wohl regelmäßig schon zuvor, verglich man die neuen mit den entsprechenden alten Bewertungen bzw. mit der bisherigen Eingruppierung der Stelleninhaber.

Die Arbeitsergebnisse des ERA-Projektteams wurden erst einmal gesammelt und dann paketweise einer so genannten Stellenbewertungskommission zur Sichtung und Kommentierung übergeben. Dieser Kreis fungierte als eine Art Privatissimum und informelles Aufsichtsgremium des ganzen Prozesses. Teilnehmer waren u.a. der Personalchef des Konzerns – der sich die letzte Entscheidung in allen Fällen vorbehielt – und ausgewählte Mitglieder des Gesamtbetriebsrats, allen voran dessen Vorsitzender. Diese Stellenbewertungskommission trat etwa alle sechs bis acht Wochen zusammen und entschied dann entweder endgültig über die vorliegenden Einstufungen oder gab einzelne von ihnen zur Überarbeitung an das ERA-Projektteam zurück. Nach Aussage eines Betriebsrats war dieses zweistufige Vorgehen ursprünglich nicht vereinbart worden.

Die Etablierung einer zweiten Instanz im Bewertungsprozess, durch die sich der Konzernpersonalchef immer wieder in den ERA-Einführungsprozess einschaltete, stieß bei einigen Betriebsräten nicht auf ungeteilten Beifall. Kritisiert wurde insbesondere das Verhalten des zu der Zeit amtierenden Vorsitzenden des Gesamtbetriebsrats. Er habe in Fällen, in denen er im Projektteam überstimmt worden war, häufiger in der Bewertungskommission versucht, seine Position doch noch durchzusetzen. Auch habe er mehr als einmal widerstandslos kapituliert, wenn der Personalchef einem Votum des Projektteams widersprochen habe. Generell wurde dem Vorsitzenden des Gesamtbetriebsrats von seinen Kritikern in den eigenen Reihen eine sehr große Nähe zum Personalchef attestiert, die zwar manchmal ihr Gutes gehabt, aber öfter auch dazu beigetragen habe, dass dessen Vorstellungen ohne Widerspruch umgesetzt wurden. Dazu ein Betriebsrat:

> „Der damalige Gesamtbetriebsratsvorsitzende (GBV) hat ein sehr gutes privates Verhältnis zum Personalchef gehabt und das, was der Personalchef haben wollte, ist auch vom GBV umgesetzt worden. Dafür hat der im Gegenzug auch einige Sachen bekommen, so dass man nicht sagen kann, er hat nur Schlechtes gebracht."

Auch wenn der Gesprächspartner hier im Rückblick eher milde gestimmt war, so gab es während des Umstellungsprozesses auf der Arbeitnehmerseite immer wieder Meinungsverschiedenheiten und Verstimmungen. Die Auswirkungen dieser Divergenzen auf die Ergebnisse der Umstellung sind zwar nur schwer abzuschätzen, aber sicherlich gibt es bessere Ausgangsbedingungen für Verhandlungsprozesse als Uneinigkeit in den eigenen Reihen.

Konfliktgegenstände, Aushandlungstaktiken, Konfliktverarbeitung

Insgesamt waren in diesem Unternehmen eher Bewertungen im mittleren Bereich der Entgeltskala umstritten (die alten Gehaltsgruppen K/T 3 und K/T 4 sowie die Lohngruppen 8 und 9) als an den dünner besetzten unteren (bis etwa LG 5) und oberen Enden (vor allem K/T 5 und 6). Gegenstand von Auseinandersetzungen war insbesondere die Beurteilung von Montagetätigkeiten, die nach dem Willen des Arbeitgebers unternehmensweit einheitlich bewertet werden sollten. Aus Sicht einiger Betriebsräte wären dadurch aber relevante standortspezifische Besonderheiten nicht hinreichend berücksichtigt worden. So seien die Anforderungen an bestimmten Montagearbeitsplätze in dem untersuchten Zweigbetrieb wegen der dort üblichen Kleinserienfertigung mit größerer Variantenvielfalt wesentlich komplexer und anspruchsvoller als bei entsprechenden Stellen in der Massenfertigung an anderen Unternehmensstandorten. Deshalb sei dort auch eine deutlich längere Anlernzeit erforderlich und folglich eine höhere Einstufung geboten.

Über diesen Punkt wurde aber nicht nur zwischen den beiden Betriebsparteien gestritten, sondern auch innerhalb des Betriebsrats. Einige seiner Mitglieder neigten in dieser Frage eher der Auffassung des Arbeitgebers zu. Ein Betriebsrat aus dem Zweigbetrieb dazu:

> „Es ist schwierig, wenn man nicht nur gegen den Arbeitgeber kämpfen muss, sondern in Eingruppierungsfragen auch Schwierigkeiten in den eigenen Reihen hat."

Besonders negativ wurde von ihm der Umstand bewertet, dass diese Einschätzungsunterschiede nicht betriebsratsintern beraten, sondern in der Stellenbewertungskommission in Anwesenheit des Personalchefs diskutiert wurden. Damit sei man den eigenen Leuten in den Rücken gefallen. „Der Arbeitgeber darf solche Sachen nicht mitbekommen."

Auch wenn bei diesen strittigen Fällen die Frage der erforderlichen Anlernzeit im Zentrum der Auseinandersetzungen stand, so war allgemein bei der Beurteilung der Einstufungsmerkmale das Thema „Können" (das ja im Wesentlichen durch die Länge der Anlern- oder Ausbildungszeit spezifiziert wird) das geringste Problem. Die Streitpunkte lagen vor allem bei der Bewertung des Handlungs- und Entscheidungsspielraums und der Kooperationserfordernisse. Sehr hart diskutiert wurde dies bei den mittleren Führungspositionen im Betrieb, vor allem bei den Meisterstellen.

Dass eine tendenziell höhere Bewertung von bestimmten Angestelltenpositionen häufig nicht vom Betriebsrat, sondern von den Vorgesetzten der entsprechenden Stelleninhaber angestrebt wird, zeigte sich auch in diesem Fall. Ein Personalverantwortlicher beschrieb die Strategie einiger Führungskräfte im Interview folgendermaßen:

> „Bei Stellen, die im alten System K/T 5 waren, nach ERA aber eigentlich sehr gering bewertet wurden, hat man gesagt, ich brauche hier nicht eine kaufmännische (gemeint: duale) Ausbildung, sondern mindestens eine Techniker-, wenn nicht sogar eine Diplom-Ausbildung. So war die Stelle automatisch statt EG 12 in EG 13. Damit hat man erreicht, dass die Leute, die in K/T 5 sehr viel Geld verdient haben und die in EG 12 einen sehr hohen anrechenbaren Anteil (i.e. der ‚positive Ausgleichsbetrag') gehabt hätten, in EG 13 nur noch einen minimalen Anteil hatten und damit wieder schneller in den Genuss der Tariferhöhung kamen."

Bei einem Teil der Betriebsräte stieß dieses Vorgehen auf grundsätzliche Vorbehalte. Es sei nicht nur ungerecht, sondern widerspreche auch einer Grundintention, die man mit der Vereinbarung eines einheitlichen Entgeltrahmenabkommens verfolgt hat, nämlich die in vielen Fällen sachlich nicht zu begründende Differenz zwischen Angestellten- und Facharbeitereinkommen zu eliminieren. Aber man sei in einer Zwickmühle gewesen, weil man sich als Arbeitnehmervertretung schließlich nicht für eine niedrigere Eingruppierung der betreffenden Angestellten habe aussprechen können.

In einigen Fällen, in denen das frühere Eingruppierungsniveau nicht gehalten werden konnte, erklärte sich der Arbeitgeber entgegen seiner ursprünglichen Ansage im Verlauf der Umstellungsprozesses dazu bereit, die Differenz durch eine außertarifliche Zulage auszugleichen. Dies ist aber nicht pauschal für ganze Beschäftigtengruppen geschehen, sondern selektiv, anscheinend nach einer individuellen Prüfung. Einer der interviewten Betriebsräte interpretierte das in der Rückschau als Arbeitgeberstrategie, Personen, die man als Leistungsträger betrachtete, gegenüber dem „Standard" auszuzeichnen:

> „Wenn man eine Spitzenmannschaft hat, muss die auch gepflegt werden. Der Personalchef ist sich darüber im Klaren, dass man da eine Feindifferenzierung braucht."

Die 14 Lohngruppen von ERA waren – auch wenn man durch kreative Auslegung der Zeitstufen für die obersten drei Gruppen noch etwas Spielraum gewinnen kann – offenbar nicht geeignet, diesem Differenzierungsbedürfnis des Arbeitgebers vollumfänglich gerecht zu werden.

In der Konzernzentrale widersprach schließlich etwa ein Viertel der Beschäftigten seiner Eingruppierung. Einer der dazu interviewten Betriebsräte vermutete allerdings, dass viele an sich Unzufriedene aus Angst um ihren Arbeitsplatz auf einen Einspruch verzichtet hätten. Nur ganz wenige der Reklamationen führten zu einer Veränderung der Eingruppierung. Uns wurde gleichwohl über keinen Fall berichtet, bei dem es deshalb zu einem Arbeitsgerichtsverfahren gekommen wäre. Dieser Umstand kann als Bestätigung der Einschätzung des zitierten Betriebsrats gewertet werden.

Ganz anders entwickelten sich die Dinge in dem untersuchten Zweigbetrieb. Hier manifestierte sich der Widerspruch nicht nur in anderer Form, sondern die Zahl derer, die opponierten, war auch wesentlich höher. Das lag vermutlich auch daran, dass der örtliche Betriebsrat eine andere Strategie verfolgte. Auseinandersetzungen gab es hier unter anderem um Stellen im Betriebsbereich Ersatzteilefertigung. Strittig war, inwiefern dispositive Aufgaben (zum Beispiel die Materialabfragen am Computer) zum Stellenprofil gehören. Der Arbeitgeber verneinte das und setzte sich damit zunächst auch durch. Daraufhin riet der lokale Betriebsrat den betroffenen Arbeitskräften, konsequent nur noch genau diejenigen Aufgaben zu erledigen, die ausdrücklich in der Beschreibung ihrer Stellen aufgeführt waren. Dem schlossen sich viele Beschäftigte an, was schon nach kurzer Zeit dazu geführt hat, dass das Management von sich aus die Beschreibungen ergänzte und die Stellen entsprechend höher bewertete.

Materielle Konsequenzen

Über die Systemkosten von ERA wurden von den Betriebsparteien keine belastbaren Angaben gemacht. Über alle Konzernbetriebe hinweg dürfte sich die Kostensteigerung im Bereich um 1% bewegt und somit klar innerhalb des tarifvertraglich vorgesehenen Korridors gelegen haben. Geht man von dieser Schätzung aus, dann ist die Aussage eines Betriebsrats plausibel, wonach das Unternehmen schon im dritten Jahr nach der Umstellung spürbare Einsparungen bei den Entgeltkosten erreichen werde.

Der Anteil der Überschreiter zum Umstellungsstichtag wurde im untersuchten Zweigbetrieb vom zuständigen Personalleiter auf 90% geschätzt. In der Zentrale lag der entsprechende Wert bei etwa 25%. Die Veränderungen gegenüber dem Status quo ante ERA würden aber in sehr vielen Fällen nur wenige Euro ausmachen. Bei wie vielen Tätigkeiten es tatsächlich massive Verschiebungen gegeben hat, konnte wegen der bei diesem Thema beschränkten Auskunftsbereitschaft unserer Gesprächspartner nicht ermittelt werden.

Einige Unklarheiten über die materiellen Konsequenzen der Umstellung bleiben auch in einer anderen Hinsicht bestehen. Die Frage nach den Gewinnern und Verlierern der Umstellung wurde nämlich von der Arbeitgeberseite anders beantwortet als von den Betriebsräten. Der Personalleiter sah durch die neue Systematik eher die niedriger qualifizierten Gruppen im gewerblichen Bereich im Vorteil, weil bei diesen der „positive Ausgleichsbetrag" – also, vereinfacht gesprochen, die Differenz zwischen dem bisherigen Lohn und dem nach der Neubewertung fälligen Tarifentgelt auf einer Stelle – durch die Tariferhöhungen der letzten beiden Jahre schon abgegolten sei, so dass die Einkommen der Betroffenen sich bereits bei der nächsten Tariferhöhungen wieder um den vollständig Steigerungsbetrag erhöhen werden.

Das ist freilich ein etwas ungewöhnliches Verständnis von Vorteil: Weil in den unteren Entgeltgruppen die Abwertungsbeträge niedriger sind als in den höheren Gruppen, ist der „positive Ausgleichsbetrag" dort auch relativ niedrig. Dieser Betrag wird bekanntlich mit künftigen Tariferhöhungen verrechnet, d.h., je kleiner er ist, desto eher nehmen die Beschäftigten wieder im üblichen Maß an Tariferhöhungen teil. Der von dem Personalleiter diagnostizierte Vorteil besteht also darin, dass die Abwertung für die Inhaber der niedriger dotierten Stellen deutlich geringer ausfällt als dies bei den Beschäftigten auf höher bezahlten Arbeitsplätzen der Fall ist.

Im Unterschied dazu hob ein Betriebsrat die entstandenen Nachteile im gewerblichen Bereich explizit hervor. Dort seien Erfolge, die bei der Einführung von Gruppenarbeit im Montagebereich vor zehn Jahren erreicht wurden, durch die Neuberwertungen zumindest zum Teil wieder zunichte gemacht worden. Damals erstritt man vor dem Arbeitsgericht die Regelung, dass für die Bewältigung der Aufgaben an einem Montagearbeitsplatz eine Anlernzeit als Mindestvoraussetzung zu gelten hat, die eine Einstufung in die Lohngruppe 6 rechtfertigt. Rein rechnerisch entspricht das ziemlich genau der neuen Entgeltgruppe 7. Bei der ERA-Einführung wurden die Betroffenen aber nicht hier, sondern in der Entgeltgruppe 6 eingruppiert. Für den Arbeitgeber bedeutete das eine dauerhafte Einsparung von gut 4%.

Für diese Einstufungsentscheidung gibt es prinzipiell drei unterschiedliche Erklärungen.

(1.) Im ERA werden Montagetätigkeiten niedriger bewertet als im alten Lohnrahmenabkommen; das lässt sich aber als generelle Tendenz schwer belegen.

(2.) In der vergangenen Dekade haben sich beispielsweise durch Reorganisation oder durch technische Veränderungen die Anforderungen an diesen Arbeitsstellen reduziert; sollte dies der Fall gewesen sein, haben sich die Veränderungen jedenfalls sehr langfristig und schleichend vollzogen, denn keine der beiden Seiten hat im Interview auf ein entsprechendes Ereignis hingewiesen. Und schließlich

(3.) die Arbeitnehmerseite ist einfach zu schwach gewesen, um in den Verhandlungen die für sie günstigere Interpretation der Anforderungen gegen den Arbeitgeber durchzusetzen.

Welche dieser Erklärungen (vorwiegend) zutrifft, konnte bei der Erhebung nicht restlos geklärt werden. Aufschlussreich ist jedenfalls, dass zumindest einige der Betriebsräte des Unternehmens die nun niedrigere Eingruppierung als Niederlage und diese Niederlage als Konsequenz des neuen Tarifvertrags wahrnehmen (oder rationalisieren): Mit dem neuen Bewertungssystem sei nicht mehr möglich gewesen.

Von einem der Betriebsräte wurde denn auch bedauert, dass man zu den ersten Unternehmen gehörte, die das Entgeltrahmenabkommen betrieblich umgesetzt haben. Man habe noch kaum auf Erfahrungen sowie auf geeignetes Informationsmaterial zurückgreifen können. Mit den heute vorliegenden Erkenntnissen hätte man vielleicht mehr erreichen können. Auch das „Timing" der Einführung des neuen Tarifvertrags wurde kritisiert. Die betrieblichen Umstellungen seien zu einer Zeit erfolgt, in der die Lage auf dem Arbeitsmarkt den Arbeitgebern in die Hände gespielt habe. Hier hätte die Gewerkschaft einen für die Beschäftigten und ihre Betriebsräte günstigeren Einführungszeitraum abwarten sollen.

Interpretation und Einordnung der Fallbetriebe Nr. 14/15

Dieser ERA-Einführungsprozess weist im Vergleich zu den beiden zuvor dargestellten Fällen einige Besonderheiten auf. Zum einen wird an diesem Fall deutlich, dass die Konfliktlinien bei der ERA-Einführung nicht notwendigerweise allein zwischen dem Arbeitgeber- und dem Arbeitnehmerlager verlaufen müssen. Massive Interessendivergenzen können sehr wohl auch innerhalb der Arbeitnehmervertretung auftreten. Im vorliegenden Fall manifestierten sich solche Differenzen vor allem in den unterschiedlichen Bewertungen von Montagearbeiten. Der Betriebsrat des Zweigbetriebs reklamierte für seinen Standort, dass die dortige Montagearbeit aufgrund der höheren Variantenvielfalt mehr Fertigkeiten und Flexibilität erfordere als die Montagearbeit im Stammwerk. Um diese Arbeit dauerhaft zuverlässig bewältigen zu können, müsse man länger lernen und diese längere Anlernzeit rechtfertige eine höhere Einstufung respektive Eingruppierung. Diese Auffassung wurde vom Betriebsrat der Konzernzentrale nicht geteilt. Wichtig für die Bestimmung der „Implementationskonstellation" dieses Falls (Tab. 5-6) ist, dass die entsprechenden Auseinandersetzungen nicht betriebsratsintern, sondern in den Gremien ausgetragen wurden, in denen auch Arbeitgebervertreter präsent waren.

Streit zwischen den mit der ERA-Implementation befassten Betriebsräten gab es aber nicht nur bei der Einschätzung bestimmter Anforderungsprofile. Vielmehr existierten im Lager der Arbeitnehmervertreter offenbar zwei tendenziell gegensätzliche Rollenbilder und Formen der Rollenwahrnehmung (im Sinne von Handlungsmuster), die aufgrund der spezifischen Konstellation – zwei Betriebe, ein Umstellungsprozess – unvermittelt nebeneinander getreten sind. Im Stammwerk prägte ein Betriebsrat das Geschehen, der vor dem Hintergrund eines niedrigen Organisationsgrades auf Ausgleich und Verständigung insbesondere mit dem Personalleiter des Konzerns bedacht war. Dieses Verhalten trug ihm den Vorwurf einiger Kollegen ein, als verlängerter Arm der Geschäftsführung zu agieren. Der Betriebsrat des untersuchten Zweigbetriebs verfolgte dagegen einen konfrontativeren Kurs. Mit dem von ihm angeregten „Dienst nach Vorschrift" konnte dort die Forderung der Beschäftigten aus der Ersatzteilefertigung nach einer höheren Eingruppierung vor Abschluss des Verfahrens doch noch durchgesetzt werden.

Die Arbeitgeberseite war von Beginn an entschlossen, die Neubewertung der Stellen dazu zu nutzen, die im Lauf der Jahrzehnte angewachsenen „übertariflichen Tarifgrundentgelte" wieder auf das im Flächentarifvertrag definierte Maß zurückzuschneiden; ein wesentliches Ziel war also die Senkung der Entgeltkosten. Zum zweiten trachtete man danach, sich auf der Grundlage dieser Re-Standardisierung möglichst viele Differenzierungsmöglichkeiten bei der individuellen Vergütung zu verschaffen. Diese Absicht stand allerdings in einem gewissen Widerspruch zu einer dritten Zielsetzung, die darin bestand, die Vielfalt und Höhe der übertariflichen Zulagen zu reduzieren, die sich ebenfalls im Laufe der Zeit entwickelt hatten.

Tab. 5-6: Implementationskonstellation in den Fallbetrieben Nr. 14 und 15

Hauptziel der Arbeitgeberseite:	*Kostensenkung*
	Standardisierung (als Basis für
	Differenzierung)
Vorgehensweise der Arbeitgeberseite:	*Bilateral*
Handlungsmuster der Interessenvertretung:	*Konfrontation*
	Konfliktvermeidung

Der Umstand, dass in Nordrhein-Westfalen die Neuregelung der Leistungsvergütung ausdrücklich von der betrieblichen Einführung der ERA-Bewertungssystematik und den entsprechenden Neueinstufungen zeitlich abgetrennt worden war, ermöglichte es vor allem den Führungskräften in Angestelltenbereichen, bei der Eingruppierung von Personen, die sie für Leistungsträger in ihrem Zuständigkeitsbereich hielten, eher großzügig zu verfahren. Zumindest bei einigen der Betriebsräte bestätigte dieses Verhalten den Eindruck, dass viele Angestellte vom Arbeitgeber nach wie vor tendenziell besser behandelt wurden als die Beschäftigten im gewerblichen Bereich. Das brachte zwar den einen oder anderen von ihnen in einen Konflikt mit seinen Gerechtigkeitsvorstellungen, führte aber nicht dazu, dass von Betriebsratsseite offensiv für eine niedrigere Einstufung dieser Positionen plädiert worden ist.

In den zwei Betrieben dieser Fallstudie sind also auf beiden Seiten – auf Betriebsratseite mehr noch als beim Management – unterschiedliche Strategien verfolgt worden. Bei der Auseinandersetzung um die Bewertung mancher Stellen (etwa den Montagearbeitsplätzen und bei den „bevorzugten" Angestellten) hat dies faktisch dazu geführt, dass informelle Koalitionen mit Vertretern der anderen Seite gegen Fraktionen im eigenen Lager entstanden sind. Diese Dynamik konnte sich deshalb entwickeln, weil die Auseinandersetzungen in eine grundsätzlich bilaterale Vorgehensweise des Arbeitgebers eingebettet waren: Der Betriebsrat war von Anfang an in die ERA-Umsetzungsaktivitäten einbezogen. Allerdings spiegeln die materiellen Ergebnisse dieses kooperativen Umsetzungsprozesses die relativ schwache Verhandlungsposition wider, in der sich die Arbeitnehmervertretung nicht zuletzt aufgrund des geringen Organisationsgrads im Angestelltenbereich befand.

5.3.4   Betriebsfall Nr. 18: „Bei uns verdient niemand weniger, nur weniger mehr." – Kooperative ERA-Einführung in Rekordzeit

Die folgende Fallstudie unterscheidet sich von den bislang vorgestellten betrieblichen ERA-Einführungen in mehreren Punkten. Zum einen haben wir es hier mit einer veränderten Zielstellung der Arbeitgeberseite zu tun. Diese legte vor allem großen Wert auf die Aufrechterhaltung des Betriebsfriedens. Zum anderen pflegten der Betriebsrat und Vertreter der Personalabteilung schon frühzeitig eine enge Form der Zusammenarbeit, die zwar zu niedrigen Reklamationsraten führte, die es aber gleichzeitig für reklamationswillige Beschäftigte äußerst schwierig machte, von den Interessen dieser dominanten Koalition abweichende Interessen zu artikulieren und durchzusetzen.

Betriebliche Rahmenbedingungen

Der Betrieb gehört zur Tochtergesellschaft einer Konzernholding und ist auf dem Gebiet des Anlagenbaus tätig. Am untersuchten Standort, an dem auch die Unternehmenszentrale ansässig ist, sind etwas mehr als 1.200 Arbeitskräfte beschäftigt (hinzu kommen Auszubildende und Leiharbeiter), davon sind ca. 60% Angestellte; etwa die Hälfte von ihnen sind Techniker und Ingenieure. Im untersuchten Betrieb ist neben der Endmontage auch die zentrale Einzel- und Ersatzteilefertigung angesiedelt. Entsprechend hoch sind die Qualifikationsanforderungen und damit auch der Facharbeiteranteil unter den gewerblichen Beschäftigten.

Gut zehn Jahre vor unserer Untersuchung stand der Betrieb kurz vor der Schließung. Durch den massiven Abbau von Arbeitsplätzen, die Vereinbarung von Arbeitszeitverlängerungen und deutliche Einschränkungen von Sonderzahlungen wurde der Standort aber dann doch erhalten. Im Zuge der Umsetzung der Sozialpläne hat das Unternehmen aber seinerzeit sehr viel Know-how verloren. In den letzten fünf Jahren ist die Beschäftigtenzahl wieder um mehr als ein Drittel angewachsen. Abweichungen vom Flächentarifvertrag gibt es inzwischen keine mehr.

Die gewerblichen Beschäftigten sind praktisch allesamt Mitglieder der IG Metall, und selbst bei den Angestellten liegt der gewerkschaftliche Organisationsgrad mit knapp unter 30% vergleichsweise hoch. Vor einigen Jahren wurde der Akkordlohn durch Zeitlohn ersetzt und der vorherige Akkordüberverdienst als regelmäßige außertarifliche Zulagen abgesichert.

Die kurz vor unserer Untersuchung erfolgte Übernahme der Konzernholding durch ein namhaftes deutsches Großunternehmen wurde vom Betriebsrat sehr wohlwollend kommentiert. Die Befürchtung, von einem Finanzinvestor übernommen zu werden, der vom Geschäft des Unternehmens nichts versteht und nur an einer möglichst hohen Rendite interessiert ist, sei dadurch hinfällig geworden. Der neue Eigentümer habe massiv investiert und dadurch für Ruhe im Betrieb gesorgt. Auf diese Weise sei es auch möglich geworden, die unternehmenstypische Tradition der vertrauensvollen Zusammenarbeit mit der Arbeitgeberseite weiterführen zu können. Selbst die häufigen Personalwechsel auf der Vorstandsebene, zu denen es in den letzten Jahren gekommen sei, habe das eher unaufgeregte, sachliche Miteinander von Beschäftigten und Betriebsrat auf der einen und dem Management auf der anderen Seite nicht nachhaltig beeinträchtigen können.

Der Umstellungsstichtag im Juni 2006 lag zum Zeitpunkt unserer Erhebung bereits etwa eineinhalb Jahre zurück.

Vorgehensweise (Rolle der betrieblichen Akteure)

Zu dem Unternehmen gehören Werke an insgesamt sieben Standorten, für die drei unterschiedliche Flächentarifverträge gelten. Trotzdem hat man sich dafür entschieden, das Entgeltrahmenabkommen durch ein unternehmensweites Projekt in einem Zuge umzusetzen. Paritätisch besetzte Projektgruppen wurden auf der überbetrieblichen und der betrieblichen Ebene gebildet. Während das überbetriebliche Gremium vor allem Abstimmungsaufgaben wahrgenommen hat, ging es in den standortbezogenen Gruppen um die Erstellung der Funktionsbeschreibungen und deren Bewertung.

Der Betriebsrat hatte bereits lange vor der betrieblichen ERA-Einführung damit begonnen, die Arbeitsplätze im Betrieb abteilungsweise nach der neuen Systematik zu bewerten. Zweck dieser durchaus unüblichen Übung war es, zeitig zu einer Einschätzung darüber zu gelangen, ob man im Vollzug des Umstellungsprozesses das Entgeltniveau würde halten können. Zu diesbezüglichen Befürchtungen war es zuvor vor allem mit Blick auf viele Angestelltenstellen und bestimmte Lagertätigkeiten gekommen, bei denen unklar war, ob der Arbeitgeber das Erlernen eines Ausbildungsberufs als Voraussetzung für den Einsatz weiter anerkennen würde. Nachdem ein halbes Jahr vor dem geplanten ERA-Einführungstermin eine entsprechende Betriebsvereinbarung abgeschlossen wurde, hat der Betriebsrat die Ergebnisse seiner Arbeitsplatzbewertungen dem Arbeitgeber zur Verfügung gestellt, um ihm damit die für ihn mögliche „politische Richtung" (Betriebsrat) anzuzeigen.

Zwischen den Betriebsparteien bestand von Beginn an Einigkeit darüber, die ERA-Einführung nicht konfliktorisch, sondern kooperativ durchführen zu wollen. Das bedeutete nicht, dass man Auseinandersetzungen im Detail in jedem Fall vermeiden wollte. Beide Parteien machten einander frühzeitig ihre grundlegende Position klar: Für den Betriebsrat war sehr wichtig, dass die Neubewertungen nicht zu einer Senkung des bestehenden Lohn- und Gehaltsniveaus führen. Der Personalchef erklärte, dass die Umstellung keine Mehrkosten mit sich bringen dürfe und dass man ohne gerichtliche Auseinandersetzungen auskommen wolle. Daraus folgte mit einer gewissen Konsequenz, dass das in Paragraph 7 des ERA-Einführungstarifvertrags spezifizierte Eingruppierungs- und Reklamationsverfahren vereinbart wurde. Die damit implizierte Besonderheit, bei Streitfällen erst relativ spät externe Schlichter, in letzter Instanz das Arbeitsgericht, einschalten zu können, wurde ausdrücklich auch vom Betriebsratsvorsitzenden als etwas begrüßt, das voll und ganz der Tradition des Hauses entspreche:

> „Warum soll man mit einem Streitfall zum Arbeitsgericht, wenn die Fachleute vor Ort sitzen? Das haben wir noch nie anders gemacht hier. Wir haben bisher noch nie eine Einigungsstelle gehabt. Unsere Probleme haben wir immer sauber hier gelöst. Wir haben uns noch nie einem Gericht oder sonstigen Verpflichtungen unterwerfen müssen."

Eine Konsequenz dieser grundsätzlichen Übereinstimmung bestand darin, dass schon lange Zeit vor dem Beginn der betrieblichen Umsetzung Mitglieder der Personalabteilung und des Betriebsrats gemeinsam ERA-Schulungen beim regionalen Arbeitgeberverband besuchten. Da sich beide Betriebsparteien bei solchen und anderen Gelegenheiten intensiv auf die Materie vorbereitet haben, entfiel eine längere Vorlaufphase. Man habe das „Einmaleins" nicht mehr lernen müssen und konnte im Rahmen der betrieblichen ERA-Projektgruppe sofort auf die einzelnen Abteilungen eingehen, Arbeitsplatzbeschreibungen erstellen und umgehend eine Bewertung vornehmen. „Beide Seiten wussten, welche Kriterien angewandt werden mussten und wo wir da hin wollten" (Betriebsrat).

Die Stellenbeschreibungen wurden unter gemeinsamer Federführung von Personalabteilung und Betriebsrat unter Hinzuziehung der jeweiligen Vorgesetzten erstellt. Nur bei Unklarheiten wurden auch die Stelleninhaber selbst in den Prozess einbezogen. Nach Angaben beider Betriebsparteien konnte man sich in der Projektgruppe immer recht zügig auf die Arbeitsplatzbeschreibung einigen. Das gleiche galt auch bei den Einstufungsberatungen. Zunächst verständigte man sich über die Bewertung einiger Ankerstellen und gewann so Referenzgrößen, zu denen man dann andere Stellenbewertungen in Bezug setzen konnte. Das schloss im Einzelfall Auseinandersetzungen über die Eingruppierung eines bestimmten Arbeitsplatzes nicht aus. Die entsprechenden Debatten fanden aber innerhalb des zuvor einvernehmlich abgesteckten Rahmens statt.

Über die Arbeitsplatzbewertungen herrschte auch deshalb schnell Konsens zwischen den Betriebsparteien, weil die Arbeitgebervertreter während des Prozesses die Kostenentwicklung der getroffenen Vereinbarungen immer wieder mit dem von den Tarifvertragsparteien zur Verfügung gestellten Kostenprognoseprogramm kalkuliert und dem Betriebsrat die entsprechenden Zahlen umgehend zugänglich gemacht haben. Unter diesen Bedingungen nahm das gesamte Prozedere von der Arbeitsplatzbeschreibung bis zur Eingruppierung nur fünf Monate in Anspruch.

Konfliktgegenstände, Aushandlungstaktiken, Konfliktverarbeitung

Einer der wesentlichen Problempunkte war die Eingruppierung der Beschäftigten aus der stark besetzten alten Gehaltsgruppe K/T 5. Die Gründe dafür lagen in diesem Fall in den Bestimmungen des Entgeltrahmenabkommens. Wie in Abschnitt 3.1 bereits erläutert wurde (vgl. Tab. 3-2), gibt es im neuen Entgeltraster nämlich keine mit der K/T 5 rechnerisch „korrespondierende" Entgeltgruppe. Man muss sich in diesen Fällen deshalb entscheiden, ob eine einzustufende Arbeitsstelle höher oder niedriger zu bewerten ist als zuvor. Bei dieser Entscheidung geht es nicht um kleine Beträge, sondern entweder um einen Abschlag von 11% (bei Einstufung in EG 12) oder um einen Zuschlag von gut 5% (bei EG 13). Es ist einsichtig, dass diese Entscheidungsnotwendigkeit zu heftigen und langwierigen Diskussionen führen kann. Das war im vorliegenden Fall nicht anders.

Es charakterisiert den Verhandlungsstil in diesem Unternehmen, dass weder bei dieser, noch bei anderen Gelegenheiten der Betriebsrat versucht hat, die Beschäftigen im Betrieb zu mobilisieren, um die eigene Position zu stärken. Das Gegenteil war der Fall. Man diskutierte ausschließlich innerhalb des Projektteams und vertrat die in den Verhandlungsrunden getroffenen Entscheidungen dann auch gemeinsam gegenüber der Belegschaft im Betrieb.

> „Es hat nur funktioniert, weil sich dieser Kreis (d.h. die Teammitglieder) dann einig war. Auch wenn man in der Diskussion mal unterschiedlicher Auffassung war, aber nach außen hin durfte das nicht passieren" (Personalleiter).

Diese Form der Stellvertreterpolitik hatte zur Folge – und genau das war auch die Absicht –, dass reklamationswillige Beschäftigte von beiden Betriebsparteien die gleiche Antwort erhielten, wenn sie ihre Eingruppierung monierten. Auch damit mag es zusammenhängen, dass die Reklamationsquote im Betrieb außergewöhnlich niedrig lag, nämlich unter 2%. Im gewerblichen Bereich und bei den kaufmännischen Angestellten wurden die neuen Eingruppierungen mit ganz wenigen Ausnahmen akzeptiert. Die wenigen Widersprüche kamen vor allem von technischen Angestellten, die zuvor meist in der Gehaltgruppe 5 eingruppiert waren. Der Grund dafür, dass es gerade hier überdurchschnittlich häufig zu Protesten kam, dürfte sein, dass es für die so eingestuften Stellen aus den oben genannten Gründen keine „friktionslose Überleitung" in eine der neuen Entgeltgruppen gab.

Wirkliche Streitpunkte scheint es in diesem Unternehmen eher zwischen den unterschiedlichen Unternehmensstandorten und dort wiederum auf Seiten der Arbeitnehmervertreter gegeben zu haben. Gegenstand der Kontroverse war unter anderem die Verwendung des Ausgleichsfonds. Dabei war strittig, ob der Fonds standortweise aufgeteilt oder für den Konzern insgesamt zu betrachten ist. Man einigte sich aber auch hier schnell darauf, „den Fonds zusammen zu machen" (Betriebsrat). Das größere Machtpotential des Betriebsrats in der Zentrale, das auch auf dem hohen Organisationsgrad vor Ort beruhte, gab hier den Ausschlag.

Materielle Konsequenzen

Was das genaue Zahlenverhältnis von Über- und Unterschreitern betrifft, gaben die befragten Vertreter der Betriebsparteien an, sich nicht mehr genau erinnern zu können. Auch dieser Umstand ist wohl ein Beleg dafür, dass die Umstellung in diesem Fall in großer Übereinstimmung und als gemeinsames Projekt beider Seiten über die Bühne gegangen ist. Der Betriebsrat schätzte, dass es zwischen 5 und 6% „richtige" Überschreiter gegeben habe. Auch der Personalchef taxierte den Überschreiteranteil auf „sicherlich unter 10%". Die betrieblichen Systemkosten lagen den Aussagen der beiden Betriebsparteien zufolge zum Umstellungsstichtag 1,2% höher als vorher.

Beide Betriebsparteien zeigten sich mit dem betrieblichen Ergebnis der ERA-Umsetzung sehr zufrieden: „Bei uns verdient niemand weniger, nur weniger mehr" (Betriebsrat). Der Betriebsrat bemängelte lediglich, dass die Bewertung von gewerblichen und Angestelltentätigkeiten eigentlich immer noch zu unterschiedlich sei. Man habe zwar einige Erfolge gehabt, z.B. werde die Arbeit an CNC-Maschinen nun höher bewertet, aber die Differenz zwischen dem Einkommen für nicht-gewerbliche Tätigkeiten in der Arbeitsvorbereitung, die in der Entgeltgruppe 13 eingestuft sind und dem für Montagearbeit, die man vier Entgeltgruppen darunter platziert hat, sei immer noch zu groß. Zumindest diejenigen unter den Monteuren, die praktisch jede Schraube einer Maschine kennen und notfalls auch Reparaturen bei Kunden im In- und Ausland ausführen, seien selbst bei einer Eingruppierung in die EG 11 noch unterbezahlt.

Interpretation und Einordnung des Fallbetriebs 18

Dass in diesem Fall die Verhandlungen zwischen den Betriebsparteien und der Umstellungsprozess insgesamt so unspektakulär verlaufen sind, macht ihn schon beinahe wieder spektakulär. Die ERA-Umsetzung war geprägt durch einen außerordentlich gut vorbereiteten Betriebsrat, der proaktiv agierte und in enger Zusammenarbeit mit der lokalen Personalabteilung die ERA-Einführung betrieben hat. Alle Umsetzungsschritte wurden von den Betriebsparteien gemeinsam durchgeführt. Aufgrund seiner Vorarbeiten konnte der Betriebsrat die Richtung des Einführungsprozesses maßgeblich mit bestimmen.

Die Betriebsparteien haben offenkundig kein induktives, am Einzelfall orientiertes Vorgehen gewählt, sondern sind von einer Hierarchie der Tätigkeiten innerhalb der Abteilungen ausgegangen, denen dann (nachträglich) Punkte und Wertigkeiten zugeschrieben wurden. Das bedeutet, man legte sich schon frühzeitig auf eine grobe Richtung und die Struktur des Entgeltgruppengefüges fest. Innerhalb dieses Bezugsrahmens verhandelte man dann über Details. Da der Arbeitgeber weniger an einer Absenkung der Entgeltkosten als an der Erhaltung des Betriebsfriedens interessiert war und die wenigen Auseinandersetzungen eher auf „Nebenkriegsschauplätzen" geführt wurden, sind spürbare Erschütterungen des Betriebsklimas ausgeblieben.

Dass die Beschäftigten selbst im betrieblichen Implementationsprozess des Entgeltrahmenabkommens praktisch keine aktive Rolle spielten (nicht einmal im Nachhinein mit Widersprüchen), dürfte gleichermaßen Folge wie Voraussetzung des beschriebenen Verlaufs sein. Der Betriebsrat betrieb eine nachgerade klassische Stellvertreterpolitik. Unter den obwaltenden betrieblichen Bedingungen war er damit auch durchaus erfolgreich im Sinne der Vertretenen.

Dieser Betriebsfall (vgl. Tab. 5-7) zeigt zum einen, dass selbst ein so konfliktträchtiger Prozess wie die Neubewertung aller Stellen in einem Betrieb durchaus konsensuell abgewickelt werden kann. Das gilt vor allem dann, wenn beide Seiten nicht nur verständigungsorientiert arbeiten und gut vorbereitet sind, sondern sich dies auch wechselseitig konzedieren. Und er zeigt zum anderen, dass gerade einer solchen Konstellation eine gewisse Neigung zur Abschottung und „paternalistischen Expertokratie" innewohnt. Das führt dann auch dazu, dass innerhalb der Verhandlungsgremien getroffene Entscheidungen für beide Seiten eine hohe Bindungskraft haben.

Tab. 5-7: Implementationskonstellation im Fallbetrieb Nr. 18

Hauptziel der Arbeitgeberseite:	*Friedenswahrung*
Vorgehensweise der Arbeitgeberseite:	*Bilateral*
Handlungsmuster der Interessenvertretung:	*Kooperation*

Auch Entscheidungen, um die intern heftig gerungen wurde, wurden nach der Einigung von beiden Parteien überzeugt vertreten. Das bedeutete nach Lage der Dinge, dass individuelle Einsprüche gegen solche Entscheidungen kaum noch Erfolgsaussichten hatten. Und das wiederum wurde durch das Verfahren nach Paragraph 7 ERA-ETV weiter stabilisiert. Denn selbst wenn jemand den Widerspruch gegen eine Eingruppierung vor dem Arbeitsgericht hätte klären lassen wollen, wäre es äußerst unwahrscheinlich gewesen, dass diese Institution einen Beschluss verworfen hätte, den die beiden Betriebsparteien einvernehmlich getroffen und auch nach einer Überprüfung beibehalten hatten.

5.3.5   *Betriebsfall 10: „Manche Mitarbeiter sind uns mehr wert, als sie nach
            einer sauberen Eingruppierung verdienen." – Differenziere und
            herrsche*

Die systematische Besonderheit des folgenden Umstellungsfalls liegt in der spezifischen Zielsetzung der Arbeitgeberseite. Diese war bestrebt, die ERA-Umstellung einerseits zur Re-Standardisierung der Grundentgelte zu nutzen. Gleichzeitig suchte sie nach Wegen, ihr Interesse an einer individuellen Differenzierung der Entgelte zu verwirklichen.

Betriebliche Rahmenbedingungen

Der Fallbetrieb ist ein eigentümergeführtes Unternehmen, das auf dem Gebiet der Umformtechnik tätig ist. Die Unternehmensleitung hat den Betrieb als Nischenanbieter auf dem Markt positioniert, der relativ hochpreisige Produkte mit sehr kurzen Lieferzeiten anbieten kann.

Die Firma befand sich Anfang der neunziger Jahre im Konkurs. Die Beschäftigtenzahl, die in den besten Zeiten bei knapp 600 lag, ist damals auf ungefähr 160 gefallen. Im Jahr 1993 erfolgte die Übernahme der Firma durch den aktuellen Eigentümer und danach nahm die Zahl der Arbeitsplätze wieder zu. Zum Zeitpunkt der Untersuchung gab es neben den gut 230 regulären Beschäftigten noch etwa 30 Leiharbeitskräfte in dem Betrieb. Etwa drei Viertel der Belegschaft verrichten gewerbliche Tätigkeiten. In der Fertigung dominieren Anlerntätigkeiten; Facharbeiter findet man nur im Instandhaltungs- und Reparaturbereich sowie in der Dreherei. Der gewerkschaftliche Organisationsgrad liegt bei 65%. Abweichungen vom Flächentarifvertrag gibt es keine.

Die Beziehungen zwischen Arbeitgeber und Betriebsrat können als kooperativ bezeichnet werden. Alle zwei Wochen spricht der Geschäftsführer mit dem Vorsitzenden der Interessenvertretung über anstehende Vorhaben oder Probleme im Betrieb. Zu dieser Form des Umgangs miteinander passt es, dass man den ERA-Einführungstermin so gewählt hat, dass die Umstellung noch mit dem amtierenden Betriebsratsvorsitzenden abgewickelt werden konnte, bevor dieser das Ruhestandsalter erreichte.

Der Umstellungsstichtag am 1. Juli 2007 lag zum Zeitpunkt unserer Erhebung weniger als ein Jahr zurück.

Vorgehensweise (Rolle der betrieblichen Akteure)

Der Personalleiter erstellte die Arbeitsplatzbeschreibungen in Zusammenarbeit mit den Vorgesetzten im Betrieb. Dies geschah allerdings auf der Basis von verbindlichen Richtvorgaben durch den geschäftsführenden Eigentümer. Dieser entschied zudem darüber, welche Personen bei der Abfassung der Beschreibungen hinzugezogen werden sollten, und er war es auch, der schließlich die Eingruppierungen vornahm.

Die Funktionsbeschreibungen seien nicht sehr schwierig gewesen, weil sich an der Struktur des Aufgabengefüges in den letzten Jahren nicht allzu viel verändert habe. Sie wurden fachbereichsweise erstellt und, wenn alle Tätigkeitsprofile in einem Bereich beschrieben waren, im Paket an den Betriebsrat weitergegeben – zum Großteil bereits mit der vorgesehenen Einstufung versehen. Bei einigen Stellen meldete dieser Zweifel an, ob alles Wesentliche erfasst ist, weil die Beschreibungen, dem Wunsch des Eigentümerunternehmers folgend, insgesamt ziemlich knapp gehalten waren. In diesen Fällen beriet sich der Betriebsrat mit den Inhabern der entsprechenden Stellen. Wenn danach Ergänzungen notwendig erschienen, wurden die Beschreibungen mit entsprechenden Hinweisen an den Personalleiter zurückgegeben. Große Unstimmigkeiten gab es bei den insgesamt etwa 130 Aufgabenbeschreibungen zwischen den Betriebsparteien aber nicht.

Oberste Maxime des Personalleiters bei der Umstellung war es, dass die systembedingten betrieblichen Mehrkosten den im Tarifvertrag definierten Durchschnittwert von 2,79% nicht überschreiten durften. Diese Vorgabe wurde von ihm während des Umstellungsprozesses auch immer wieder kontrolliert.

> „Da guckt natürlich jeder drauf und bevor man etwas raus gibt, macht man eine Proberechnung, ob es halbwegs passt. Das sollte zwar nicht sein, aber man muss doch mal eine Überschlagsrechnung machen." (Personalleiter)

Dass der vorab definierte Kostenrahmen nicht gesprengt werden durfte, bedeutete aber nicht, dass man nicht auch von Arbeitgeberseite in einigen Fällen eher höhere Einstufungen befürwortete. Das betraf etwa etliche Montagearbeitsplätze, die zuvor in Lohngruppe 6 eingestuft waren. Diese Lohngruppe war nach der alten Systematik die höchste Stufe für Anlerntätigkeiten. Vergleicht man nur die jeweils gezahlten Beträge, entspricht sie in etwa der Entgeltgruppe 7, und in diese Gruppe wollte man diese Tätigkeiten auch einstufen. Das erwies sich dann aber als komplizierter als gedacht:

> „Wir hätten denen gerne EG 7 bezahlt, aber wir haben es punktemäßig nicht sauber hinbekommen. Sie müssen ja auch gucken, dass es passt (...) Am Ende sind Sie wieder in einem ganz schmalen Schema, weil Sie ja auch quer gucken müssen. Sie haben letztlich nicht viele Möglichkeiten. Und wenn der Mitarbeiter jetzt vier oder sechs Punkte braucht, um in die EG 7 zu kommen, dann geht das nicht, ohne die Struktur (hier: die Abgrenzung zwischen den Angelernten- und den Facharbeitertätigkeiten) kaputt zu machen." (Personalleiter)

Im konkreten Fall erklärte sich der Arbeitgeber gleichwohl dazu bereit, mit der betrieblichen Bewertung dieser Stellen über das hinauszugehen, was im Tarifvertrag als Mindestbedingung definiert ist. Damit wollte er verhindern, dass gerade die vor der ERA-Umstellung mit Bedacht am höchsten bewerteten Angelernten allesamt zu Überschreitern wurden.

> „Man hat dann für bestimmte Beschreibungen gesagt, okay, das ist EG 6 mit Sternchen, und der Mitarbeiter bekommt dann praktisch EG 7, obwohl er punktemäßig nur 6 ist. Dann ist er kein Überschreiter mehr. So was kann man nur machen, wenn man mit dem Betriebsrat zusammen arbeitet. Wir sind da etwas vom

Tarifvertrag abgewichen, aber die strikte Linie der sauberen Eingruppierung wird eingehalten." (Personalleiter)

Zu den weiteren Besonderheiten dieses Betriebsfalls zählt die Behandlung des Betrags, um den bei Überschreitern das bisherige Einkommen das ERA-Grundentgelt übersteigt. Der Tarifvertrag sieht bekanntlich vor, dass diese Differenz bis zu einer Höhe von maximal 10% des alten Einkommens mit zukünftigen Tariferhöhungen über die Jahre vollständig verrechnet wird. Der Arbeitgeber war im hier diskutierten Fall aber der Auffassung, dass diese Regelung zu Motivationsproblemen führen könne. Das, so seine Einschätzung, sei vor allem bei denjenigen Belegschaftsmitgliedern kritisch, die man als Leistungsträger sieht und denen man das auch gesagt habe. Man mache sich als Arbeitgeber unglaubwürdig, wenn man gerade den besonders geschätzten Beschäftigten möglicherweise über viele Jahre die Einkommenszuwächse begrenze.

> „Bei den Leuten haben wir gesagt, wenn das eine systembedingte Sache ist, bleibt das, was (gemäß Tarifvertrag) über die Jahre mit den Tariferhöhungen abgeschmolzen wird, als AT-Zulage stehen, bis sie in Rente gehen." (Personalleiter)

Allerdings ist diese Zulage nicht tarifdynamisch, d.h., sie wird bei der Berechnung künftiger prozentualer Einkommenszuwächse nicht berücksichtigt. Profitieren werden von dieser personalpolitischen Entscheidung vor allem Angestellte. Die beiden Tarifvertragsparteien sind über diese Regelung informiert worden.

Konfliktgegenstände, Aushandlungstaktiken, Konfliktverarbeitung

Sieht man von den angesprochenen Montagetätigkeiten ab, ist es dem Arbeitgeber in den Verhandlungen offenbar gelungen, die Einstufungen eher restriktiv zu handhaben und so das betriebliche Entgeltgefüge insgesamt eher am unteren Rand dessen anzusetzen, was die Bewertungskriterien des Entgeltrahmenabkommens zulassen. Diese Linie in den Verhandlungen durchzuhalten, sei, so der Personalchef, nicht durchgängig leicht gewesen, aber letztlich habe man den Betriebsrat dann doch immer wieder dadurch überzeugen können, dass man ihm vorgerechnet hat, welche Kostensteigerung ein Abweichen von der restriktiven Bewertung zur Folge haben würde. Versuche der Interessenvertretung, die Einstufung bzw. Eingruppierung bestimmter Gruppen zu verbessern, wurden also regelmäßig dadurch unterlaufen, dass man die Konsequenzen für das gesamte Gefüge expliziert und an das Verantwortungsbewusstsein der Betriebsräte appelliert hat.

Dass der Arbeitgeber bei der Bestimmung der Grundentgelte auf einer eher restriktiven Auslegung der ERA-Systematik bestanden hat, heißt aber nicht, dass er die Forderung nach Verbesserungen – oder: Nicht-Verschlechterungen – in jedem Fall einfach zurückgewiesen hätte:

„Das A und O besteht darin, das System beizubehalten und lieber da und dort einen Euro drauf legen über AT-Zulagen" (Personalchef).

Auch diese Praxis dürfte dazu beigetragen haben, dass die Umstellung ohne größere Irritationen bei den Beschäftigten über die Bühne gegangen ist. So lag auch die Einspruchsquote in diesem Betrieb nur bei etwa 10%. Widersprüche wurden zum einen gegen die Bewertung von Tätigkeiten erhoben, die nur sporadisch, etwa als Vertretung, erledigt werden (und deren Dauer unterhalb der in Paragraph 2.5 des ERA definierten Schwelle bleibt). Der zweite Hauptgrund für Reklamationen waren Bewertungen des Kriteriums Handlungs- und Entscheidungsspielraum.

Letztlich wurde nur ungefähr die Hälfte dieser Reklamationen vom Betriebsrat vor die paritätische Kommission nach Paragraph 7 ERA-ETV gebracht. Die übrigen Widersprüche hat man bereits im Vorfeld abgearbeitet. Dies geschah in Gesprächen, an denen neben dem unzufriedenen Belegschaftsmitglied und dem Betriebsrat der Personalchef sowie in einigen Fällen auch noch der Eigentümer des Unternehmens teilnahmen. Es kann von uns nicht beurteilt werden, inwieweit schon diese Zusammensetzung den einen oder anderen Unzufriedenen zum Einlenken bewogen haben mag. Zumindest in einigen Fällen zeigte sich aber, dass Einsprüche auf falschen Voraussetzungen basierten. So ist manchen Beschäftigten in der Instandhaltung anscheinend von ihren Vorgesetzten im Vorfeld der Umstellung in Aussicht gestellt worden, eine Neubewertung ihrer Stellen nach der ERA-Systematik werde zu einer Höhergruppierung führen. Als es dann anders kam, war das für die Betroffenen zunächst nicht nachvollziehbar. Nachdem man ihnen aber erklärt hatte, wie sich die Punktzahl zusammensetzt, auf der die Einstufung und damit auch ihre Eingruppierung basiert, zogen viele ihre Reklamationen zurück.

Keine der Reklamationen führte letztlich zu einer Höhergruppierung. In einzelnen Fällen einigte man sich zwar darauf, bei einigen Beurteilungskriterien eine höhere Punktzahl zu vergeben. Aber auch in diesen Fällen wurden nie genügend Punkte vergeben, um die nächst höhere Entgeltgruppe zu erreichen.

Materielle Konsequenzen

Der Betriebsrat bezifferte die Relation Unter- zu Überschreiter mit etwa drei Viertel zu ein Viertel. Dieses Verhältnis lässt sich aber nicht ohne weiteres mit den Ergebnissen in anderen Betrieben vergleichen, denn genau genommen sind die Angaben nicht korrekt. Bei den vom Betriebsrat genannten Zahlen ist nämlich schon berücksichtigt, dass die Abwertung in vielen Fällen wie beschrieben durch außertarifliche Zulagen kompensiert wurde. Wie sich die Relation der Grundentgelte vorher zu nachher gestaltete – und nur um die geht es ja hier –, konnte oder wollte man uns nicht sagen. Die Systemkosten lagen nach der Umstellung etwa 2% höher als zuvor. Aber auch bei dieser Schätzung waren die zusätzlichen außertariflichen Zulagen bereits eingeschlossen.

Wichtiger als die genaue Entwicklung der Systemkosten war für den Personalchef, dass im Zuge der ERA-Einführung „Luft aus den Grundgehältern gelassen worden ist". Das wäre zwar auch schon bei konsequenter Anwendung der alten Rahmenabkommen möglich gewesen, aber man vermeide es eben im Normalfall, Beschäftigte abzugruppieren. Durch die nun relativ niedrigen Grund- und Einstiegsgehälter vergrößere sich der Spielraum des Arbeitgebers für eine individuelle Differenzierung der Entgelte.

Auch hier fällt auf, dass sowohl der Personalchef als auch der Betriebsrat nicht – jedenfalls nicht in der Außendarstellung, als die die Gespräche mit uns ja zu gelten haben – sauber zwischen den Konsequenzen der Neubewertung nach ERA und dem betrieblichen Umgang mit den dadurch offenbar gewonnenen Handlungsmöglichkeiten unterschieden:

> „Wir sparen zwar mit ERA nicht, aber der AT-Bereich (soll heißen: das Volumen für außertarifliche Zulagen), wo ich individueller bezahlen kann, ist wesentlich größer geworden" (Personalchef).

Das bedeutet, dass die Entgeltkosten für den Betrieb nach der Umstellung wohl insgesamt nicht niedriger waren als zuvor („wir sparen zwar nicht"). Das war aber nur deshalb so, weil künftig mehr Geld für außertarifliche Zulagen ausgegeben wird. Und das wiederum bedeutet, dass die tarifliche Entgeltsumme nach der Neubewertung eben doch unter der früheren liegen dürfte.

Der Betriebsrat sah durch ERA eine bessere Handhabe für Verhandlungen mit dem Arbeitgeber, da die Entgeltgruppen nun differenzierter bewertet werden könnten als im Lohn- und im Gehaltsrahmenabkommen, wo es „schwammiger und weniger konkret" gewesen sei. Jetzt habe man etwas in der Hand, worüber man diskutieren könne. Mit dieser Einschätzung unterscheidet er sich nun wirklich deutlich von allen anderen seiner Amtskollegen, die wir im Zuge der Fallstudien befragt haben. Eine Erklärung für diese Diskrepanz könnte sein, dass er insgesamt zufriedener ist, weil er – anders als viele andere Betriebsräte – sein Hauptziel, die Entgeltsumme zu verteidigen, im Wesentlichen erreicht hat.

Interpretation und Einordnung des Fallbetriebs 10

Bei diesem Fallbetrieb handelt sich um ein relativ kleines und eigentümergeführtes Unternehmen, bei dem die Neubewertungen und -eingruppierungen ohne großen organisatorischen Aufwand recht zügig bewerkstelligt worden sind. Zwar gab es auch hier einige Reklamationen, aber insgesamt ging die Umsetzung des Tarifvertrags außerordentlich geräuschlos vonstatten. Das ist angesichts der Leitlinie des Arbeitgebers, das Entgeltniveau nicht spürbar abzusenken, um das Betriebsklima nicht zu belasten, wohl nicht sehr verwunderlich.

Besondere Erwähnung verdient die Strategie des Arbeitgebers, sich bei der Bestimmung der Grundentgelte relativ restriktiv zu verhalten, das bestehende Entgeltniveau durch Aufstockung mit außertariflichen Zulagen jedoch nur in geringem Maße anzutasten. Während es das erklärte Ziel von vielen anderen Unternehmen war, die betriebliche Einführung des Entgeltrahmenabkommens auch dazu zu nutzen, den „Wildwuchs" an diversen Zulagen zu beseitigen, wurde im vorliegenden Fall der entgegen gesetzte Weg eingeschlagen.

Flankiert wurde dieses Vorgehen von der Praxis, bei Überscheitern in ausgewählten Fällen auf ein Abschmelzen des ERA-Ausgleichsbetrags zu verzichten. Auf diese Weise kamen für viele Beschäftigte recht großzügig anmutende Regelungen zustande. Diese Großzügigkeit ging mit einer deutlichen Ausdehnung der Möglichkeiten des Arbeitgebers einher, sein Personal differenzierter und vor allem flexibler zu entlohnen. Denn grundsätzlich kann die Zahlung außertariflicher Zuschläge relativ einfach wieder eingestellt werden.

Das Ziel der Kostenneutralität wurde hier also mit dem Ziel verknüpft, mehr Spielraum für eine differenzierte Behandlung der Beschäftigten zu erlangen (Tab. 5-8). Um dieses Ziel zu erreichen, wurde die Bewertungssystematik des Tarifvertrags in einigen Fällen flexibler gehandhabt als in anderen. Das geschah getreu dem Motto des Personalleiters: „Manche Mitarbeiter sind uns mehr wert, als sie nach einer sauberen ERA-Eingruppierung verdienen." Ausschlaggebend für die Eingruppierung bzw. die Entgelthöhe war hier somit zum Gutteil auch der Wert, den der Arbeitgeber einzelnen Beschäftigten oder Beschäftigtengruppen unabhängig von ihren konkreten Arbeitsaufgaben zumisst.

Tab. 5-8:   Implementationskonstellation im Fallbetrieb Nr. 10

Hauptziel der Arbeitgeberseite:	*Differenzierung* (auf Grundlage von Standardisierung) *Friedenswahrung*
Vorgehensweise der Arbeitgeberseite:	*Unilateral* *Bilateral*
Handlungsmuster der Interessenvertretung:	*Kooperation*

Der Unternehmenseigentümer legte hier bereits vor Beginn des förmlichen Implementationsprozesses (Betriebsvereinbarung, Einsetzen der paritätischen Kommission etc.) vorläufige Einstufungen der Arbeitsplätze und eine provisorische Eingruppierung der Beschäftigten vor. Nach Angaben der Beteiligten haben sich diese Einstufungen tatsächlich nur wenig vom endgültigen Ergebnis unterschieden. Aber obwohl in dieser Weise frühzeitig der Gang der Dinge vom Arbeitgeber vorstrukturiert wurde, war der Betriebsrat bei allen wesentlichen Schritten der ERA-Umsetzung mehr als nur formal beteiligt. Und darauf legte der Arbeitgeber auch großen Wert. Diese Form der Einbindung des Betriebsrats dürfte dazu beigetragen haben, dass schließlich nur eine geringe Zahl von Reklamationen in der paritätischen Kommission verhandelt wurde.

5.4 Muster betrieblicher ERA-Umsetzungsprozesse

Auf Basis der bis hierher vorgestellten Fallstudienbefunde lassen sich Elemente von unterschiedlichen Mustern identifizieren, denen die betriebliche Implementation des Entgeltrahmenabkommens gefolgt ist. In den folgenden Abschnitten werden zunächst die Dimensionen und ihre empirischen Ausprägungen rekapituliert, aus denen sich die beobachteten betrieblichen Implementationskonstellationen „zusammensetzen". Überlegungen darüber, ob es möglich ist, typische Implementationskonstellationen zu identifizieren, werden in Abschnitt 5.4.5 angestellt.

5.4.1 Hauptziel der Arbeitgeberseite

In den Fallstudien wurden drei prinzipielle Handlungsorientierungen der Verhandlungsführung auf der Arbeitgeberseite identifiziert: Kostenreduktion, Wahrung des Betriebsfriedens und die Re-Standardisierung der Entgeltrelationen im Betrieb. Diese Zielsetzungen haben sich in den untersuchten Umstellungsprozessen nicht notwendig gegenseitig ausgeschlossen, wenn auch klar ist, dass das Ziel Kostensenkung in einen mehr oder weniger deutlichen Widerspruch zum Ziel Friedensbewahrung geraten kann – ein Widerspruch, der sich nur mit erheblichem Aufwand und nur unter ganz besonderen Bedingungen auflösen lässt.[16] Entscheidender ist aber der Punkt, dass die Vorgaben einer Unternehmensleitung in aller Regel nicht einfach wortgetreu umgesetzt werden, sondern von denen, die mit der Umsetzung beauftragt sind, unter Umständen relativiert, umgangen oder gar unterlaufen werden.

---

16 So wurde uns berichtet, dass im Zusammenhang mit der Umsetzung des ERA in manchen Betrieben in Nordrhein-Westfalen Abkommen zwischen Arbeitgeber und Betriebsrat geschlossen worden sind, die auf eine finanzielle Entlastung des Betriebs zielen. Unseres Wissens ging es in diesen Fällen aber zumeist um die Verwendung des ERA-Ausgleichsfonds, genauer darum, welcher Anteil davon dauerhaft im Unternehmen verbleibt, auch wenn die Systemkosten nicht steigen. Da wir Vertreter solcher Betriebe nicht befragen konnten, können wir nicht sagen, ob es zu derartigen Kostensenkungsarrangements auch mit Blick auf die Stellenbewertung gekommen ist. Das wäre sicher auch nicht in offizieller Weise geschehen, weil dies einen klaren Bruch des Tarifvertrags darstellen würde.

Den „klassischen" Fall eines streng an zentralen Vorgaben orientierten Prozesses findet man am ehesten noch in kleinen, inhabergeführten Betrieben, bei denen sich ein starker Patriarch selbst um die Stellenbewertungen kümmert. Aber selbst in solchen Fällen haben wir Hinweise darauf gefunden, dass Vorgesetzte auf niedrigeren hierarchischen Ebenen ihre individuellen oder Abteilungsinteressen daran, „die Ruhe im Laden" zu erhalten, durchaus wirkungsvoll in den Prozess einbringen konnten. Und dass Führungskräfte auf allen Ebenen häufig mit großem Engagement und oft auch erfolgreich versuchen, bestimmte Personen oder Gruppen in ihrem Zuständigkeitsbereich besser zu stellen – häufig im Gewand des „Protegierens von Leistungsträgern" –, haben wir ebenfalls beobachtet.

Betrachtet man die von uns untersuchten Umstellungsfälle insgesamt, gerät in den Blick, dass nur etwa die Hälfte der Unternehmensführungen mit dem mehr oder weniger deutlich artikulierten Anspruch angetreten ist, die Umstellung auf die neue Bewertungssystematik dazu zu nutzen, die Entgeltkosten zu senken. Das bedeutet nicht, dass diese Überlegung bei der anderen Hälfte der Unternehmen keine Rolle gespielt hat. Hier standen aber andere Ziele im Vordergrund: Zum einen ging es darum, die Implementation ohne massive Störungen des betrieblichen Friedens zu bewältigen (was nicht ausgeschlossen hat, dass Chancen zur Kostenreduzierung im Einzelfall durchaus genutzt wurden). Zum anderen spielte der Standardisierungsaspekt – meist verknüpft mit dem Bestreben, auf dieser Grundlage erweiterte Spielräume für Differenzierungen bei der Vergütung zu erhalten – bei mindestens einem Viertel der untersuchten Betrieben eine nennenswerte Rolle.

5.4.2   Vorgehensweise der Arbeitgeberseite

In Abschnitt 5.2 wurde bereits klargestellt, dass die beiden Vorgehensweisen „unilateral" beziehungsweise „bilateral" keine Idealtypen im Weberschen Sinn sind. Gleichwohl spielte sich die Wirklichkeit in den untersuchten Fällen, wie zu erwarten war, meist zwischen diesen Polen ab. Nicht unüblich war bei den untersuchten Umstellungsprozessen etwa der Fall, dass der Arbeitgeber im Alleingang die Tätigkeitsbeschreibungen erstellte und sich irgendwann später mit dem Betriebsrat darüber ins Benehmen setzte; wir deuten dies als ein der Tendenz nach bilaterales Vorgehen. In anderen Betrieben gab es zwar auch Verhandlungen zwischen den Parteien, sie haben aber erst nach den Eingruppierungen begonnen – das bedeutet zumeist: mit formalen Widersprüchen –, weil der Arbeitgeber die Interessenvertretung bis dahin nicht einbezogen hat. Dies begreifen wir als ein der Tendenz nach unilaterales Vorgehen.

Dass wir hier generell von Tendenzen reden, ist darin begründet, dass auch in den Fällen, bei denen der Betriebsrat nicht offiziell vom Arbeitgeber zum

Mittun aufgefordert worden ist, dies nicht notwendig bedeutete, dass er auch tatsächlich nur abgewartet hätte. Etliche der von uns befragten Betriebsräte wussten über manche Details der Stellenbeschreibung und -bewertung häufig schon Bescheid, lange bevor sie „offiziell" darüber informiert wurden. Und weil das wiederum in aller Regel auch den mit der ERA-Einführung beauftragten Arbeitgebervertretern bekannt war, hat es ihr Vorgehen ebenfalls beeinflusst. Wir kommen darauf im folgenden Abschnitt zurück.

Ein knappes Drittel der von uns untersuchten Fälle zeigte deutliche Züge unilateraler Vorgehensweise des Arbeitgebers, ein weiteres Drittel ebenso deutlich bilaterale. Bei den restlichen Fällen wurde der Betriebsrat vom Arbeitgeber mehr oder weniger intensiv eingebunden, entweder bei einzelnen Schritten (typisch: bei der Stellenbeschreibung, aber nicht bei der Einstufung) oder bei bestimmten Tätigkeiten bzw. Beschäftigtengruppen (typisch: bei gewerblichen Tätigkeiten, aber nicht bei Angestelltenpositionen).

5.4.3 Handlungsmuster der Interessenvertretung

Ein betont konfrontatives Auftreten gegenüber dem Arbeitgeber war bei den Betriebsräten im Untersuchungssample die Ausnahme. Und ebenfalls nur in wenigen Fällen wurde vom Betriebsrat der Versuch unternommen, die Belegschaft zu mobilisieren, um gegen sich abzeichnende Verschlechterungen im Zuge der Umsetzung der neuen Bewertungssystematik Druck aufzubauen. Häufiger waren die Fälle, in denen Betriebsräte auf konziliantere Weise versuchten, die wirtschaftlichen und mehr noch moralischen Interessen der Beschäftigten (vgl. Abschnitt 7.3) daran zu wahren, im Gefolge der ERA-Einführung nicht abgewertet zu werden.

Empirisch ist es für Außenstehende oftmals schwierig, die Unterscheidung zwischen einer Taktik der kooperativen Konfliktbearbeitung und der Konfliktvermeidung verlässlich zu treffen.[17] So haben wir Fälle beobachtet, in denen Betriebsräte angesichts der mit der ERA-Systematik begründeten neuen Eingruppierungen durch den Arbeitgeber einigermaßen ratlos reagiert haben, was ja durchaus dafür sprechen könnte, harte Konflikte nach Möglichkeit zu vermeiden. Bei näherer Betrachtung zeigte sich dann aber, dass man Auseinandersetzungen gerade hier mitnichten immer aus dem Weg gegangen ist, sondern sich am kürzeren Hebel wissend dennoch versucht hat, durch offensives Agieren das unter den gegebenen Umständen Mögliche zu erreichen (treffender wohl: das Schlimmste zu verhindern). Insgesamt war auf Konfliktvermeidung angelegtes Handeln allerdings häufiger zu registrieren als konfrontatives Handel. Noch öf-

---

17 Hier zeigt sich ein Problem, das schon oben (Abschnitt 5.2) in unserer Auseinandersetzung mit der Konzeption von Weltz (1977) formuliert worden ist.

ter haben wir Fälle beobachtet, bei denen die Konfrontationslinie zwischen Kapital und Arbeit in den Auseinandersetzungen vor allem um die Stellenbewertungen aufweichte und es teilweise zu Koalitionen jenseits der üblichen Demarkationslinien gekommen ist.

5.4.4   Kohärenz der Betriebsparteien im Verhandlungsprozess

Wir haben bereits in Abschnitt 5.4.1 darauf hingewiesen, dass man im Prozess der Umsetzung des Entgeltrahmenabkommens Interessendivergenzen und unterschiedliche strategische Orientierungen innerhalb des betrieblichen Arbeitgeberlagers beobachten konnte; es wurde auch gezeigt, dass dies für die zweite Betriebspartei ebenso galt. Dies hat in manchen Fällen zu Koalitionen und Konfrontationen geführt, die quer zu den Parteilinien verlaufen.

Ein Beispiel dafür sind die Betriebsfälle 14/15 (Abschnitt 5.3.3). Ein ganz anderes, aber was die Nicht-Kohärenz der Arbeitnehmerseite im Umstellungsprozess betrifft, vergleichbares Beispiel zeigte sich beim Umstellungsfall 18, in dem einzelne Führungskräfte im Angestelltenbereich versucht haben, für die ihnen Unterstellten eine Eingruppierung durchzusetzen, die etwas über dem lag, was man bei der ansonsten betriebsüblichen restriktiven Auslegung der Bewertungskriterien des Tarifvertrags erwarten konnte. Einige Betriebsräte unterstützten das Vorhaben, während der Personalchef und der Betriebsratsvorsitzende dagegen waren. Das Motiv des Betriebsratsvorsitzenden, sich gegen aus seiner Sicht allzu großzügige Eingruppierungen im Angestelltenbereich zur Wehr zu setzen, bestand darin, dass er einige gewerbliche Stellen und hier vor allem Frauenarbeitsplätze höher eingestuft sehen wollte, sich aber gleichzeitig an die Übereinkunft gebunden fühlte, die Kostensteigerung unter dem tarifvertraglich definierten Durchschnittsniveau von 2,79% zu halten. Um den Konflikt mit seinen Betriebsratskollegen nicht eskalieren zu lassen, plädierte er zusammen mit dem Personalleiter dafür, Vertreter der Tarifvertragsparteien ins Haus zu holen, um die betreffenden Angestelltenarbeitsplätze „aus neutraler Sicht" bewerten zu lassen, wissend (und wollend), dass dies wohl zu einer niedrigeren Eingruppierung der Stelleninhaber führen würde. Indem er dazu beitrug, den Streitfall nicht betriebsintern auszutragen, sondern faktisch durch das Votum einer externen Instanz entscheiden zu lassen, neutralisierte und düpierte er letztlich nicht nur die betreffenden Führungskräfte, sondern auch die Teile des Betriebsrats, die ebenfalls an einer höheren Einstufung dieser Angestelltenpositionen interessiert waren.

Der umgekehrte Fall, dass Vorgesetzte – bisweilen eher versteckt – versuchten, sich mit Betriebsräten zusammenzutun, um für einige der ihnen Unterstellten höhere Eingruppierungen zu erreichen, kam sogar recht häufig vor. Bei einigen, aber längst nicht allen Gelegenheiten haben sich Betriebsräte auf eine solche mehr oder weniger stillschweigende Koalition auch eingelassen.

Als vierte Bestimmungsgröße einer betrieblichen Implementationskonstellation soll deshalb das Ausmaß der Geschlossenheit der Betriebsparteien in Auseinandersetzungen gelten.[18] Dabei lassen sich zwei Extreme unterscheiden: *doppelte Homogenität* (beide Parteien treten geschlossen auf) und *doppelte Heterogenität* (es kommt zu Konflikten, bei denen Vertreter beider Parteien in Streitfällen mit der jeweils anderen „paktieren" und damit gegen das „eigene Lager" opponieren). Wir reden bei doppelter Homogenität von hoher und bei doppelter Heterogenität von niedriger Kohärenz. Dazwischen liegen die Fälle, in denen nur je eine der beiden Seiten weitgehend widerspruchsfrei eine einheitliche Linie verfolgt.

Tab. 5-9: Elemente betrieblicher Implementationskonstellationen

	Bausteine		
Hauptziel der Arbeitgeberseite	Vorgehensweise der Arbeitgeberseite	Handlungsmuster der Interessenvertretung	Kohärenz der Parteien
Kostensenkung	unilateral	Konfrontation	beide homogen
Friedenswahrung	bilateral	Konfliktvermeidung	eine
Standardisierung/ Differenzierung		Kooperation	Seite heterogen
			beide heterogen

In der Tab. 5-9 sind die Ergebnisse der bisherigen Diskussion in diesem Kapitel zusammengefasst. Sie zeigt ein Analyseschema, dessen prinzipielle Nützlichkeit nun in einem ersten Schritt überprüft werden soll.

5.4.5   Implikationen betrieblicher Implementationskonstellationen

Im Folgenden soll versucht werden, unter Rückgriff auf die von uns benannten Dimensionen von Implementationskonstellationen betriebliche Muster zu identifizieren, mit deren Hilfe wiederum Erklärungen für Ergebnisse der Umstellung gefunden werden können. Wir werden uns dabei auf zwei Aspekte konzentrieren: die Konflikthaftigkeit als Prozessdimension – als Indikator dient die Reklamationsrate – und die Entwicklung der Systemkosten als Ergebnisdimension.

---

18   Zwar wurde nur in vier Untersuchungsfällen von den beteiligten Gesprächspartnern auf mehr oder weniger deutliche Interessenkonflikte innerhalb jeweils einer Betriebspartei aufmerksam gemacht. Daraus ist jedoch nicht abzuleiten, dass wir es hier nur mit einem Randphänomen zu tun haben. Sowohl die Auseinandersetzungen zwischen Vertretern unterschiedlicher Beschäftigtengruppen innerhalb eines Betriebsrats als auch die unterschiedlichen Interessen zwischen Unternehmensleitung und „lokalen" Vorgesetzten dürften vielmehr üblich sein.

Für dieses Unterfangen wurden Betriebsfälle ausgewählt, die sich in diesen beiden Dimensionen möglichst stark von einander unterscheiden (vgl. Tab. 5-10).
Die beiden „Stufen" bei den Reklamationsraten sind wie folgt bestimmt: Als
„niedrig" werden solche Fälle klassifiziert, in denen bis zu 15% der Eingruppierungen reklamiert worden sind; „hoch" bedeutet, dass die Reklamationsrate zwischen 60% und 100% liegt.

Der Versuch, die in Abschnitt 5.3 entwickelte Komplexität so zu verdichten, dass sie in einer Übersichtstabelle eingetragen werden kann, stößt auf eine
Reihe von Schwierigkeiten. Zum einen ist es notwendig, Mehrdeutigkeiten auf-
zulösen, was gerade bei den vorliegenden Prozessen unbefriedigend ist. Ein
zweites Problem besteht darin, dass auch in den Feldern der Tabelle, in denen
Zahlen stehen, die Angaben nicht so eindeutig sind, wie es die Darstellungs-
weise vermuten lässt. Das liegt vor allem daran, dass es sich oftmals um Schätzungen unserer Gesprächspartner handelt. Aus dem Umstand, dass der Umstellungsstichtag, auf den die Systemkostenveränderung bezogen werden sollte,
zum Teil schon mehr als ein Jahr zurück gelegen hat, dürften weitere Ungenau-
igkeiten resultieren.

Etwas anders gelagert ist das Problem bei den Reklamationsraten. Hier wi-
chen die Angaben unterschiedlicher Gesprächspartner (selbst aus demselben
Betrieb) zum Teil deutlich voneinander ab, weil sie unterschiedliche Phasen im
Umstellungsprozess vor Augen hatten. Diese Widersprüche konnten nur zum
Teil durch Nachrecherchen aufgelöst werden.[19] Überdies müssen sich betriebliche Konflikte, das haben unter anderen die Betriebsfälle 14 und 15 gezeigt, nicht
notwendigerweise in hohen Reklamationszahlen niederschlagen.

Eingedenk dieser Schwierigkeiten wollen wir auch aus Tabelle 5-10 nur
einige wenige und sehr vorsichtige Schlussfolgerungen ziehen. Betrachtet man
zunächst die Form der Einbindung des Betriebsrats in den Bewertungs- und Ein-
gruppierungsprozess („Vorgehensweise des Arbeitgebers"), so scheint die Ausprägung dieser Variable eine zuverlässige Vorhersage für den Grad der Konflikthaftigkeit – gemessen an der Zahl der Reklamationen – zu ermöglichen:
Dort, wo der Betriebsrat über weite Phasen des Implementationsprozesses intensiv eingebunden war, findet man auch niedrige Reklamationsraten. Wir haben
aber bereits darauf hingewiesen, dass auch im Rahmen einer überwiegend bilateral durchgeführten Einführung der neuen Bewertungssystematik sehr unterschiedliche Verhaltensweisen der Betriebsparteien möglich sind.

Würde man sich in diesen Fällen auf die Feststellung beschränken, es mit
einer bilateralen Einführung zu tun zu haben, die im wesentlichen durch Kooperation und Konfliktvermeidung geprägt war, wäre das zwar nicht völlig falsch,

---

19 Das ist auch der Hauptgrund für den so breiten Abstand zwischen den Klassifizie-
    rungsstufen „hoch" und „niedrig".

würde aber wesentliche Momente des jeweiligen Umsetzungsprozesses außer Acht lassen. Konkret bezogen auf den Betriebsfall 14 heißt das z.b.: Im Rahmen eines bilateralen Umsetzungsprozesses gab es phasenweise ein konfliktorisches Vorgehen, das von einer bestimmten Fraktion im Betriebsrat getragen wurde. Außerdem gab es zwar zunächst eine hohe Zahl von Reklamationen, aber durch das Einziehen einer Rückkopplungsschleife, in der der Arbeitgeber die reklamierten Eingruppierungen einer nochmaligen Prüfung unterzog, kam letztlich nur eine geringe Zahl von Beschwerden in die paritätische Kommission.

Generell kann man aus dem Zusammenhang zwischen bilateralem Vorgehen und geringen Reklamationsraten auch nicht darauf schließen, dass eine umfassende Betriebsratsbeteiligung prinzipiell dazu führt, dass die Eingruppierungen von den Betroffenen regelmäßig als gerecht empfunden werden. Plausibel erscheint aber die Annahme, dass Eingruppierungsentscheidungen, auf die sich Arbeitgeber und Betriebsrat zuvor verständigt haben, eine höhere Hürde für Reklamationen darstellen. Für das Reklamationsverhalten der Belegschaft dürften auch die taktische Ausrichtung des Betriebsrats sowie die Frage, ob bestimmte Interessengruppen vom Betriebsrat bevorzugt vertreten werden, einen erheblichen Erklärungswert haben.

Tabelle 5-10 zeigt auch, dass ein unilaterales Vorgehen bei der ERA-Einführung nicht nur mit hohen Reklamationsraten, sondern auch mit einem deutli-

Tab. 5-10: Implikationen betrieblicher Implementationskonstellationen

	Betrieb							
	1	14	10	19	9	18	13	17
Δ System-kosten	<2,79%	2,0%	2,0%	1,2%	1,2%	1,1%	–2,1%	–7,7%
Reklama-tionsrate	niedrig	niedrig (hoch)	niedrig	niedrig	niedrig	niedrig	hoch	hoch
Ziel des Arbeitgebers	Betriebs-frieden/ Kosten-senkung	Kosten-senkung	Standar-disierung	Betriebs-frieden/ Kosten-senkung	Betriebs-frieden	Betriebs-frieden	Kosten-senkung	Kosten-senkung
Vorgehens-weise des Arbeit-gebers	bilateral	bilateral	bilateral	bilateral	bilateral	bilateral	unilateral	unilateral/ bilateral[a]
Handlungs-muster der Interessen-vertretung	konflikt-vermei-dend	koopera-tiv/konflik-torisch*	konflikt-vermei-dend	kooperativ	kooperativ	kooperativ	konflikto-risch	kooperativ/ konflikto-risch[a]
Kohärenz	hoch	niedrig	mittel	mittel	mittel	niedrig	hoch	hoch

a   Taktik wurde im Prozessverlauf geändert

chen Minus bei den Systemkosten einhergehen kann. Offenbar kann eine kon-
frontative und unilaterale Strategie der Unternehmensführung zumindest kurz-
fristig durchaus zu deutlichen Kostenvorteilen führen.[20]

Die Zusammenstellung in der Tabelle zeigt einen gewissen Zusammenhang
zwischen einer konfliktbereiten bzw. einer kooperativen Vorgehensweise der Interessenvertretung auf der einen und der Reklamationsrate oder der Entwicklung
der Systemkosten auf der anderen Seite. In den Betrieben, in denen die Reklamationsrate relativ hoch ist und die Systemkosten gesunken sind, findet man
auch konfliktbereite Betriebsräte. Eine plausible Interpretation dieses Zusam-
menhangs dürfte sein, dass die Taktik der Betriebsräte in diesen Fällen eine Reaktion darauf gewesen ist, dass massive Abstufungen sichtbar geworden sind.
Aufschlussreicher als die oberen beiden Zeilen der Tabelle 5-10 ist in dieser
Hinsicht wahrscheinlich die dritte: Dort, wo Arbeitgeber dezidiert das Ziel der
Kostensenkung verfolgt haben, kam es zu größeren Konflikten. Das ist für sich
genommen einigermaßen trivial. Weniger trivial ist, dass diese strategische Leitlinie des Arbeitgebers zumindest in einigen der hier diskutierten Fälle auch dazu
geführt hat, dass die betriebliche Interessenvertretung im Laufe des Umstellungsprozesses sich gezwungen sah, ihre Taktik zu ändern. Das bringt uns zur „zeitlichen" Untersuchungsdimension, die wir neben der „sozialen" und der „sachlichen" in Abschnitt 5.2.2 eingeführt haben.

5.5   Kontinuitäten und Brüche im ERA-Umsetzungsprozess

Es gibt objektive Interessenunterschiede zwischen Arbeitgebern und abhängig
Beschäftigten, und dementsprechend ist auch das Verhältnis von Arbeitgeber
und Betriebsrat zumindest potenziell ein konfliktreiches. Das allein sagt aber
bekanntlich noch nichts darüber aus, wie die beiden Betriebsparteien im Alltag
konkret miteinander umgehen. Grob vereinfachend kann man, wie in der Tabelle
5-10 geschehen, zwischen zwei gegensätzlichen Interaktionsmodi unterscheiden: zwischen einem, der tendenziell konfliktorientiert und einem, der tendenziell konsensorientiert ist. Das bedeutet nun nicht, dass die Beteiligten im ersten
Fall nur streiten. Auf Seiten des Betriebsrats impliziert schon die institutionell
festgeschriebene Verpflichtung auf das Betriebswohl ein Mindestmaß an Ver-
ständigungsbereitschaft, und einem Arbeitgeber kann im Prinzip auch nicht daran gelegen sein, ständig Hader in seinem Betrieb zu haben.

---

20 Auf der Grundlage ihrer Untersuchungen in Baden-Württemberg kommen Bahnmüller
und Schmidt (2008b, S. 201) zu der Einschätzung, dass genau das häufig nicht der Fall
sei.

Im Laufe der Jahre – oder Jahrzehnte – bildet sich in jedem Betrieb, in welcher konkreten Ausprägung auch immer, eine bestimmte Verhandlungs- und Streitkultur heraus, die die Erwartungen und dadurch vermittelt auch die Strategien und Handlungen der Beteiligten prägt. Solche sozialen Arrangements können bekanntlich eine bisweilen erstaunliche Stabilität entwickeln, die sogar Generationenwechsel überdauert. Sie zu verändern ist zwar prinzipiell möglich, aber in der Regel ist das ein recht zeitaufwändiger sozialer Prozess. Das macht die spezifische Verhandlungs- und Streitkultur im Umgang der Betriebsparteien miteinander zu einem Element der betrieblichen Implementationskonstellation, das großen Einfluss auf Verlauf und Ergebnis der betrieblichen ERA-Umsetzung hat.

Unsere Betriebsfallstudien haben allerdings gezeigt, dass sich aus der historisch gewachsenen Qualität der Beziehungen zwischen den Betriebsparteien eine Prognose über den tatsächlichen Verlauf und die Ergebnisse des Umstellungsprozesses durchaus nicht umstandslos ableiten lässt. Selbst dort, wo beide Seiten übereinstimmend erklärt haben, man gehe traditionell fair und kooperativ miteinander um, konnten wir bisweilen beobachten, dass konsensorientiertes Handeln in konfliktorisches umgeschlagen ist. In einem dieser Fälle (Fallbetrieb 7) sprach der Betriebsrat gar von einem Bruch im Verhältnis zum Arbeitgeber, der längerfristig die Zusammenarbeit belasten werde. Auch eine gegenläufige Ruptur des Interaktionsmodus ist uns begegnet (Fallbetrieb 2). Häufiger geschah es jedoch, dass eine der Parteien an einem Punkt in den Verhandlungen die Taktik geändert und die andere Seite dann mehr oder weniger schnell und konsequent ihr Handlungsmuster angepasst hat. In der Regel waren die Betriebsräte in solchen Fällen die Reagierenden. In manchen Fällen ist man dann nach relativ kurzer Zeit wieder zum vorherigen Modus der Kommunikation und Konfliktaustragung zurückgekehrt, in andern blieb die veränderte Konfliktbearbeitungskonstellation für den von uns beobachteten Rest des Umstellungsprozesses prägend. Das soll mit einigen Beispielen illustriert werden.

Bei einigen der Betriebe im Sample, bei denen vereinbart wurde, die Bestimmungen des Paragraphen 7 des Einführungstarifvertrags (dessen „pazifizierende" Wirkungen in Abschnitt 5.6 analysiert werden) anzuwenden, hat der Betriebsrat seine auf Konsens orientierte Vorgehensweise im Laufe des Umstellungsprozesses aufgegeben, obwohl die ersten Schritte noch in mehr oder weniger großer Harmonie zwischen den Betriebsparteien verlaufen waren. So wurden in einem dieser Fälle (Fallbetrieb 17) die ersten Funktionsbeschreibungen vom Arbeitgeber offen kommuniziert und Betriebsrat und Belegschaft erhielten die Möglichkeit, an deren endgültiger Überarbeitung mitzuwirken. Abgesehen von kleineren Unstimmigkeiten, die weitgehend geklärt werden konnten, gab es keinen Streit zwischen den oder innerhalb der Parteien. Zum Bruch kam es aber dann, als der Arbeitgeber seine Eingruppierungsvorschläge bekannt gab und sichtbar wurde, dass es viele Überschreiter mit zum Teil sehr hohen Überschreitungsbeträgen geben wird. Als das klar war, konnte der Betriebsrat seine bis dahin verfolgte Taktik nicht länger verfolgen. Er bezog eine radikale Gegenposition und reklamierte alle Eingruppierungen, die der Arbeitgeber vorgelegt hatte. Der bis dahin kooperativ verlaufende Einführungsprozess bekam einen gänzlich neuen Charakter, es entstand eine konfliktorische Situation.

Auch den umgekehrten Fall haben wir in einem der untersuchten Fallbetriebe angetroffen (Fallbetrieb 2). Hier standen, in Fortsetzung der bislang gepflegten Beziehungen zwischen Geschäftsführung und Betriebsrat, die Zeichen von Anfang an auf Sturm. Besondere Schärfe bekam die Situation bei der ERA-Einführung dadurch, dass vom Arbeitgeber eine Unternehmensberatung mit der Anfertigung der Arbeitsplatzbeschreibungen beauftragt wurde und das gesamte Umstellungsprojekt – so die Wahrnehmung des Betriebsrats – als „geheime Kommandosache" der Geschäftleitung angelegt worden war. Die Fronten waren dermaßen verhärtet, dass die Kommunikation zwischen den Betriebsparteien zum Teil nur noch über Rechtsanwälte lief. Das verschärfte die Stimmungslage und den Ton der Auseinandersetzungen noch weiter. Folgt man den Darstellungen der Beteiligten, entstand so in relativ kurzer Zeit eine Atmosphäre, in der beide Seiten anscheinend keine Möglichkeit ausließen, der jeweils anderen Partei Stärke und Härte zu demonstrieren. Aufgebrochen wurde die verfahrene Situation als auf Arbeitgeberseite neue Personen ins Spiel gebracht wurden, die die bisherigen Protagonisten ersetzt haben. Danach konnten sich die Betriebsparteien innerhalb kürzester Zeit auf eine neue Eingruppierungsstruktur verständigen.

Damit ist auch ein wichtiger sozialer Mechanismus benannt, der in Aushandlungsprozessen zum Einsatz kam, wenn die Verhandlungen ins Stocken oder gar in eine Sackgasse geraten waren. Auch unter weniger dramatischen Bedingungen als im gerade geschilderten Fall hat sich die Hinzuziehung bislang unbeteiligter Personen als ein erfolgreiches Mittel erwiesen, um verhärtete Fronten aufzubrechen. Auf Arbeitgeberseite wurden zu diesem Zweck meist Personen von höheren Hierarchieebenen einbezogen. Auf Betriebsratsseite hat diese Funktion in einigen Fällen der Betriebsratsvorsitzende wahrgenommen, der nur in besonders kritischen Momenten hinzugezogen worden ist; in manchen Fällen ist die Moderatorenposition auch von Bevollmächtigten der lokalen Verwaltungsstelle der IG Metall eingenommen worden.

Interessant ist, dass in einer Reihe der untersuchten Betriebe eine solche Deeskalationsmöglichkeit von Anfang an „eingebaut" war, indem bestimmte, in aller Regel hierarchisch höher stehende Funktionsträger – etwa der Personalchef und der Betriebsratsvorsitzende – nicht in das Projektteam oder Verhandlungsgremium entsandt worden sind, sondern nur dann hinzugezogen wurden, wenn sich die Auseinandersetzungen dort festgefahren hatten. Inwieweit das vorausschauende Taktik war oder einfach nur mit dem knappen Zeitbudget der späteren „Schlichter" zu tun hatte, war nicht in jedem Fall zu ermitteln.

Schon diese wenigen Beispiele belegen, dass die betriebliche Umstellung auf die ERA-Systematik in vielen Fällen nicht durchgängig einem Stil folgte und deshalb auch nicht analytisch zu einem mehr oder weniger konsistenten Implementationstyp verdichtet werden kann. Schließlich änderten sich die Formen der Konfliktbearbeitung im Zeitverlauf zum Teil ganz grundlegend. Die hier entwickelten „Bausteine" von Implementationskonstellationen können helfen, solche Differenzierungen zu erfassen.

5.6 Potenzielle Zentralisierung – das besondere Eingruppierungs- und Reklamationsverfahren in der betrieblichen Praxis

Die beiden nordrhein-westfälischen Tarifvertragsparteien haben den Betrieben ausdrücklich empfohlen, vor der betrieblichen Implementation des Entgeltrahmenabkommens ein Vorgehen gemäß dem im Einführungstarifvertrag (Paragraph 7 ERA-ETV) spezifizierten besonderen Eingruppierungs- und Reklamationsverfahren zu vereinbaren. Bei der Begründung dieser Empfehlung setzten die Parteien die Akzente unterschiedlich. Während der Arbeitgeberverband unterstrich, dass so der Zeitraum für betriebliche Klärungsprozesse verlängert wird, betonte die IG Metall, dass sich bei diesem Verfahren die Betriebsräte schon früher in den Prozess einschalten können und damit zumindest potenziell mehr Einflussmöglichkeiten erhalten (vgl. Abschnitt 3.6). Beides traf zu und lief, was die in diesem Abschnitt diskutierten Fragen betrifft, auf dasselbe hinaus: Das von den einschlägigen Regelungen des Betriebsverfassungsgesetzes (Paragraphen 99ff.) abweichende besondere Verfahren schafft mehr Gelegenheiten für innerbetriebliche Auseinandersetzungen und Klärungsprozesse zwischen Management und Betriebsrat.

Die große Mehrzahl der von uns untersuchten Fallbetriebe hat sich für die Regelungen nach Paragraph 7 ERA-ETV entschieden.[21] Obwohl die dort beschriebene paritätische Kommission ihre Arbeit erst dann aufnehmen muss, wenn die Eingruppierungen des Arbeitgebers nicht die Zustimmung des Betriebsrats finden, interpretierten Betriebsräte ihre Rolle in dem Verfahren meist etwas breiter. Insbesondere dann, wenn der Arbeitgeber die von uns als bilateral gekennzeichnete Politik verfolgte, haben die Betriebsräte praktisch ausnahmslos versucht, das, was in der paritätischen Kommission dem Vertragstext nach eigentlich nachgeregelt werden soll, möglichst schon zuvor zu regeln. In einigen

---

21 Zumindest zum Zeitpunkt unserer Erhebung galt das auch für die Betriebe in Nordrhein-Westfalen insgesamt (vgl. Kap. 4).

der Betriebe kam es dadurch faktisch zu einer durchaus folgenreichen Überlagerung oder Verschiebung einzelner ERA-Umsetzungsschritte, nämlich von Einstufung und Eingruppierung (vgl. Abschnitt 5.2.3).

Faktisch sind die einzelnen Phasen – Einstufung der Stelle, Eingruppierung der Person, gegebenenfalls Reklamation durch die/den Eingruppierte/n – durchaus nicht so eindeutig voneinander abgegrenzt, wie es das Prinzip des Anforderungsbezugs bei der Arbeitsbewertung verlangt. Wir haben bereits darauf hingewiesen, dass selbst im Normalfall und definitiv bei der umfassenden Neubewertung im Zuge der betrieblichen Implementation des Entgeltrahmenabkommens die Stellen, die eingestuft werden, bereits besetzt sind und die mit der Einstufung Befassten davon in der Regel eben *nicht* völlig abstrahieren, sondern sich bei der Bestimmung dessen, was an einer Arbeitsstelle verlangt wird, mehr oder weniger explizit daran orientieren, wie die Person, die diese Stelle eventuell schon viele Jahre ausfüllt, bislang eingruppiert war.

Das ändert aber nichts daran, dass nur der letzte Schritt – die Eingruppierung – nach dem Betriebsverfassungsgesetz mitbestimmungspflichtig ist. Ein Arbeitnehmer hat das Recht, Widerspruch gegen die Arbeitgeberentscheidung einzulegen und eine Überprüfung seiner Eingruppierung zu verlangen. Damit kommt dann auch der Betriebsrat als Interessenvertreter ins Spiel. Bleibt der Arbeitgeber auch nach der Überprüfung bei seiner vorherigen Entscheidung, kann der Betroffene das Arbeitsgericht einschalten.

Mit dem besonderen Eingruppierungs- und Reklamationsverfahren wird gleichsam eine weitere betriebsinterne Instanz eingeführt, nämlich die paritätische Kommission, in der Einsprüche des *Betriebsrats* gegen Eingruppierungsvorschläge verhandelt werden.[22] Nicht formal, aber faktisch verändert sich damit die Bedeutung der Reklamationsmöglichkeit. Für die beiden Betriebsparteien ist ein Widerspruch nicht mehr nur etwas, das am Ende des Prozesses stehen mag oder auch nicht; er wird qua Antizipation in anderer Weise relevant als beim üblichen Verfahren. Denn die Tatsache, dass nun der Betriebsrat reklamieren kann, bringt ihn tendenziell in eine bessere Position, weil der Arbeitgeber weiß, dass er sogar dann, wenn einzelne Beschäftigte selbst eine Eingruppierung, und sei es zähneknirschend, akzeptieren, noch immer mit einem Widerspruch durch ihre Interessenvertretung rechnen muss.

Gleichzeitig führt die Tatsache, dass Arbeitgeber und Betriebsrat nun (gegebenenfalls) länger über einzelne Eingruppierungen verhandeln, dazu, dass der „Instanzenweg" für die betroffenen Beschäftigten selbst sich verändert. Sie können zwar nach wie vor das Arbeitgericht ziehen, aber eine individuelle Beschwerde beim Arbeitgeber muss keine Konsequenzen mehr haben, wenn sie

---

22 Was dies für Rolle und Handlungsspielraum des Betriebsrats im Umstellungsprozess bedeutet, wird im folgenden Abschnitt diskutiert.

nicht auch vom Betriebsrat in die paritätische Kommission getragen wird. Das kann insbesondere bei Angehörigen solcher Belegschaftsgruppen als Schwächung der eigenen Position wahrgenommen werden, die keine starke Vertretung im Betriebsrat haben – bei vielen der Angestellten etwa.

In den Betrieben scheint man aber gemeinhin kein Interesse daran zu haben, die Bestimmungen des Paragraphen 7 des ERA-ETV so restriktiv auszulegen:

„Die Erfahrungen die wir gemacht haben, sind nicht identisch mit den Bestimmungen, die wir im Tarifvertrag haben. Wir haben bisher in jedem Fall, ob es rechtlich zulässig ist oder nicht, das Reklamationsrecht des Beschäftigten greifen lassen. Da waren auch ohne Ausnahme die Arbeitgeber jedes Mal einverstanden. Obwohl es im Paragraph-7er-Verfahren eigentlich unmöglich war, haben wir es zugelassen, dass jeder Beschäftigte gegen seine gefundene Eingruppierung Einspruch einlegen kann. Das entspricht zwar nicht dem Tarifvertrag, aber kein Arbeitgeber hat ein Interesse daran gehabt, das Einspruchsrecht des Beschäftigten zu canceln. Weil in dem Moment, in dem ich dem Mitarbeiter sage, du hast kein Recht, gegen deine Eingruppierung vorzugehen, ist der nicht besonders motiviert. Da entsteht im Betrieb schnell eine Stimmungslage, die man nicht steuern kann." (Bevollmächtigter IG-Metall-Verwaltungsstelle A)

Dass eine solche Stimmungslage sich auch gegen den Betriebsrat richten kann, ist wohl offensichtlich.

6.   Die Rolle der Betriebsräte im ERA-Umsetzungsprozess

Zu den zentralen betrieblichen Einflussgrößen auf die Umsetzung des Entgelt-rahmenabkommens zählt das Verhalten der betrieblichen Interessenvertretung der Arbeitnehmer. Illustriert durch Fallstudienergebnisse wird in diesem Kapitel die Rolle des Betriebsrats im Umstellungsprozess identifiziert und diskutiert.

6.1   Wissen und Erfahrung; Unterstützung durch die IG Metall

Verlauf und Ergebnisse betrieblicher ERA-Implementationsprozesse sind nicht zuletzt auch davon geprägt, inwieweit die beteiligten Akteure über entgelt- und leistungspolitische Erfahrungen verfügen. Nicht nur bei den von uns untersuchten Betriebsfällen haben sich hier Defizite insbesondere auf der Seite der Beschäftigten und ihrer Interessenvertreter gezeigt. Über entsprechende Probleme berichteten auch Gewerkschaftsfunktionäre aus Verwaltungsstellen und bei der Bezirksleitung. Die Erklärungen für den Mangel an Erfahrungswissen ähnelten sich: Da die betrieblichen und überbetrieblichen Auseinandersetzungen der letzten Dekaden sich um Fragen der Arbeitszeitverkürzung und später dann zunehmend um den Erhalt von Arbeitsplätzen und ganzen Produktionsstandorten gedreht haben, gab es lange Zeit wenig Anlass, sich mit den Einzelheiten tarif-vertraglicher Regelungen der Relation von Leistung und Entgelt und mit ihrer betrieblichen Umsetzung zu befassen. Gerade unter den der IG Metall nahestehenden Betriebsräten gab es noch bis in die 1980er Jahren hinein recht viele, durchaus respektvoll als „Tarifklempner" titulierte Aktivisten, die in der Materie ausgewiesene und erfahrene Experten waren. Die meisten von ihnen haben aber inzwischen die Betrieb(srät)e verlassen, und neue Fachleute sind aus den genannten Gründen nicht herangewachsen.

Diese Entwicklung hat dazu geführt, dass es gerade zu der Zeit, als das für die Metall- und Elektroindustrie in Deutschland bislang wohl umfassendste ta-rifpolitische Projekt auf die Tagesordnung gesetzt wurde, vor allem auf der Ar-beitnehmerseite vielfach an Kompetenzen fehlte, die bei der Beschreibung und Bewertung von Arbeitsfunktionen und bei Eingruppierungen hätten hilfreich sein können. Das wurde in vielen Fällen auch von den Betriebsräten als ein gravie-render Mangel empfunden. Ein sicherlich ungeplanter organisationspolitischer Effekt des neuen Entgeltrahmenabkommens war allerdings auch, dass sich in den Betrieben der nordrhein-westfälischen Metall- und Elektroindustrie in rela-tiv kurzer Zeit wieder ein Stamm von einschlägigen Experten zu diesem Kern-

thema betrieblicher Gewerkschaftsarbeit herausgebildet zu haben scheint (vgl.
dazu die Diskussion in Kap. 8).

Weil aber zu Beginn der betrieblichen Einführungsphase des Entgeltrahmenabkommens im Frühjahr 2005 die meisten Betriebsräte in Arbeitsbeschreibungs-
und -bewertungsfragen nur geringe und mit der Neueingruppierung praktisch
aller Beschäftigten im Betrieb überhaupt keine Erfahrungen aufweisen konnten,[1]
kam der Qualität der Information über und der Einübung in die Regularien des
neuen Tarifwerks eine kaum zu überschätzende Bedeutung zu. Deshalb hat die
Bezirksleitung der IG Metall schon früh mit der Verbreitung zahlreicher und
vielfältiger Informations- und Schulungsangebote begonnen (vgl. Abschnitt
2.2.2). Diese wurden von den meisten der Betriebsräte in den Fallbetrieben auch
als ausreichend angesehen. Die Schulungsmaterialien und insbesondere Unterstützungsangebote der Arbeitgeberverbände wurden von ihnen allerdings zum
Teil noch besser bewertet als diejenigen der IG Metall. Nach den Ergebnissen
unserer Fragebogenerhebung scheint dies der Tendenz nach für alle Betriebe im
Tarifbezirk zu gelten.

Die Mehrzahl der in den Fallstudien befragten Betriebsräte hat mehr oder
weniger regelmäßig die regionalen ERA-Arbeitskreise besucht. Der dadurch ermöglichte Erfahrungsaustausch wurde durchgehend als sehr hilfreich bewertet.
Mit dem Besuch dieser Veranstaltungen allein konnte aber der Bedarf an detaillierten Informationen und auf den Einzelfall bezogenen Ratschlägen in der Regel nicht gedeckt werden. Dafür war dieser Veranstaltungstyp auch nicht gedacht. Allerdings fehlten häufig ergänzende Angebote. Zwar wurden die Betriebsräte von „ihrer" IG-Metall-Verwaltungsstelle beraten, und die Verwaltungsstellen haben auch zum Teil ganztägige Schulungen für einzelne Betriebe
organisiert. Aufgrund der begrenzten personellen Kapazitäten auf Gewerkschaftsseite kamen aber nur relativ wenige Betriebsräte in den Genuss dieser intensiven
Form der Betreuung. Was die Ressourcen angeht, die für die Unterstützung der
Betriebsräte und der Mitglieder generell zur Verfügung standen, befand sich die
IG Metall nach Einschätzung praktisch aller befragten Betriebsräte und Verwal-
tungsstellenvertreter/innen gegenüber der Arbeitgeberseite von Anfang an im
Hintertreffen.

Einige der von uns interviewten Betriebsräte waren Mitglieder der Tarifkommission und sind aus diesem Grunde zum Teil schon lange vor der Vertrags-
unterzeichnung im Dezember 2003 mit dem Entgeltrahmenabkommen in Be-
rührung gekommen. Die konkreten Anforderungen und der beträchtliche Aufwand, die mit der Umsetzung des Tarifvertrags verbunden sind, wurden aber

---

1   Dies galt freilich auch für die Vorgesetzten, die genau wie die Betriebsräte, außer even-
     tuell bei Neueinstellungen oder Versetzungen, vielfach kaum Erfahrungen mit der Be-
     schreibung und Bewertung von Arbeitsplätzen gesammelt hatten.

häufig selbst von diesem Personenkreis unterschätzt. Dies galt naturgemäß in noch viel höherem Maße für sehr viele der betrieblichen Interessenvertreter, die mit den einschlägigen Diskussionen weniger vertraut waren. In der Rückschau bekundete eine große Mehrheit der dazu Befragten, sich die Einführung von ERA nicht so zeit- und arbeitsaufwändig vorgestellt zu haben, wie sie sich dann tatsächlich erweisen sollte. Mit dieser Beurteilung stehen sie freilich nicht alleine. Auch viele Arbeitgeber waren anfangs davon ausgegangen, den Einführungsprozess in kürzerer Zeit abschließen zu können. Die im Vorfeld zwischen den Betriebsparteien vereinbarten Zeitpläne für die Umstellung mussten in vielen Fällen entsprechend korrigiert werden.

Ob die Gewerkschaft organisatorisch hinreichend auf die betriebliche Umsetzung des Tarifvertrags vorbereitet war, wurde in einigen der befragten Verwaltungsstellen der IG Metall durchaus bezweifelt. Beklagt wurde von den Interviewten vor allem, dass man nicht im notwendigen Umfang in den Betrieben präsent sein konnte. In einigen Regionen erfolgte die Umstellung schubweise. Das bedeutet, wenn ein Betrieb mit der Implementation begann, schlossen sich diesem Schritt viele weitere im Zuständigkeitsbereich der Verwaltungsstelle an. Entsprechend sprunghaft stieg dann auch der Beratungsbedarf. Hinzu kam, dass gerade unerfahrene Betriebsräte eine gewisse Neigung zeigten, erst einmal abzuwarten, welche Eingruppierungen der Arbeitgeber vorschlug. Wenn diese Vorgaben sich dann als nach ihrer Einschätzung inakzeptabel erwiesen, standen die Einigungsprozesse wegen der rechtlich oder vertraglich definierten Einspruchsfristen bereits unter Zeitdruck.

> „Viele haben im Grunde genommen bis zum Letzten gewartet. Obwohl wir versucht haben, denen immer wieder klar zu machen: Geht in die Offensive, indem ihr schon mal alles schubladenfertig liegen habt, damit ihr sofort, wenn der Chef kommt, in Verhandlungen mit ihm gehen könnt." (Bevollmächtigter IG-Metall-Verwaltungsstelle D)

Insgesamt führten all diese Umstände dazu, dass der Beratungsbedarf aus Sicht der Verwaltungsstellen nicht hinreichend bedient werden konnte, weil man einfach nicht über genügend Berater verfügte. Während die Arbeitgeberverbände eigens für die ERA-Implementation neue Verbandsingenieure, teilweise befristet, eingestellt hätten, habe die IG Metall ihre Kapazitäten vor Ort nicht ausgebaut. Zusammen mit den fehlenden Experten auf Arbeitnehmerseite in den Betrieben habe dies mit einer gewissen Notwendigkeit dazu geführt, dass die Arbeitgeber in sehr vielen Fällen ihre Strategie einigermaßen ungebrochen hätten durchsetzen können. Ungeschulte Betriebsräte seien oft schon bei den Tätigkeitsbeschreibungen „über den Tisch gezogen worden", hätten dies aber erst dann gemerkt, als die entsprechenden Eingruppierungen vorgelegt worden sind, und dann sei auch mit Unterstützung der Gewerkschaft nicht mehr viel zu ändern ge-

wesen (vgl. Abschnitt 5.2.3 zu einer systematischen Begründung). Das gelte besonders für die sehr vielen kleinen Betriebe in Nordrhein-Westfalen, in denen es
keine freigestellten Betriebsräte gibt.

Wie gut der Informationsstand zum Entgeltrahmenabkommen bei den Beschäftigten selbst war, ist nur sehr schwer abzuschätzen. Es gibt aber eine Reihe
von Hinweisen darauf, dass es darum nicht allzu gut bestellt war. Aus mehreren
Verwaltungsstellen wurde uns von massiven Vorurteilen „an der Basis" gegenüber dem Tarifvertrag berichtet. Damit korrespondiert die Aussage, dass entsprechende Informationsangebote von Betriebsrat oder Gewerkschaft – aber
auch betriebliche Veranstaltungen durch den Arbeitgeber – teilweise nur auf ein
sehr verhaltenes Echo gestoßen sind.

6.2   Mitspieler oder Gegenmacht: Paragraph 7 und die Folgen

Ernsthafte Versuche von Betriebsratsseite, die betriebliche Einführung des Entgeltrahmenabkommens dazu zu nutzen, das Entgeltniveau im Betrieb insgesamt
über den als kostenneutral definierten Steigerungsbetrag von 2,79% hinaus zu
erhöhen, ließen sich in unseren Fallstudien nicht beobachten. In aller Regel ging
es der betrieblichen Interessenvertretung um die Verteidigung des Status quo.
Die Meinung, dass bereits dies als ein Erfolg zu werten ist, wurde anfangs allerdings nicht von allen geteilt. Manche Betriebsräte waren überrascht, wie weit
sich die betriebliche Eingruppierungspraxis im Lauf der Jahre von den tarifvertraglichen Maßstäben gelöst hatte. Andere hatten mit den sich aus der betrieblichen Lohndrift ergebenden Schwierigkeiten gerechnet und frühzeitig Strategien
zu entwickeln versucht, um einen Abwehrkampf erfolgreich zu bestehen. Ob sie
es vorhergesehen hatten oder nicht, die Frage, wie dem Abgruppierungsdruck
begegnet werden kann, war für die Interessenvertreter in allen umstellenden Betrieben von fundamentaler Bedeutung.

Einige Betriebsräte haben sich dabei – von der IG Metall in dieser Einschätzung zunächst bestärkt – von dem im Paragraph 7 des ERA-Einführungstarifvertrags spezifizierten besonderen Eingruppierungs- und Reklamationsverfahren Vorteile versprochen. Wie bereits gesagt wurde (vgl. Abschnitt 5.6), schreibt
es dem Betriebsrat das Recht zu, Eingruppierungen zu widersprechen. In den
untersuchten Betrieben, in denen sich die Parteien auf dieses Verfahren verständigt haben, ging man aber noch einen Schritt weiter. Die betriebliche Interessenvertretung wurde in vielen Fällen schon vorher informiert; teilweise hatte
man in der paritätischen Kommission, in anderen Fällen in Projektteams oder
ähnlichen Zirkeln Eingruppierungen erörtert, noch bevor sie offiziell vorge-
schlagen wurden. Durch dieses Vorgehen wurde der Betriebsrat stärker in das
Procedere eingebunden. Das führte allerdings auch dazu, dass seine Mitglieder

nun in höherem Maße für die Ergebnisse „in Haftung" genommen werden konnten als beim üblichen, betriebsverfassungsgesetzlich geregelten Verfahren. Weil er hier selbst Eingruppierungsentscheidungen des Arbeitgebers widersprechen kann und die Ergebnisse der dann folgenden Verhandlungen in der paritätischen Kommission in der Regel nolens volens mittragen wird, muss ein Betriebsrat damit rechnen, dass Beschäftigte, die mit ihrer Eingruppierung unzufrieden sind, ihm vorwerfen, gegen ihre Interessen gehandelt zu haben.

Bereits diese Möglichkeit hat bei einigen der befragten Interessenvertreter der Arbeitnehmer Unbehagen entstehen lassen. Die folgende Aussage eines Betriebsrats stellt keine Einzelmeinung dar:

> „Wir haben da eigentlich 'ne Gefahr drin gesehen. Wir wussten, dass es dann auf die Paritätische Kommission hinausläuft und wir hatten richtig Magenschmerzen mit dem Gedanken, dass wir Richter spielen. Schließlich hat jeder im Betrieb gewusst, wer in der PaKo (i.e. Paritätische Kommission) sitzt." (Betriebsrat, Fallbetrieb 5)

In Formulierungen wie diesen kommt die Janusköpfigkeit solcher Beteiligungsverfahren zum Ausdruck. Bei so komplexen Vorgängen wie der Neubewertung aller Stellen in einem Betrieb ist es nicht unwahrscheinlich, dass man die Konsequenzen von Einzelentscheidungen nicht immer gleich vollständig überblickt. So kann es geschehen, dass insbesondere unerfahrene Betriebsräte ein Zwischenergebnis zunächst mittragen und erst später – typischerweise nach den Eingruppierungen – merken, welche Auswirkungen das hat. Dann können sie aber kaum mehr grundlegend widersprechen, ohne sich in den Augen der Gegenseite als unglaubwürdig (oder „unfähig") zu desavouieren. Über unangenehme Erfahrungen dieser Art haben praktisch alle Betriebsräte der Betriebe berichtet, die nach den Regeln des Paragraphen 7 ERA-ETV umgestellt haben.

Aber auch diese Erfahrungen haben mit dem Entgeltrahmenabkommen ursächlich überhaupt nichts zu tun. ERA ist nur der Anlass, alle Einstufungen nach zeitgemäßeren Kriterien als denen des Lohn- und des Gehaltsrahmenabkommens zu überprüfen. Und bei der Neubewertung der Stellen in den untersuchten Betrieben ist in vielen Fällen transparent geworden, dass die bisherigen Bewertungen auch schon nach den in den alten Rahmenabkommen definierten Bewertungskriterien nicht mehr zu begründen waren. Ein Betriebsrat, der sich in einem betrieblichen Gremium an der Feststellung dieses Umstands beteiligt hat, kann der entsprechenden Eingruppierungsentscheidung hinterher als Interessenvertreter schwerlich energisch widersprechen. In gewisser Weise wird an diesem Punkt die doppelt bestimmte Funktion des Betriebsrats im deutschen System der industriellen Beziehungen spürbar, zugleich Interessenvertreter der Belegschaft und Interessenwahrer des Betriebs sein zu sollen.

Dass diese Situation von den betroffenen Betriebsräten als Zwickmühle erlebt wird, ist nicht besonders verwunderlich:

„Das war der ganz große Nachteil des Betriebsrats. Da wir das von Anfang an kommunikativ mit der Arbeitgeberseite gemacht haben, kamen dann (aus der Belegschaft) so Sprüche wie: Dass der Arbeitgeber uns verarscht, ist ja klar, aber dass ihr da mitmacht! Wir haben gedacht, man bekommt so Ruhe rein. Andere Firmen haben den Arbeitgeber machen lassen und dann ‚nein!' gesagt. Da hat man es als Betriebsrat einfacher als dieses Kooperative. Wir haben gedacht, wenn wir von Anfang an mit im Rennen sind, läuft nix verkehrt. Aber wir haben dann viel Ärger mit der Belegschaft gehabt." (Betriebsrat Fallbetrieb 18)

Die in diesem Zitat zum Ausdruck gebrachte Ambivalenz gegenüber der gewählten Vorgehensweise wird von vielen der befragten Gewerkschaftsfunktionäre geteilt. Durch das besondere Eingruppierungs- und Reklamationsverfahren werden die Betriebsräte zwar prinzipiell stärker am Eingruppierungsgeschehen beteiligt. Wenn der Arbeitgeber das will, sind sie aber auch bei diesem Verfahren immer in der Situation, auf Initiativen der anderen Seite reagieren zu müssen. Das bedeutet, wenn die paritätische Kommission wegen Uneinigkeiten zusammentritt, sind die Betriebsräte immer diejenigen, die eine Veränderung herbeiführen wollen; „mauern" ist für sie also keine Option, sie müssen aktiv und durchsetzungsfähig sein. Zwar kann der Betriebsrat ein Einigungsstellenverfahren verlangen, wenn er sich innerbetrieblich nicht hat durchsetzen können. Aber das Beschreiten dieses Weges fällt umso schwerer, je intensiver er in den vorherigen Diskussionsprozess eingebunden war.

Wie viel ein in dieses Verfahrenskorsett eingebundener Betriebsrat bewegen kann, hängt stark von den betrieblichen Umgangsformen und Kräfteverhältnissen ab, also auch davon, welche Druckmittel beide Seiten jeweils mobilisieren können. Aus der Perspektive eines von uns befragten Tarifsekretärs ist die Anwendung des besonderen Eingruppierungs- und Reklamationsverfahrens nur dann nützlich, wenn man in dem Betrieb eine konfliktfähige Interessenvertretung hat: „Schwache Betriebsräte und Paragraph 7, das ist eine Katastrophe, wenn das zusammenfällt."

In den Verwaltungsstellen, in denen wir Interviews geführt haben, waren aber auch Stimmen zu hören, die energisch für das Verfahren nach Paragraph 7 plädierten. Verwiesen wurde dabei auf einen ganz fundamentalen Grund:

„ERA macht sich in der Form in den meisten Betrieben positiv bemerkbar – auch für die IG Metall –, weil die Betriebsräte sich selten so intensiv um ihre Leute gekümmert haben wie bei dieser Einführung, wenn sie es ernst genommen haben. Und da kann das Ergebnis ruhig schlechter sein, aber zum ersten Mal fühlen sich die meisten Belegschaftsmitglieder anständig angesprochen und mit ihrem Problem wahrgenommen. Und ich denke, das ist ein positiver Prozess, den man einfach zusätzlich versuchen muss zu steuern, dass man Betriebsräte wirklich noch verstärkter dazu bringt, wirklich in diese Konfliktgespräche reinzugehen und sich nicht zu scheuen, auch dem Kollegen mal zu sagen, wo der eine oder andere sich vielleicht auch etwas überschätzt. Das ist die große Chance in ERA, sich intensiv mit den Kollegen und ihren Problemen am Arbeitsplatz auseinander zu setzen." (Bevollmächtigter IG-Metall-Verwaltungsstelle B)

Folgt man dieser Argumentation – und Vergleichbares haben wir mehrfach gehört –, kann man die organisationspolitische Bedeutung des Entgeltrahmenabkommens auch ganz unabhängig davon beurteilen, wie hoch der Anteil der Überschreiter ist. Für die Betriebsleitungen ist die Implementation des ERA ein Anlass, bestehende Bewertungsstrukturen (also das Einstufungsgefüge) zu überprüfen und gegebenenfalls zu verändern. Für die Betriebsräte ist sie ein Anlass, ihre Vertretungspolitik zu überprüfen und gegebenenfalls zu verändern. Wir werden auf diesen Punkt zurückkommen (vgl. Kap. 8).

6.3   Selektive Interessenvertretung

In vielen der untersuchten Betriebe – und unsere Betriebsbefragung bestätigt diesen Befund (vgl. Abschnitt 4.3) – sind Angestelltenfunktionen in besonderem Maße von Abwertungen betroffen. Welchen Anteil an diesem Ergebnis die neue Bewertungssystematik hat, war mit unseren Mitteln nicht exakt zu bestimmen. Wir haben aber eine Reihe von Hinweisen gefunden, die dafür sprechen, ihn für eher niedrig zu halten.[2] Ein Grund für den hohen Überschreiteranteil im Angestelltenbereich ist, dass Inhaber entsprechender Stellen in der Vergangenheit häufig einen „informellen" Bewährungsaufstieg erlebt haben, der durch den Text des Gehaltsrahmenabkommens nicht gedeckt war. Stark ins Gewicht fallen dürfte aber auch die Politik der Betriebsräte während der Umstellungsphase bzw. die traditionelle kulturelle Distanz, die es häufig zwischen Betriebsräten und Angestellten gibt (vgl. Schmidt 2003).

Besonders drastisch brachte diese Kluft einer der befragten Interessenvertreter bei einem Landmaschinenhersteller zum Ausdruck. In seinem Unternehmen war die Bewertung von („gewerblichen") Montagetätigkeiten Gegenstand erbitterter Auseinandersetzungen. Daneben waren relativ viele Ingenieursarbeitsplätze im Betrieb ebenfalls von zum Teil ganz massiver Abwertung betroffen. An den Fällen der technischen Angestellten war der Betriebsrat aber nicht be-

---

2   Die These kann sich auch auf Einschätzungen aus der Bezirksleitung der IG Metall stützen: „Systematisch ist es so, dass gerade ERA NRW ein Angestellten-ERA ist" (Tarifsekretär). Dazu befragte Vertreter der anderen Tarifvertragspartei haben dieser Beurteilung nicht widersprochen.

sonders interessiert. Auf Nachfrage zeigte sich, dass dieses Verhalten nicht Ausdruck einer zeitlichen Prioritätensetzung war, wonach man sich erst um die
einen und dann um die anderen kümmert. Handlungsleitend war vielmehr die
Ansicht, sich in erster Linie „um unsere Leute" zu kümmern: „Warum soll ich
für einen tätig werden, der nicht für uns ist?" (Betriebsrat, Fallbetrieb 8). So unverblümt formulierte man das in anderen Betrieben zwar nicht, aber dass die
Konfliktbereitschaft von Betriebsräten im ERA-Umstellungsprozess bei unterschiedlichen Betroffenengruppen durchaus unterschiedlich ausgeprägt ist, kann
auf (der zugegeben schmalen) Grundlage unserer Falluntersuchungen und nach
Berichten von gewerkschaftlichen Umstellungsbetreuern als sehr wahrscheinlich
gelten.

Ein Grund für diese Motivationsunterschiede besteht darin, dass die Betriebsräte in den untersuchten Betrieben überwiegend nicht aus dem Angestelltenmilieu stammen, sondern sich ganz vorrangig aus dem Kreis von Facharbeitern und qualifizierten Angelernten rekrutieren. Bei den beobachteten betrieblichen Umsetzungen des Entgeltrahmenabkommens zeigte sich, dass einerseits
die größere kulturelle Nähe zu den entsprechenden Arbeitsstellen (und Kollegen), aber auch schlicht die bessere Kenntnis der Bedingungen und Anforderungen an diesen Stellen, einen erheblichen Einfluss auf den Verlauf der Verhandlungen mit dem Arbeitgeber gehabt haben.[3] Es war zwar nicht möglich, diesen
Punkt systematischer zu untersuchen, aber entsprechende Einschätzungen, die
wir in mehreren Verwaltungsstellen der Gewerkschaft gehört haben, stützen den
Eindruck, dass diese Form der selektiven Interessenvertretung eine im gesamten
Tarifbezirk recht verbreitete Erscheinung ist.

Das Phänomen der selektiven Interessenvertretung hat auch eine „Gender-
Dimension", die quantitativ für den ganzen Bezirk Nordrhein-Westfalen freilich
schwer zu belegen ist. Immerhin gibt es in unseren Betriebsfallstudien einige in
diesem Zusammenhang interessante Befunde und aufschlussreiche Erklärungen
durch Beteiligte. In einem der Betriebe – genauer: dem Servicebereich eines
Unternehmens, das Antriebstechnik entwickelt und herstellt – lag der Überschreiteranteil unter 25%, war also eher niedrig. Bei den Angestellten war dieser

---

3   Um das vollständige Bild zu bekommen, sollte man allerdings berücksichtigen, dass es
     bei Arbeitgebern recht häufig eine gegenläufige Gunstverteilung zu geben scheint. Mehrere Betriebsräte (und auch einige Personalverantwortliche) haben über entsprechende
     Erfahrungen berichtet: „Es gibt eine klare Trennung zwischen Angestellten und den Gewerblichen. Die Problematik im Angestelltenbereich ist ziemlich schnell erledigt gewesen. Wenn der Betriebsrat da Höhergruppierungen gefordert hat, ist dies zu 90 Prozent
     passiert. Wenn ich das vorher gewusst hätte, wie das abläuft, hätten wir die Gewerblichen vorher gemacht. Denn als es zu den Gewerblichen kam, war mit denen (i.e.
     Arbeitgebern) nicht mehr zu reden, da war einfach Schicht. Ich kann das nicht erklären"
     (Betriebsrat Fallbetrieb 21).

Anteil allerdings annähernd fünfmal so hoch wie bei den gewerblich Beschäftigten. Und bei den Frauen lag er nach Schätzungen des Betriebsrats bei 80%. Die absoluten Zahlen sind zwar weniger beeindruckend, weil der Betrieb überhaupt nur fünfzehn Frauen beschäftigt, gleichwohl sind die unterschiedlichen Ergebnisse bemerkenswert. Die Betriebsräte konnten dieses Resultat im Interview ebenso wenig erklären wie der dazu befragte Personalleiter.

Nach Einschätzungen der Bevollmächtigten aus der Verwaltungsstelle der IG Metall, die den Umstellungsprozess intensiv begleitet hat, liegt die Erklärung für das deutliche Ungleichgewicht zum einen darin, dass die Art von Tätigkeiten, für die hauptsächlich Frauen eingesetzt werden, im neuen Entgeltrahmenabkommen nicht hoch bewertet werden. Das betreffe einmal den ganzen Bereich der *Sekretariatsarbeiten*, „der in ERA teilweise sehr merkwürdig abgebildet ist". Das Abkommen lasse da sehr viel Interpretationsspielraum,

> „und da liegt es wirklich an den einzelnen Vorgesetzten, inwieweit sie wirklich zugeben, wie selbstständig in ihrem Sekretariat gearbeitet wird." (Bevollmächtigte IG-Metall-Verwaltungsstelle E)

Außerdem sei der gesamte *kaufmännische Bereich* tendenziell eher niedrig bewertet, und auch da arbeiten – sieht man von den Führungspositionen ab – ganz überwiegend Frauen. Diskriminierung entlang der Geschlechtergrenze ist das nach Einschätzung der zitierten Gesprächspartnerin aber nur indirekt. Vielmehr hätten die Sekretariats- und kaufmännischen Tätigkeiten ganz unabhängig davon, wer sie ausführt, auch für viele Gewerkschafter immer noch den Geruch unproduktiver Arbeit.

Die geringe Wertschätzung solcher Arbeiten – und die daran gebundene faktische Schlechterstellung von Frauen bei der Eingruppierung – hat darüber hinaus gewiss auch damit zu tun, dass nur ganz wenige Personen aus diesen Bereichen in den Betriebsräten vertreten sind.

7. „Typische" Konfliktfelder und Konfliktgegenstände bei der ERA-Einführung

Etwas als typisch zu deklarieren, ist ein unerfreulich beliebter Kniff, mit dem manch einer das Generalisierungsproblem zu umgehen sucht, das man bei fallstudienbasierter Forschung immer hat. Deshalb setzen wir das Wort in Anführungszeichen. Darauf ganz verzichten wollten wir aber nicht, denn es werden im Folgenden Themen vorgestellt und diskutiert, an denen sich in den meisten der von uns untersuchten Betriebe Konflikte entzündet haben. Zudem haben wir bei Veranstaltungen von Gewerkschaft und Arbeitgeberverbänden erfahren, dass sie anderswo eine ähnliche Bedeutung hatten (und haben). Das sind klare Hinweise, auf die wir unsere Vermutung gründen, dass es sich dabei tatsächlich um Erscheinungen handelt, die bei der betrieblichen Implementation des Entgeltrahmenabkommens zumindest im Tarifgebiet Nordrhein-Westfalen typisch sind.

7.1 Sack und Esel: Was bestritten wird und worum es eigentlich geht

Beobachtet man die Auseinandersetzungen, die es zwischen den Betriebsparteien gegeben hat, ist nicht immer leicht zu unterscheiden, worum genau gestritten wurde. Ging es nur um die Eingruppierung einer Person, ging es auch um die Einstufung einer Stelle oder ging es bereits um die Beschreibung, auf der die Stellenbewertung beruhte? Der Anlass für Konflikte war letztlich so gut wie immer die Eingruppierung von einzelnen Beschäftigten oder ganzen Beschäftigtengruppen. Um darüber überhaupt streiten zu können, muss aber eine der beiden Seiten das, was einer Eingruppierung zu Grunde liegt, in Frage stellen, nämlich die Stellenbeschreibung und ihre Einstufung. Und das hat systematische Gründe.

Dem Anspruch nach ist das Ensemble der Aufgabenbeschreibungen in einem Arbeitsgefüge ein abstraktes, handlungsorientierendes Modell. Es beschreibt einen funktionalen Zusammenhang in einer Prozessperspektive. Die letzten Elemente in einem solchen Modell sind dementsprechend auch nicht Menschen oder Maschinen, sondern die Anforderungen, die an einer bestimmten Stelle im Gefüge erfüllt werden müssen, um den gesamten Prozess reibungslos ablaufen zu lassen. Insofern repräsentiert das Modell eine Realität nicht so, wie sie ist, sondern so, wie sie sein soll. Und es ist dieser *Soll-Zustand*, der bei der Einstufung bewertet wird. Logisch lautet die Frage dabei immer nur: Was sind wir bereit dafür zu bezahlen, dass diese bestimmte funktionale Anforderung erfüllt wird.

Die Unterscheidung von Einstufung und Eingruppierung ist, darauf wurde schon mehrfach hingewiesen, methodisch wie auch politisch von erheblicher

Bedeutung. Dem Anspruch nach erfolgt die Einstufung nach rein objektiven Kriterien. Dabei zählt einzig und allein, welche Anforderungen an einer bestimmten Stelle im Gesamtprozess normalerweise gestellt werden und wie diese nach der im Tarifvertrag bestimmten Systematik zu bewerten sind. „Objektiv" bedeutet hier nicht bloß unvoreingenommen, sondern vor allem: in Absehung von subjektiven Eigenschaften oder Präferenzen.[1] Was irgendein Subjekt, das an dieser Stelle arbeitet, tun *kann,* spielt bei dieser Betrachtungsweise für sich genommen überhaupt keine Rolle. Es geht, wie gesagt, nur darum, was es tun soll.

Widerspricht ein Beschäftigter seiner *Eingruppierung,* muss er bzw. der Betriebsrat in der Regel gleichwohl gegen die *Einstufung* der Stelle argumentieren und zeigen, dass die Anforderungen an der Stelle nicht vollständig beschrieben sind und deshalb die Stelle höher zu bewerten ist. Wird das nicht getan, argumentiert man sozusagen von einer Warte aus, die außerhalb der Logik des Spiels steht. Ein derartiges Vorgehen wird in der Regel die Erfolgsaussichten schmälern. Nach dieser Logik spielt auch bei einer Reklamation der Hinweis darauf, dass derjenige, der Widerspruch eingelegt hat, etwas kann, keine Rolle. Selbst der Hinweis, dass er bestimmte Arbeiten regelmäßig erledigt, muss in der Auseinandersetzung nicht relevant sein, solange der Arbeitgeber zeigen kann, dass diese Arbeiten nicht zum *geforderten* Tätigkeitsumfang (Soll-Zustand) auf der in Frage stehenden Stelle gehören. Darüber lässt sich in sehr vielen Fällen ausgiebig streiten.

Und genau dieser Zusammenhang ist es auch, der die untersuchten Prozesse so konfliktträchtig macht: Das Beschreiben von Aufgaben – die Stellenbeschreibung – findet im Zusammenhang mit der ERA-Einführung in den Betrieben nicht unter tabula-rasa-Bedingungen statt, sondern in einer Situation, in der die zu beschreibenden Stellen bereits besetzt sind, in der sich Wechselbeziehungen zwischen den Tätigkeiten von Stelleninhabern entwickelt haben, die nicht notwendig nur funktional begründet sein müssen, und ähnliches mehr. Diese bei Beginn der ERA-Implementation in einem Betrieb vorgefundene Situation hat im Wortsinn die normative Kraft des Faktischen. Deshalb kann die bei der Stellenbeschreibung systematisch geforderte Abstraktion aus praktischen Gründen nie vollständig sein. Das wissen in der Regel auch alle Beteiligten. Gleichwohl muss der Anspruch gewahrt bleiben, eine jede Stellenbeschreibung habe eine personunabhängige (in diesem Sinn: objektive), konsequent sachlich-funktionale Darstellung zu sein, weil widrigenfalls die gesamte Systematik der Grundentgeltbestimmung mittels Bezug auf die Anforderungen an einer Arbeitsstelle zusammenbräche.

---

1   Letztere stehen dann im Zentrum der (individuellen) Leistungsbewertung, weshalb Lothar Hack und andere schon vor 30 Jahren eine „duale Systematik" der Bewertung von Arbeit diagnostiziert haben (Hack et al., 1979, S. 73f.).

Analysiert man die Konflikte um die neuen Stellenbewertungen und Eingruppierungen in den untersuchten Fallbetrieben vor diesem Hintergrund, lassen sich drei grundlegende Diskrepanzen[2] unterscheiden, die von einer der beiden Betriebsparteien moniert worden sind:

- Eine Nicht-Übereinstimmung von Stellenbeschreibung und den tatsächlichen Anforderungen an einer Arbeitsstelle. Das kritische Argument ist in diesen Fällen: Es ist etwas funktional erforderlich, das bei der Einstufung nicht berücksichtigt wurde; die abstrakte Stellenbeschreibung ist unvollständig.
- Eine Nicht-Übereinstimmung von Stellenbeschreibung und der geleisteten Arbeit. Das kritische Argument ist in diesen Fällen: Die abstrakte Stellenbeschreibung entspricht in wesentlichen Aspekten nicht dem, was an der Stelle tatsächlich regelmäßig getan wird.
- Fehler bei der Eingruppierung. Das kritische Argument ist in diesen Fällen: Eine Arbeitskraft muss, um ihre Stelle auszufüllen, mehr oder weniger können und tun, als das, was in der Entgeltgruppe vorgesehen ist, in die sie eingruppiert worden ist.

Unvollständige Beschreibung der Anforderungen an einer Arbeitsstelle

Die angesprochene praktische Unmöglichkeit der vollständigen Abstraktion bei der Stellenbeschreibung haben die Akteure in jedem der analysierten Fälle als eine Schwierigkeit erfahren. Der Geschäftsführer eines mittelständischen Automobilzulieferers (Fallbetrieb 7) hat das im Interview so formuliert:

> „Die Problematik, die wir immer hatten, war, dass man ja eigentlich eine Stelle beschreiben sollte und nicht eine Person, die man hinter dieser Stelle sah. Und das voneinander zu trennen, ist uns häufig extrem schwer gefallen. Wir haben dann häufig doch eigentlich diese Stelle der Person beschrieben und nicht den Prozess gesehen, wie er eigentlich ablaufen sollte."

Diese Aussage verweist auf eine wesentliche Konfliktlinie bei der Neubewertung der Stellen, die freilich nicht nur in diesem Unternehmen zu Tage getreten ist.

Virulent wurde diese Diskrepanz bei der in vielen Untersuchungsbetrieben besonders umstrittenen Frage der Bewertung von Berufserfahrung (Subkategorie des Anforderungsmerkmals „Können"; vgl. Abschnitt 3.2). Bei der Einstufung vieler Stellen in Montagebereichen verneinten Arbeitgeber häufig, dass über bestimmte fachliche Grundkenntnisse hinaus eine längere Berufserfahrung notwen-

---

2   Die folgenden Überlegungen beziehen sich nicht unmittelbar auf manifeste Konfliktgegenstände, sondern auf die Ursachen, die diesen Konflikten zugrunde liegen. Deshalb reden wir von Diskrepanzen und nicht von Dissens. Der Dissens zwischen den verhandelnden Parteien ist systematisch auf diese Diskrepanzen zurückzuführen, aber nicht schon dasselbe.

dig ist, um die dort gestellten Aufgaben zu bewältigen. Regelmäßig widerspra-
chen Betriebsräte und Betroffene dieser Auffassung mit dem Hinweis, dass die
Stelleninhaber nicht nur über langjährige Berufserfahrung verfügen – was an
sich ja nach der Logik der Bewertung von *Anforderungen* kein legitimes Argument ist –, sondern diese Erfahrung auch tatsächlich notwendig ist, damit sie an
ihrer Arbeitsstelle sachgerecht agieren können.

Man würde den divergierenden Wahrnehmungen und der Komplexität des
Gegenstands dieser Wahrnehmungen nicht gerecht, bliebe man bei der Feststellung stehen, dass die eine Betriebspartei vom Ist-Zustand aus argumentiert („wir
tun das doch") – und also „systemwidrig" – und die andere korrekterweise vom
Soll-Zustand aus. Denn der jeweilige Ausgangspunkt (Ist oder Soll) ist für sich
genommen noch kein Argument in einer Auseinandersetzung, in der es im Kern
um die Frage geht, wie angemessen die Abstraktion von der Art, wie eine Aufgabe momentan erfüllt wird, wirklich ist. Dabei hat man es also mit einer Entscheidung zu tun, die nicht einfach durch genaues Hinsehen sachlich unbestreitbar begründet werden kann. Ein Beispiel soll das illustrieren.

So wurde bei dem gerade angesprochenen Automobilzulieferer debattiert,
ob man von der Berufserfahrung der Beschäftigten bei der Einstufung der Stellen von Maschinenbedienern absehen kann, weil die zwar im Einzelfall möglicherweise vorhanden, aber funktional überhaupt nicht gefordert ist. Es ging also
um die Entscheidung darüber, in welchem Maße Erfahrung relevant und damit
auch zu bewerten ist. Die entsprechenden Differenzierungsstufen im Tarifvertrag sind – vermutlich bewusst, um die Unterscheidung zu erleichtern – recht
breit ausgefallen. Unterschieden wird zwischen Aufgaben, für deren Erledigung
keine (null Punkte), eine mindestens einjährige (sechs Punkte) oder mehr als
drei Jahre Berufserfahrung (zwölf Punkte) notwendig sind (vgl. Tab. 3-4). Als
Instrument ist das sehr klar definiert; die Stufen sind eindeutig, weil quantitativ,
voneinander abgegrenzt. Das ändert aber nichts daran, dass unter Umständen
relevante Unschärfen an den Rändern zwischen den Stufen bleiben.[3] Das Ausmaß an Berufserfahrung, das für die Erfüllung einer Aufgabe funktional notwendig ist, lässt sich in vielen Fällen nicht einfach ablesen; es zu quantifizieren,
bleibt unumgänglich einer Interpretation überlassen, in die nicht nur Interessen,
sondern auch Kenntnisse und Erfahrungen derer eingehen, die das tun (die Berufserfahrung von Stellenbewertern, wenn man so will).

Bei der Stellenbewertung geht es also immer auch um Deutungshoheit.
Nach Lage der Dinge sind dabei diejenigen, die die Stellen innehaben, also die
abhängig Beschäftigten, prinzipiell in einer ungünstigeren Position. Und zwar
sind sie das nicht nur deshalb, weil der Arbeitgeber – das ist Teil seines Direk-

---

3   So dürfte die Entscheidung nicht immer ganz einfach sein, ob für eine Aufgabe 35 Mo-
     nate Berufserfahrung schon genügen oder ob es 37 Monate sein müssen.

tionsrechts – den ersten Zug hat, sondern auch, weil sie zur Begründung einer Einwendung gegen seine Entscheidung gegebenenfalls glaubhaft machen müssen, dass eine Aufgabe ohne beispielsweise bestimmte Berufserfahrungen, über die sie verfügen, nicht bewältigt werden kann. Stichhaltig beweisen lässt sich das in sehr vielen Fällen wohl nur experimentell: man müsste Menschen mit dieser Aufgabe betrauen, die über die infrage stehenden Erfahrungen unbestreitbar nicht verfügen. Dass diese Vorgehensweise nicht nur für die betroffenen Arbeitnehmer keine ernstzunehmende Option ist, dürfte jedem einleuchten.

Nicht-Übereinstimmung von Stellenbeschreibung und tatsächlicher Arbeit

In einigen der untersuchten Betriebe resultierten Konflikte daraus, dass Beschäftigte lange Zeit auch Arbeiten ausgeführt haben, die durch ihre Funktionsbeschreibung nicht gedeckt waren. Anlass der Auseinandersetzungen war in solchen Fällen also nicht, dass der Arbeitgeber zum Ausdruck brachte, das tatsächliche Niveau der Anforderungen an dem Arbeitsplatz einer Person sei niedriger als es der bisherigen Eingruppierung entspricht und die Arbeit folglich überbewertet. Vielmehr haben einzelne Beschäftigte darauf hingewiesen, dass sie mehr oder weniger regelmäßig höherwertige Arbeiten verrichten und deshalb auch höher eingruppiert werden müssten. Konkreter Gegenstand von Auseinandersetzungen war in solchen Fällen typischerweise die Bewertung des Handlungs- und Entscheidungsspielraums und der Kooperationsnotwendigkeit an einer Arbeitsstelle.

Während bei den zuvor angesprochenen Beispielen zur Debatte stand, ob eine Stellenbeschreibung vollständig ist, wurde hier auf einem anderen Feld gestritten. Der Betriebsrat oder ein Betroffener selbst hat belegen können, dass an einer Arbeitsstelle bestimmte Anforderungen unter Umständen bereits seit langer Zeit erfüllt werden und dass dies bei der Eingruppierung bislang nicht berücksichtigt worden ist. Das hat die andere Partei in diesen Fällen auch gar nicht bestritten, wohl aber, dass die angeführten Tätigkeiten von einem Inhaber *dieser* Stelle verlangt werden. Der Arbeitgeber argumentierte vielmehr, dass einige der ins Feld geführten Arbeiten nicht bloß nicht bewertungsrelevant, sondern den betreffenden Arbeitskräften sogar zu untersagen seien, weil ihre Erledigung zur Funktionsbeschreibung beispielsweise ihrer Vorgesetzten gehört. In solchen Fällen hat die Neubewertung der Stellen einen Prozess ausgelöst, an dessen Ende häufig die Korrektur von *Job-Enrichment* stand, das sich zum Teil über Jahrzehnte lang gleichsam naturwüchsig entwickelt hatte.

Wir haben aber auch Fälle gefunden, in denen Stellenbeschreibung und tatsächliche Arbeit sich sozusagen in die andere Richtung auseinander bewegt haben. So gab es in beinahe jedem der untersuchten Betriebe Beispiele dafür, dass in den letzten Jahrzehnten die Eingruppierung von Arbeitskräften nicht angepasst worden ist, nachdem man sie mit anderen Aufgaben betraut hat. Anders formuliert: Es hat sich lange Zeit niemand planmäßig darum gekümmert, ob diesen Personen auf ihrer aktuellen Arbeitsstelle tatsächlich noch das abverlangt wird, wofür sie ihr Grundentgelt bekommen. Dass dies nun sichtbar wurde, hat – wir haben darauf schon mehrfach hingewiesen – mit dem neuen Entgeltrahmenabkommen für sich genommen nichts zu tun, sondern damit, dass anlässlich der betrieblichen Umsetzung des ERA die Bestimmung tendenziell aller Grundentgelte wieder auf eine systematisch einheitliche Grundlage gestellt worden ist.

Auch die vor diesem Hintergrund vorgenommenen Korrekturen kann man nicht einfach entlang der Leitdifferenz „falsche" oder „richtige" Eingruppierung erklären. Denn dass es zu den beobachteten Abweichungen zwischen neuen und alten Eingruppierungen gekommen ist, lag ja nicht daran, dass die Vorgesetzten unfähig gewesen wären, die Systematik der alten Rahmentarifverträge korrekt umzusetzen. Deutlich wird vielmehr, dass formelle Entgeltabkommen immer nur eine Einflussgröße bei der Bewertung von Arbeit sind; Managemententscheidungen (beispielsweise jemanden zu belohnen[4]), Marktbedingungen sowie betriebliche und überbetriebliche Machtverhältnisse sind weitere Bestimmungsfaktoren.

In vielen der untersuchten Fälle ist die Implementation des Entgeltrahmenabkommens ein *Anlass* dazu gewesen, durch diese Einflussfaktoren begründete individuelle Variationen zu eliminieren und die Stellenbeschreibungen und -bewertungen wieder an einem standardisierten, im gesamten Betrieb durchgängig gültigen einheitlichen Raster auszurichten.

Fehler bei der Eingruppierung

Ein weiterer typischer Anlass für betriebliche Verhandlungen waren solche Eingruppierungen durch den Arbeitgeber, bei denen eine nähere Betrachtung durch die Betroffenen oder den Betriebsrat zeigte, dass sie auf unvollständigen Informationen oder einfach auf einem Missverständnis basierten. Dies waren zumeist die am leichtesten zu lösenden Streitfälle, weil es hier in der Regel nicht um Grundsätzliches gegangen ist. Da das Entgeltrahmenabkommen in den meisten Fällen in einem vergleichsweise kurzen Zeitraum und neben dem eigentlichen Geschäft der Betriebe implementiert worden ist, ist es nicht weiter erstaunlich, dass auch immer wieder Fehler vorgekommen sind. Meist waren dies Falscheingruppierungen durch Vorgesetzte. In diesen Fällen wurde die Angelegenheit entweder in dem mit der Umsetzung befassten Team oder gleich mit dem zuständigen Chef besprochen, und man einigte sich normalerweise recht schnell

---

4   Diese Praxis wird in der Aussage einer Personalleiterin beschrieben: „Da gab es halt oft früher die Tendenz: Das ist ein guter Mann, dem geben wir mal 'ne Lohngruppe mehr, ob die Aufgabe richtig eingestuft war oder nicht" (Fallbetrieb 7).

auf eine Korrektur. Wir haben auch beobachtet, dass nicht ganz eindeutige Problemfälle dieser Art dadurch „aus der Welt geschafft" wurden, dass man Personen auf den strittigen Stellen höherwertige Aufgaben übertragen hat, die dann auch zur geforderten höheren Eingruppierung passten. Diese Form des grundentgeltwirksamen Job-Enrichments geschieht nach unseren Informationen aber äußerst selten in systematischer Weise. Die besonders in gewerkschaftsnahen Kreisen gehegte Hoffnung, dass die betriebliche Implementation des neuen Tarifvertrags in nennenswertem Umfang zu einer inhaltlichen Anreicherung von Tätigkeiten führen könnte, hat sich nicht erfüllt. Das zeigen nicht nur unsere Fallstudien, sondern auch die Ergebnisse unserer Betriebsbefragung.

7.2   Formen der Selbstbindung: Konstruktion von Anschlusszwängen und „akkordierte Objektivität"

Würden die Dinge sich ihrem Begriff gemäß verhalten, interessierten bei der Stellenbewertung nur zwei Größen, nämlich das Anforderungsprofil und der Wert, der diesem im Tarifvertrag zugemessen wird. Streng genommen hätte man also bei der Neubewertung aller Stellen, die im Vollzug der ERA-Implementation stattfindet, nicht nur von den derzeitigen Stelleninhabern und ihren spezifischen Qualitäten zu abstrahieren, sondern – zumindest im ersten Schritt – auch davon, welche Auswirkungen die Einstufung einer bestimmten Stelle auf die betriebliche Entgeltstruktur insgesamt und auf die Entgeltsumme haben wird. Das sind freilich sehr heroische Annahmen, und die betriebliche Praxis weicht davon mehr oder weniger gravierend ab.

Bei der Beschreibung und erst recht bei der Bewertung von Anforderungsprofilen orientierten sich die Akteure in den von uns untersuchten Betriebsfällen sicherlich an den entsprechenden Bestimmungen – vor allem den Bewertungskriterien – des Entgeltrahmenabkommens. Klar ist aber auch, dass man selbst bei orthodoxester Auslegung des Tarifvertragstextes Entscheidungen darüber, welche Anforderungen sich an einer Stelle in welchem Ausmaß stellen, nicht auch nur annähernd so eindeutig zu begründen vermag, wie man beispielsweise den Jahresbedarf an Schmiermitteln bestimmen kann oder den Speicherplatz, den eine Software benötigt. Bei Entscheidungen über Anforderungsprofile und ihre Bewertung werden – und das wissen alle Beteiligten – immer Interpretationen, Opportunitäten, Traditionen, Kräfteverhältnisse und bisweilen vielleicht sogar auch Zufälle eine gewisse Rolle spielen. Gleichwohl ist die Arbeitsbewertung in den kapitalistischen Unternehmen hier zu Lande kein reines Machtspiel. Sie folgt bestimmten formalisierten Regularien, deren Gültigkeit im Normalfall von keiner der beiden Seiten prinzipiell in Frage gestellt wird. Selbst wenn es zu harten Verhandlungen kommt, haben die „Kombattanten" ein zumindest implizites geteiltes Verständnis darüber, was ein in ihren Auseinandersetzungen legitimes Argument ist und was „bloß" eine Forderung. Was aber strukturiert in welcher Weise die Verhandlungen über Einstufungen und Eingruppierungen? Und worauf basiert ein Konsens, wenn er denn einmal hergestellt worden ist? Sicherlich ist es nicht der Text des Entgeltrahmenabkommens allein.

Die immense Aufgabe, alle Anforderungsprofile in einem Betrieb neu zu definieren, ist praktisch wohl überhaupt nur zu bewältigen, wenn man von Beginn an die unterschiedlichen Arbeitsstellen zueinander in Beziehung setzt. Idealisiert gibt es zwei Möglichkeiten, das zu tun. Man orientiert sich an der alten Verteilung der Lohn- und Gehaltsgruppen und überprüft dann, ob diese Bewertungen noch stimmen. Tendenziell wird bei dieser Vorgehensweise nur über die Stellen geredet, bei denen man der Meinung ist, dass die Anforderungen sich seit der letzten Einstufung verändert haben könnten. Alle anderen werden mehr oder weniger ungebrochen „regelübergeleitet". Die andere Möglichkeit besteht darin, Rangreihen zu bilden. Man beginnt mit einigen wenigen Tätigkeiten, über deren Einstufung nach den neuen Bewertungskriterien relativ unkompliziert Einigkeit hergestellt werden kann (eventuell solche, zu denen es tarifvertragliche Niveaubeispiele gibt) und bestimmt von diesen ausgehend dann alle anderen als höher- oder minderwertig. Intuitiv ist das vielfach kein sehr großes Problem, aber im Detail kann es doch schnell tückisch werden.

Bei den Fallstudien haben wir beide Herangehensweisen gefunden. In den meisten Fällen wurden sie kombiniert; das wurde uns aber in keinem Betrieb als Ergebnis einer strategischen Entscheidung dargestellt. Vielmehr „ergab es sich so", und zwar häufig deshalb, weil auch da, wo der Arbeitgeber es anders wollte, der Betriebsrat, aber auch die Vorgesetzten, die man mit der Beschreibung und Einstufung beauftragte, sich am alten Gefüge orientiert und gerade in Auseinandersetzungen immer wieder darauf verwiesen haben. Es haben aber auch nur wenige der befragten Arbeitgeber(vertreter) versucht, die Neubewertungen ganz strikt von den vorhandenen Entgeltstrukturen abzulösen. Und keiner von ihnen war der Meinung, damit viel Erfolg gehabt zu haben. Die Chance, so einer von ihnen,

> „dass man wirklich diese Prozessorientierung in den Mittelpunkt gestellt hätte und dort wirklich mal alles neu überdacht hätte" (Geschäftsführer Fallbetrieb 7),

sei bei der Umstellung auf die neue Bewertungssystematik zumindest nicht durchgängig genutzt worden.

Unabhängig davon, ob man sich an dem alten Lohn- und Gehaltsgefüge im Detail orientiert hat oder nicht, die Antizipation der finanziellen Auswirkungen der absehbaren neuen Entgeltstruktur hat bei der betrieblichen Umsetzung des Tarifvertrags regelmäßig eine ganz wesentliche Rolle gespielt. Denn Geschäftsgrundlage jedes betrieblichen Umstellungsprojekts ist ja gewesen, dass die Kosten im Durchschnitt aller Betriebe nicht um mehr als 2,79% steigen sollten. Tatsächlich waren diese 2,79% aber mehr als ein statistischer Durchschnittswert. Wie wir beobachtet haben, nutzten ihn beide Betriebsparteien als wichtige Orientierungsgröße.[5] Sie taten das allerdings mit unterschiedlicher Intention. Für die Arbeitgeber, die wir dazu interviewt haben, war diese Prozentzahl ein Schwellenwert; größer durfte die Steigerungsrate nicht sein, unterhalb war alles möglich, wenn die Stellen tarifgemäß eingestuft wurden. Für die meisten der befragten Betriebsräte hingegen waren die 2,79% ein Sollwert; lag die tatsächliche Steigerungsrate niedriger, galt ihnen das als Verlust.[6] Das von den Tarifvertragsparteien zur Verfügung gestellte Kostenprognoseprogramm erlaubte es beiden Seiten, die finanziellen Konsequenzen von Einstufungsentscheidungen ständig, den Prozess begleitend, zu überprüfen.

Diese Software ermöglichte aber nicht bloß eine permanente Kontrolle der absehbaren Gesamtentgeltkosten – und damit ein Justieren der Einstufungen vom antizipierten (finanziellen) Ende her. Das Kostenprognoseprogramm vereinfachte auch Quervergleiche zwischen ähnlichen Tätigkeiten, etwa an unterschiedlichen Standorten eines Unternehmens, ganz erheblich und erleichterte so allen Beteiligten die Orientierung in dem komplexen Geschehen. Die Relevanz eines derartigen Bezugsrahmens lässt sich besonders gut an den Umstellungsverläufen studieren, wo er zu fehlen scheint. In einigen Betriebsfällen war der ERA-Einführungsprozess in der Anfangsphase dadurch geprägt, dass die Arbeitsplatzbeschreibung und -bewertung tatsächlich einzelfallbezogen, soll heißen ohne systematische Quervergleiche durchgeführt wurde. Dies führte dazu, dass artverwandte Tätigkeiten in verschiedenen Abteilungen unterschiedlich beschrieben und dann auch entsprechend unterschiedlich eingestuft worden sind. Das wiederum löste später, als man die betriebsweite Angleichung nachträglich zu realisieren versuchte, heftige Auseinandersetzungen nicht nur zwischen Betriebsrat und Arbeitgeber aus, sondern auch zwischen dem Gremium, das für die Umstellung verantwortlich war, und Vorgesetzten aus unterschiedlichen Abteilungen. Viele dieser Vorgesetzten waren nicht gewillt, Abstriche an den zuvor festgeschriebenen Stelleneinstufungen einfach zu akzeptieren. Alle in diesem

---

5   Schon deshalb dürfte der tatsächliche Durchschnittswert im Tarifbezirk am Ende unter 2,79% liegen.

6   Ganz ähnlich unterscheiden sich auch die Interpretationen der Kostenneutralität durch die nordrhein-westfälischen Tarifvertragsparteien. Während der Arbeitgeberverband argumentiert, dass eine Kostensteigerung zwischen Null und 2,79% als kostenneutral zu gelten hat (Hofmann/Rösner 2007, S. 8), erklären Vertreter der IG Metall, alles was unterhalb von 2,79% liegt, sei nicht kostenneutral, sondern eine Ersparnis für den Betrieb (Sadowsky 2008, S. 37). Wichtig ist diese Unterscheidung dafür, wie mit den Mitteln des ERA-Ausgleichsfonds zu verfahren ist (vgl. Abschnitt 3.5).

Betrieb Befragten waren sich im Rückblick einig, dass man das hätte vermeiden sollen und können.

Ein im beschriebenen Sinn indirekt konzertiertes Vorgehen – durch ständige Quervergleiche bereits bei der Stelleneinstufung – hat also insofern eine kalmierende Wirkung, als es im besten Fall Differenzen gar nicht erst entstehen lässt, die wieder zu beseitigen mit hoher Wahrscheinlichkeit zu zeitaufwändigen Auseinandersetzungen führen würden. Zugleich entsteht auf diese Weise schnell ein Grundgerüst von eingestuften Stellen, das man beim weiteren Vorgehen Schritt für Schritt dadurch ausfüllen kann, dass man zu bewertende Stellen durch Abgrenzung („höher als dieses, aber niedriger als jenes Anforderungsprofil") sozusagen in das bereits bestehende Gerüst einsortiert. Das heißt, die betriebliche Entgeltstruktur ist nicht das, was sich ergibt, wenn alle Stellen im Betrieb eingestuft sind, sondern man orientiert sich bereits beim Einstufen daran, wo in einer antizipierten Gesamtstruktur die jeweils einzustufenden Stellen zu positionieren sind.

Aus diesem Grund ist die frühzeitige Verständigung über Eckpunkte der künftigen betriebsweiten Entgeltstruktur auch ein überaus wirksamer Mechanismus der Fremd- und Selbstbindung unter den Beteiligten. Wenn man nämlich einmal einer Grundstruktur zugestimmt hat, kann man späteren Einzelentscheidungen, die von dieser Struktur aus begründet werden, schwerer widersprechen. Das ist genau der Wirkungszusammenhang, den wir bereits in Abschnitt 6.2 diskutiert haben. Und er scheint bei der ERA-Umstellung vor allem für die Arbeitnehmerseite häufig ein Dilemma konstituiert zu haben. Von einem Gewerkschaftsfunktionär wurde das im Interview folgendermaßen beschrieben:

> „In den meisten Fallbetrieben wurden in der Betrachtung nicht die Einzelarbeitsplätze eingruppiert, sondern man hat gesagt, wo haben wir eigentlich Schlüsselpositionen im Betrieb und wie bewerten wir diese Schlüsselpositionen. Dann hat man so etwas wie ein Raster gehabt und gesagt, dieser Platz ist der klassische Facharbeiterplatz und dieser Platz ist der klassische Zuarbeitsbereich, und diese klassischen Tätigkeiten werden auch klassisch eingruppiert in Facharbeiterlohngruppen etc. Wenn man diese Struktur erst einmal hatte, dann kam man aus diesem Gefängnis nicht mehr raus. Man hat mit der Zustimmung zu dieser Struktur praktisch schon die Zustimmung zur nachfolgenden Eingruppierung gegeben. Daraus ist man dann später in der paritätischen Kommission nur mit Mühe wieder heraus gekommen." (ERA-Verantwortlicher der IG-Metall-Verwaltungsstelle C)

Was hier für die Zustimmung zur Einstufung von bestimmten „Ankerstellen" geschildert wird, galt in den Betrieben, in denen die ERA-Einführung als bilaterales Verfahren angelegt war, an dem beide Betriebsparteien tatsächlich – also nicht bloß pro forma – beteiligt waren, auch für den Prozess der betrieblichen ERA-Umsetzung insgesamt.

Sobald sich eine Partei auf die Regeln des Spiels eingelassen und bei der Definition einer Grundstruktur mitgetan hat, kann sie die Legitimität von späteren Entscheidungen nur noch dann in Abrede stellen, wenn ein Regelverstoß oder die falsche Auslegung der Regeln nachgewiesen oder wenigstens glaubhaft gemacht werden kann.[7] Das gilt prinzipiell und war also auch schon bei den alten Lohn- und Gehaltsrahmenabkommen der Fall. Dass die Verständigung darüber, ob eine Regel korrekt ausgelegt worden ist oder nicht (bzw. ob die Positionierung einer Stelle in dem Grundgerüst angemessen ist oder nicht), beim neuen Entgeltrahmenabkommen anscheinend noch schwieriger ist als zuvor, liegt an einem Umstand, den man mit Fug und Recht als eine der entscheidenden Änderungen bezeichnet hat, die das neue gegenüber den alten Rahmenabkommen bewirkt. Fähigkeiten und Fertigkeiten, die an einer Arbeitsstelle verlangt werden, lassen sich nun mehrdimensional und flexibler bewerten. Vor allem im Lohnrahmenabkommen gab es zuvor praktisch nur ein relevantes Kriterium, nämlich die Kenntnisse, die für die Erledigung einer Aufgabe erforderlich sind. Das ist nun anders geworden (siehe dazu Abschnitt 3.2). Aber die Zunahme der zu berücksichtigenden Einstufungskriterien macht die Arbeitsplatzbewertung nicht notwendig einfacher.

Bezeichnenderweise haben sich vor allem die Diskussionen über die Bedeutung der neu definierten Anforderungsmerkmale, nämlich *Handlungs- und Entscheidungsspielraum, Kooperationserfordernisse* und – in geringerem Maße – *Führungsaufgaben,* immer wieder, wenn auch in von Betrieb zu Betrieb durchaus unterschiedlicher Weise, als Konfliktfelder erwiesen. Die sich daraus ergebenden Zumutungen hat einer der interviewten Betriebsräte wie folgt beschrieben:

> „Am liebsten wäre mir immer gewesen, ERA ginge nach Größe und Gewicht. Da gibt es nichts zu deuten, da hat man Anzeigen und da kann man einsortieren. Die Formulierungen sind aber schwammig und es war einfach Auslegungssache." (Betriebsrat Fallbetrieb 3)

Die Unsicherheit, die aus dieser Formulierung spricht, fanden wir auch bei anderen Gesprächspartnern. Nicht nur Betriebsräte, sondern auch Vorgesetzte, die Stellen in ihrem Verantwortungsbereich beschreiben mussten, hatten offenbar mit den Interpretationsspielräumen des ERA-Tarifvertrags zu kämpfen.

Systematisch interessant ist das Spannungsfeld, das sich hier auftut. Einerseits hängt die Legitimität des gesamten Bewertungsverfahrens davon ab, dass die Beteiligten und die Betroffenen von der Objektivität – hier im Sinne von

---

7 Da der Arbeitgeber das Recht zum ersten Zug hat, ist die andere Seite zudem prinzipiell nur zur Reaktion legitimiert. In einigen der untersuchten Betriebe haben Betriebsräte zwar von sich aus Stellenbeschreibungen erstellt, aber die hatten im Streitfall regelmäßig den vom Arbeitgeber initiierten Beschreibungen gegenüber eine untergeordnete Bedeutung.

neutral und (weitestgehend) eindeutig – des Geschehens im Großen und Ganzen überzeugt sind. Andererseits ist die wertmäßige Beurteilung der „schwammig" formulierten Anforderungen an einer Arbeitsstelle genau das: eine Beurteilung, und über die lässt sich in jedem Einzelfall streiten. Die Objektivität, auf der die Legitimität des Verfahrens (und in den Augen vieler Gewerkschaftsmitglieder auch: des Entgeltrahmenabkommens) basiert,[8] kann eben nicht wie im Fall der Messung von Größe oder Gewicht leicht überprüft werden, denn sie ist eine intersubjektiv hergestellte, ist „akkordierte Objektivität" (im Sinne von d'accord). Das ist zwar an sich nichts Neues, stellte aber vor allem für viele der Betriebsräte bei der ERA-Umsetzung eine enorme Herausforderung dar.

Nicht zuletzt deswegen spielt für die Legitimität einer betrieblichen ERA-Einführung die relative (und manchmal auch vielleicht nur inszenierte) Transparenz des Verfahrens der Arbeitsplatzbeschreibung eine bedeutende Rolle. Dementsprechend wurde dafür ein erheblicher Aufwand getrieben, obwohl bekanntlich kein Unternehmen verpflichtet ist, „zum Zweck der Einstufung der Arbeitsaufgaben und Eingruppierung der Beschäftigten Beschreibungen der betrieblichen Arbeitsaufgaben zu erstellen" (Metall NRW 2005, Kap. 4, S. 1). Keines der von uns untersuchten Unternehmen hat auf die Anfertigung von Arbeitsplatzbeschreibungen verzichtet. Die dafür von den Betriebsparteien genannten Gründe sind die allgemein bekannten: Beschreibungen hülfen den Beteiligten, die richtige Bewertungsstufe bei den Anforderungsmerkmalen zu finden und der Arbeitsaufgabe die angemessene Entgeltgruppe zuzuordnen. Außerdem erleichterten sie Quervergleiche zwischen betrieblichen Aufgaben und Aufgabenbereichen, was wiederum die Überprüfung von Bewertungsergebnissen vereinfache.

Soziologisch interessanter ist jedoch ein Punkt, der ebenfalls in der gerade zitierten Arbeitshilfe des Arbeitgeberverbands angesprochen wird. Die Zustimmung des Betriebsrats zu Eingruppierungen werde auf der Basis „klar und eindeutig beschriebener Arbeitsaufgaben (...) zumindest erleichtert" (Metall NRW 2005, Kap. 4, S. 2). Hier wird eine Qualität der Arbeitsbeschreibungen gefordert, die unter Legitimitätsgesichtspunkten funktional ist. Wer kann schon vernünftigerweise gegen Beschreibungen und daraus abgeleitete Bewertungen opponie-

---

8   Der Objektivitätsanspruch wird gerade von den Praktikern der Arbeitsbewertung immer wieder relativiert. Wohl keiner von ihnen würde ernsthaft behaupten, dass eine Einstufung bloßer Nachvollzug eindeutiger, objektiver Gegebenheiten ist. Aber für die Legitimität des ganzen Geschehens ist der Anspruch, dass es dabei „letztlich dann doch irgendwie objektiv" zugeht, von ganz entscheidender Bedeutung. Das übersehen manche Kritiker des Entgeltrahmenabkommens, die fordern, dass die Frage, ob eine Eingruppierung nach den tarifvertraglichen Bewertungskriterien objektiv ist, für die betriebliche Lohnpolitik keine Rolle spielen dürfe, weil Lohnfragen ohnehin immer Machtfragen seien (so etwa Gleiss 2007). Wir werden auf das Verhältnis von Objektivität und Gerechtigkeit im Zusammenhang mit der ERA-Einführung in Abschnitt 7.3 näher eingehen.

ren, wenn diese klar und eindeutig und damit, so die implizite Botschaft, unzweifelhaft objektiv sind? Klarheit und Eindeutigkeit lässt sich in diesem Zusammenhang umso leichter plausibel machen, je abschließender (im Sinne von umfassend) die Beschreibungen sind. Hier tut sich dann allerdings ein weiteres Spannungsfeld auf – dieses Mal auf Arbeitgeberseite, denn für die Legitimität des Verfahrens ist es wichtig, den Interpretationsspielraum, den eine Funktionsbeschreibung bei der Bewertung lässt, möglichst klein zu halten.[9] Das verlangt nach einem eher hohen Detaillierungsgrad. Andererseits liegen sehr ausführliche Arbeitsplatzbeschreibungen – und darauf verweist Metall NRW in der gerade zitierten Arbeitshilfe ebenfalls – nicht im Interesse des Arbeitgebers, weil man sich dadurch festlegt und den eigenen Handlungsspielraum eventuell in unerwünschter Weise einengt. In vielen der untersuchten Fälle scheint die Arbeitgeberseite den zweiten Aspekt wichtiger genommen zu haben. Das wäre jedenfalls eine schlüssige Erklärung dafür, warum es selbst bei gemeinsam von beiden Betriebsparteien erstellten Funktionsbeschreibungen später noch ganz erhebliche Meinungsverschiedenheiten bei der Einstufung der beschriebenen Stellen gegeben hat.

Dass einige der interviewten Betriebsräte auf entsprechende Nachfrage zugestanden haben, dass sie in einigen von diesen Fällen durchaus nicht immer überzeugt waren, dass die von ihnen reklamierten Eingruppierungen „objektiv" falsch waren, widerspricht diesem Befund nicht. Es zeigt nur, dass beide Seiten versuchten, Interpretationsmöglichkeiten in ihrem Sinne zu nutzen. Wohl in realistischer Einschätzung ihrer Verhandlungsmacht neigten die Betriebsräte in den untersuchten Fallbetrieben aber unisono dazu, auf möglichst detaillierte Stellenbeschreibungen zu drängen (was gemeinhin ja auch von der IG Metall empfohlen wird). Sie taten das allerdings in manchen Fällen nur mit mäßigem Erfolg, denn aus Sicht des Arbeitgebers ist unter Flexibilitäts- und Kostengesichtspunkten eine gewisse Vagheit von Stellenbeschreibungen durchaus wünschenswert. Unter dem Gesichtspunkt der Legitimitätssicherung kann es allerdings schnell zum Problem werden, wenn die so gesicherte interpretative Flexibilität sichtbar wird. Denn wenn dies geschieht, wenn also sichtbar wird, dass der Beschluss über eine Einstufung mitnichten zwingend und alternativlos begründet ist, ja vielleicht nicht einmal alternativlos begründet sein kann, dann eröffnet das Betriebsräten wie den betroffenen Stelleninhabern selbst die Möglichkeit, die Auseinandersetzungen legitimerweise auf eine andere Ebene zu heben, eine

---

9 Nachgerade prototypisch wurde das im Interview von einer Personalleiterin zum Ausdruck gebracht: Es gehe darum, „völlig neutral diese Dinge (zu) betrachten" und zu schauen, zu welchem Ergebnis man kommt, „wenn man im wahren Buchstaben des Gesetzes (i.e. des Tarifvertrags) schaut, was diese Stelle bedeutet" (Personalleiterin Fallbetrieb 8).

Ebene auf der es primär nicht mehr um die Frage der technisch-neutralen Umsetzung eines objektives Regelwerks geht, sondern um Fairness und Gerechtigkeit. Es sagt vermutlich sehr viel über die Verhältnisse in den untersuchten Betrieben aus, dass in den Verhandlungen zwischen Arbeitgeber und Betriebsrat offenbar technische Fragen nach der Regelangemessenheit bestimmter Entscheidungen, der Korrektheit von Beschreibungen und Bewertungen und dergleichen explizit eine dominierende Rolle gespielt haben. Hinweise darauf, dass bestimmte Entscheidungen unabhängig davon, ob sie in Übereinstimmung mit Bestimmungen des Tarifvertrags stehen oder nicht, den Betroffenen gegenüber schlicht ungerecht seien, wurden zwar von einzelnen Betriebsräten formuliert, aber in der Regel erst dann, wenn klar war, dass die andere Seite bereits gewonnen hatte.

Angesichts der entsprechenden Beschreibungen in den Interviews drängt sich der Eindruck auf, dass für die Interessenvertreter der Appell für mehr Gerechtigkeit als letztes Mittel galt, das in den Verhandlungen dann zum Einsatz gekommen ist, wenn man eigentlich schon resigniert hatte. Dies mag man als Ausweis dafür lesen, dass die Betriebsräte die Regeln des Spiels sehr gut kannten. Daraus kann aber nicht gefolgert werden, dass moralische Erwartungen und Enttäuschungen bei der betrieblichen Implementation des Entgeltrahmenabkommens keine Bedeutung (gehabt) haben. Das Gegenteil ist der Fall.

7.3   Arbeitsbewertung und Anerkennung

Wie in Abschnitt 3.5 ausführlich dargestellt worden ist, haben die Tarifvertragsparteien einen beträchtlichen Aufwand getrieben, um individuelle finanzielle Nachteile zu verhindern, die in vielen Fällen eine Konsequenz der Umstellung auf die neue Bewertungssystematik gewesen wären. Die Lösung, auf die man sich verständigt hat, besteht darin, dass ein Teil des Überschreiterbetrags dauerhaft weiter gezahlt und ein anderer über einen mehr oder weniger langen Zeitraum mit Tariferhöhungen verrechnet wird. Das gilt im Prinzip nicht nur für den Tarifbezirk Nordrhein-Westfalen, sondern bundesweit, wenn sich auch Einzelregelungen in den verschiedenen Regionen durchaus unterscheiden.[10] So wurde sichergestellt, dass durch die Umstellung auf die neue Systematik kein an einer

---

10 So wurde im Tarifbezirk Niedersachsen eine „tarifdynamische Besitzstandregelung" vereinbart, nach der die Überschreiterbeträge bei allen künftigen Tariferhöhungen restlos berücksichtigt werden, also tatsächlich nur auf dem Papier stehen (vgl. Kuhlmann/Sperling 2009). In Nordrhein-Westfalen hingegen werden sie in der in Abschnitt 3.5 beschriebenen Weise teilweise „abgeschmolzen". Vergleichbare Regelungen gibt es auch in anderen Tarifbezirken.

Stelle aktuell Beschäftigter Geld verliert. Damit hoffte man auch bei der IG Metall, das antizipierte Akzeptanzproblem für die Regelungen des neuen Entgeltrahmenabkommens bei denen, die zu den (im beschriebenen eingeschränkten Sinn) „Verlierern" der Umstellung gehören, weitgehend entschärft zu haben. Es hat sich dann aber gezeigt, dass das ein Irrtum war.

Gedacht war dieses Absicherungsverfahren als ein probates Mittel zum Ausgleich für die erwarteten relativ geringen Veränderungen, die tatsächlich „systembedingt" sind. Was man nach den Aussagen der von uns befragten Vertreter beider Tarifvertragsparteien während der Verhandlungen um das Entgeltrahmenabkommen massiv unterschätzt hat, ist – und das ist für die Gewerkschaft sicher ein größeres Problem als für den Arbeitgeberverband –, wie wichtig die moralische Bedeutung, die die meisten Beschäftigten ihrer Bezahlung zumessen, gerade bei der Umstellung auf die neue Bewertungssystematik sein sollte. Das Erwerbseinkommen deckt bekanntlich nicht nur die Reproduktionskosten der Arbeitskräfte und ihrer Familien und ist Voraussetzung für ihre Teilhabe am sozialen Leben, es ist unter den herrschenden Bedingungen auch ein wichtiges Symbol – wenn nicht sogar das zentrale Symbol – für gesellschaftliche Anerkennung. Diese Erkenntnis gehört zu den soziologischen Selbstverständlichkeiten. Im Zusammenhang mit der betrieblichen Einführung des Entgeltrahmenabkommens zeigt sich einmal mehr, welche politische Brisanz Fragen der sozialen Anerkennung haben können.

Im vorstehenden Abschnitt wurde darauf hingewiesen, wie bedeutsam es für die Legitimität von Eingruppierungsentscheidungen ist, dass sie sich als objektiv begründet – und das heißt: auf einer realitätsgerechten Beschreibung und einer nach den Kriterien des Tarifvertrags korrekten Bewertung beruhend – darstellen lassen. Wir haben viele Beispiele dafür gefunden, dass auch Beschäftigte, die zunächst gegen ihre Eingruppierung opponiert hatten, sie schließlich doch als gerecht akzeptierten, nachdem sie ihnen erläutert worden ist. Grundlage dieser Akzeptanz war also der Nachweis korrekten Vorgehens, man kann deshalb von formaler Gerechtigkeit – im Sinne von Gerechtigkeit durch Verfahren – reden. Dass die Legitimität der Eingruppierungsentscheidung von den Betroffenen nicht bestritten, sondern als im Prinzip gerecht akzeptiert wird, heißt aber nicht notwendigerweise, dass die Beschäftigten damit auch zufrieden sind. Dass die niedrigere Eingruppierung nicht zu Einkommensverlusten, sondern nur zu einem geringeren Anstieg bei einigen künftigen Tariferhöhungen führt, dürfte in diesen Fällen dazu beitragen, den Unmut der Eingruppierten zu besänftigen.

Wir haben aber auch Fälle beobachtet, bei denen die Gerechtigkeitsfrage in einer ganz anderen Weise aufgeworfen worden ist. Auch hier wurden eklatante Gerechtigkeitsdefizite angeprangert, aber der teilweise erbittert beklagte Mangel war von einer solchen Art, dass er durch den Hinweis auf korrektes Vorgehen und materielle Kompensation nicht besänftigt werden konnte. An einem Beispiel soll das illustriert werden.[11]

In einem Unternehmen hatten wir Gelegenheit, mit etwa einem halben Dutzend Belegschaftsvertretern zu sprechen, die am ERA-Umstellungsprozess in ihrem Betrieb aktiv beteiligt waren. Einer von ihnen war ein älterer Betriebsrat, den man wohl einen einfachen Arbeiter nennen könnte, wenn die Bezeichnung „einfach" nicht einen denunziatorischen Beiklang hätte – er zählte jedenfalls nicht zu den Modernisten seiner Zunft. Dieser Betriebsrat berichtete über einen angelernten Arbeiter, bei dem es in einem mehrjährigen Prozess gelungen sei, ihn schrittweise bis in eine Facharbeiterlohngruppe „hinaufzuschieben". Nicht nur der Betroffene selbst und der Betriebsrat, sondern auch die Meister und andere Vorgesetzte in den entsprechenden Abteilungen seien der Überzeugung gewesen, dass diese bei strikter Auslegung des Lohnrahmenabkommens durchaus großzügige Eingruppierung in dem konkreten Fall angemessen sei. Im Zuge der Neubewertung aller Funktionen im Betrieb sei die Stelle dieses Arbeiters aber so bewertet worden, dass er nun deutlich, nämlich mindestens zwei bis drei Gruppen niedriger eingruppiert wird. Unser Gesprächspartner beendete seine Darstellung mit der ruhig, aber gleichwohl mit deutlich hörbarer Empörung vorgetragenen Bemerkung: „Und das *kann* doch nicht gerecht sein!"

Diese Einschätzung wird man mit dem Hinweis darauf, dass doch alles formal korrekt abgelaufen sei und der Betroffene ja schließlich keine materiellen Verluste zu beklagen habe, nicht erschüttern können. Denn darum geht es in diesem Fall ja gerade *nicht*. Die hier beklagte Ungerechtigkeit besteht überhaupt nicht darin, dass jemand in einer Weise behandelt worden ist, die nicht den formalen Anforderungen genügt. Es ist im Gegenteil vielmehr der Umstand, dass die *formal korrekte* Beurteilung der Tätigkeit dieses Mannes dazu führt, dass man ihm nun sagt, dass seine Arbeit weniger wert ist als das, was man ihm seit Jahren dafür gezahlt hat.

Die hier beklagte Ungerechtigkeit ist mit der in der Gerechtigkeitsforschung üblichen Unterscheidung von Verteilungs- und prozeduraler Gerechtigkeit (z.B. Tyler/Lind 1992) nicht auf den Begriff zu bringen. Nicht die Verteilung per se scheint der „Knackpunkt" zu sein, sondern deren Grundlage. Die von dem zitierten Betriebsrat postulierten Ansprüche wurden nicht aus dem abgeleitet, was an der aktuellen Arbeitsstelle des Betroffenen gefordert wird, sondern daraus, was er in den letzten Jahren geleistet hat, letztlich auch daraus, was dieser Mann ist: ein Arbeiter, der Wertschätzung verdient.

Die niedrigere Einstufung wurde deshalb hier wie auch in vielen vergleichbaren anderen Fällen nicht als ein technischer Vorgang empfunden, der etwas

---

11   Kratzer und Nies (2008, S. 169ff.) berichten über ähnliche Erfahrungen im Angestelltenmilieu.

mit veränderten Arbeitszuschnitten oder ähnlichem zu tun hat, sondern als Abwertung der Person. Diese persönliche Kränkung ist das Problem. Und das, was „doch nicht gerecht sein kann", sind die Bedingungen, unter denen das alles möglich ist. Und zu diesen gehört ganz zentral das Entgeltrahmenabkommen.

Die Verletzung einer solchen Gerechtigkeitsvorstellung lässt sich mit finanzieller Kompensation nicht aufwiegen. Und der Hinweis, dass doch alles objektiv gerecht zugegangen sei, macht die Sache sogar noch schlimmer, denn

> „der Mitarbeiter nimmt es persönlich! Er sagt, ich bin weniger wert, meine Arbeit ist weniger wert, was habt ihr da gemacht. Und dann interessieren den die Absicherungen einen Scheißdreck. Die will der gar nicht sehen (...) Es ist im Kopf drin, in der Familie besprochen: Ich bin weniger wert. Das ist grausam!" (Bevollmächtigter IG-Metall-Verwaltungsstelle D)

Diese Formulierung ist nicht schön; das mit ihr Angesprochene ist es aber auch nicht.

Der Versuch, Beispiele wie das genannte als Beleg für eine generelle Abwertung von Erfahrungswissen im ERA zu interpretieren, griffe sicher zu kurz. Das Argument ist ja nicht, dass Erfahrungen nichts Wert seien, sondern dass sie für die Ausführung bestimmter, niedrig qualifizierter Tätigkeiten nicht erforderlich sind. Im Kern scheint es vielmehr darum zu gehen, dass die eine Seite – hier vertreten durch den zitierten Betriebsrat – bei ihrer Bewertungsentscheidung die Erwerbsbiografie einer Person im Blick hat, die andere die Anforderungen bei der aktuellen Tätigkeit; es steht eine Prozessperspektive gegen eine Momentaufnahme, wenn man so will. Deshalb überzeugt es auch nicht, wenn das, was da geschieht, als eine Konsequenz der Bewertungssystematik des Entgeltrahmenabkommens gedeutet wird, wie Kratzer und Nies (2008, z.B. S. 171, 172) das zu tun scheinen. Damit wiederholt man nur einen hier schon mehrfach bemängelten Kurzschluss. Tatsächlich geht es dabei nämlich gar nicht um ERA, sondern sehr viel weitreichender um die eine Seite der „dualen Systematik" bei der Bewertung von Arbeit: die Bewertung von Anforderungen in Abstraktion von der Person, die sie zu erfüllen hat (vgl. dazu und zum Folgenden die Abschnitte 5.2.3 und 7.1).

Kern der Auseinandersetzungen um die Eingruppierungen ist nämlich häufig der Umstand, dass die Ware Arbeitskraft nicht ohne ihren Träger zu haben ist. Praktisch wirksam – oder, in einer Marxschen Formulierung: real – wird diese Abstraktion eben genau im formal korrekt durchgeführten Prozess der Einstufung. Dabei geht es nicht um eine Person, um das, was sie kann und tut, es geht ausschließlich darum, was von ihr an einer Arbeitsstelle *funktional* verlangt wird. Dass diese Abstraktion von den einstufenden Vorgesetzten als Zumutung und von den so Behandelten als Beleidigung empfunden werden kann, hat mit

den jeweiligen Beurteilungskriterien und ihrer Bewertung – und also auch mit
dem Entgeltrahmenabkommen – nichts zu tun. Es geht um das Prinzip.

Es ist nicht ausgeschlossen, dass die skizzierten Kränkungserfahrungen
dauerhaft zu Motivationsproblemen in den Betrieben führen können. Ausgeschlossen ist aber wahrscheinlich, dass sie *nicht* zu massiven Legitimationspro-
blemen für die IG Metall führen, wenn sie von einer großen Zahl der Betroffenen als eine Konsequenz des von der Gewerkschaft ausgehandelten Tarifvertrags interpretiert werden sollte. Daraus sollten sich organisationspolitische
Konsequenzen ableiten lassen.

8. Politische Bedeutung und Konsequenzen der ERA-Einführung

Die alten Lohn- und Gehaltsrahmentarifverträge der Metall- und Elektroindustrie stammen aus den 1970er Jahren. Seither haben sich die Berufsbilder und Arbeitseinsatzkonzepte in diesem Wirtschaftssektor drastisch gewandelt. Das hatte zur Konsequenz, dass sich der Wert vieler Tätigkeiten mit dem Tarifvertrag überhaupt nicht mehr oder nur durch teilweise recht aufwändige betriebsindividuelle Hilfskonstruktionen bestimmen ließ.[1] Auf diese Weise ist in den letzten 30 Jahren die Tarifbindung in der deutschen Metall- und Elektroindustrie faktisch selbst dort stark gesunken, wo Flächentarifverträge weiterhin galten. Auch in solchen Betrieben prägten sie schon lange nicht mehr die Entgeltpraxis (vgl. Bahnmüller/Schmidt 2008a; für Ostdeutschland: Artus et al. 2000). Die schrittweise Entfernung der betrieblichen Realität von den tariflichen Normen stellte die Institution des Flächentarifvertrages generell in Frage. Dieser tarifpolitische Erosionsprozess machte ein Gegensteuern beider Tarifvertragsparteien schon in ihrem eigenen Bestandsinteresse erforderlich, und die seit Mitte 2003 vereinbarten Entgeltrahmenabkommen für die Metall- und Elektroindustrie in Deutschland sind auch Ausdruck dieses Handlungsdrucks. Der Tarifbezirk Nordrhein-Westfalen machte da keine Ausnahme.

Ihrem eigenen Anspruch nach haben die Tarifvertragsparteien mit dem neuen Entgeltrahmen eine Arbeitsbewertungssystematik geschaffen, mit der die zunehmend komplexen und flexiblen Tätigkeiten[2] und Anforderungen in den Betrieben umfassend bewertet werden können. Die Aufhebung der arbeitsprozesstechnisch unsinnig gewordenen Trennung von Arbeitern und Angestellten soll außer-

---

1   Nach den Erfahrungen eines interviewten Gewerkschaftsvertreters habe insbesondere das alte Lohnrahmenabkommen geradezu dazu eingeladen, pauschale Arrangements zu treffen. „(U)nd dann wurde halt die Bezahlung über irgendwelche Leistungssysteme, Prämienentlohnung und solche Dinge gelöst; und dann war's im Zweifelsfall ja für viele egal, wo (i.e. in welcher Lohngruppe) sie dann letztendlich waren" (Bevollmächtigter IG-Metall-Verwaltungsstelle D).

2   Es gibt keinen Grund zu unterstellen, dies sei ein eindeutiger, gar unumkehrbarer Prozess. Auch wir haben in unseren Fallstudien viele Belege dafür gefunden, dass ehedem komplexer und umfassender ausgelegte Arbeitszuschnitte vor allem bei Montagetätigkeiten seit einigen Jahren im Zuge technisch-organisatorischer Umstellungen wieder eingeengt werden. Es wäre aber verwegen, darin eine Rückkehr zum status quo ante zu sehen („umfassende Re-Taylorisierung"), als deren Konsequenz die alten Lohnrahmenabkommen in einigen Jahren wieder „passen" würden.

dem dazu beitragen, dass gleichwertige Anforderungen künftig auch wirklich gleichwertig bezahlt werden.

Wir haben in unserer Untersuchung viele Belege dafür gefunden, dass diese beiden Ansprüche von den Betriebsparteien als mehr oder weniger erfüllt gesehen werden. Das gilt insbesondere für die Frage der Nützlichkeit des Entgeltrahmenabkommens für die Bewertung von Arbeit in zeitgenössischen Organisationsformen. Unter den von uns Befragten herrschte große Einmütigkeit darüber, dass das neue Instrument hier eine deutliche Verbesserung sei, weil man nun Anforderungen wie Entscheidungs- und Kooperationsfähigkeit, deren Bedeutung für den reibungslosen Ablauf betrieblicher Prozesse in den letzten Jahrzehnten gestiegen sei, in der Tarifsystematik wieder besser erfassen könne.[3] Das ist freilich auch das Mindeste, was man von einem neuen Tarifvertrag füglich erwarten darf. Inwiefern die neue Bewertungssystematik auch „zukunftssicher" ist und ob die vor allem von Betriebsräten konstatierten Reste der Diskriminierung von qualifizierter gewerblicher gegenüber qualifizierter Angestelltenarbeit im Laufe ihrer Nutzung wirklich verschwinden werden, wird sich in den nächsten Jahren zeigen.[4]

Einige Konsequenzen der Umstellungen, die für die Bedingungen künftiger betrieblicher Lohn- und Leistungspolitik erhebliche Bedeutung haben dürften, sind in den Betrieben des von uns untersuchten Tarifbezirks aber bereits jetzt sichtbar geworden. Eine Skizze dieser Entwicklungen und einige Schlussfolgerungen, die wir daraus ziehen, sollen diese Untersuchung abschließen.

8.1   Organisationspolitische Bedeutung der Erfahrungen bei der Umsetzung des Entgeltrahmenabkommens

Wir konnten bei den Belegschaften wie auch bei vielen Betriebsräten eine verbreitete Skepsis gegenüber dem neuen Entgeltrahmenabkommen beobachten (vgl. Abschnitt 4.4). Ist dieses Abkommen, in das so viele Hoffnungen gesetzt wor-

---

3   Darüber, ob diese Anforderungen im Einzelfall auch wirklich angemessen bewertet worden sind, gehen die Meinungen der beiden Parteien erwartungsgemäß bisweilen weit auseinander.

4   Es dürfte lohnend sein, einige Betriebe zu identifizieren, die für das Tarifgebiet typisch sind – die im Auftrag der Tarifvertragsparteien erarbeiteten „Musterbetriebe" (vgl. Abschnitt 3.4) könnten dafür hilfreich sein – und dort bereits jetzt die bisherigen Eingruppierungen einer Reihe von qualifizierten gewerblichen Tätigkeiten zu erheben. Auf diese Weise hätte man eine Grundlage für spätere Vergleiche und damit das Problem umgangen, dass in der Regel nach einigen Jahren präzise Angaben über frühere Eingruppierungen kaum noch zu erhalten sind. Im Rahmen des Projekts, über das hier berichtet wird, war das nicht systematisch zu leisten.

den sind, deshalb ein für die Gewerkschaft gescheitertes Projekt? Aus mehreren Gründen ist dies nicht unbedingt der Fall.

Zum einen verdrängen in der Umstellungsphase die teilweise dramatisch hohen Überschreiteranteile tendenziell alles andere aus der Wahrnehmung. Tatsächlich bestreitet jedoch ernsthaft niemand, dass sich die mit den flexiblen Arbeitseinsatzkonzepten einhergehenden Arbeitsanforderungen, die in sehr vielen Betrieben der Metall- und Elektroindustrie zu beobachten sind, mit der Bewertungssystematik des neuen Rahmentarifvertrags und den entsprechenden Niveaubeispielen erheblich besser erfassen lassen als mit den alten Lohn- und Gehaltsrahmenabkommen; schon das nützt prinzipiell auch den Beschäftigten. Außerdem dürfte vor allem die Überwindung der antiquierten Unterscheidung zwischen Angestellten und gewerblichen Kräften zumindest bei den Letzteren – die im Schnitt allerdings schon seit Jahren den kleineren Anteil der Belegschaften stellen – als Zugewinn an Gerechtigkeit wahrgenommen werden. Das wiederum könnte bei diesen Belegschaftsfraktionen spätestens dann zu einem positiveren Urteil über das Entgeltrahmenabkommen und die Gewerkschaft, die es mit dem Arbeitgeberverband ausgehandelt hat, beitragen, wenn der Staub sich wieder gelegt hat, den die Auseinandersetzungen im Gefolge der Umstellung aufgewirbelt haben. Auch in diesem Zusammenhang gilt, wofür wir in dieser Untersuchung immer wieder plädiert haben: Man sollte bei Interpretationen und Bewertungen zwischen dem Einführungsprozess und dem Abkommen selbst sorgsam unterscheiden.

Die möglicherweise fundamentalste Bedeutung des neuen Tarifvertrags erschließt sich vielleicht erst auf den zweiten Blick. Sie hängt eng mit den genannten Umstand zusammen, dass mit der Erfassungssystematik des Entgeltrahmenabkommens (vgl. Tab. 3-4) die aktuellen Arbeitsprozesse in den Betrieben besser beschrieben werden können als mit den alten Systemen. Dieses höhere Adäquanzniveau ist eine notwendige – wenn auch sicherlich nicht hinreichende – Bedingung für eine überbetriebliche Normierung der betrieblichen Lohn-Leistungsrelationen. Dieses Wiederinkraftsetzen der Normierungsfunktion des Tarifvertrags begründet im Kern die Relevanz des ERA, unabhängig davon, wie es um seine Akzeptanz bei den abhängig Beschäftigten im Allgemeinen und den Gewerkschaftsmitgliedern und Betriebsräten im Besonderen bestellt ist. Ob damit freilich tatsächlich die Zukunft des Flächentarifvertrags sicherer geworden ist, kann auf der Grundlage unserer Erhebungen nicht entschieden werden.

Ein Grund dafür, dass die „Einführung" des ERA sich im Rückblick als ein für die beiden Tarifvertragsparteien erfolgreiches Projekt erweisen könnte, ist, dass sie damit ihre Fähigkeit belegt haben, ein Vorhaben dieser Größenordnung überhaupt zustande zu bringen. Ein weiterer Faktor kommt hinzu: Für beide Tarifvertragsparteien bot die Umstellung auf die neue Bewertungssystematik die

Chance, sich ihrer jeweiligen Basis gegenüber als nützlich zu erweisen. Was das im Detail bedeutet, unterscheidet sich allerdings zwischen den beiden Parteien.

Der Arbeitgeberverband ist von praktisch allen Unternehmern und Managern, die von uns dazu befragt worden sind, als ein bei der Umstellung hilfreicher Dienstleister wahrgenommen worden. Zusammen mit dem Umstand, dass zumindest in Nordrhein-Westfalen das Entgeltrahmenabkommen von einem großen Teil der Arbeitgeber – der Mehrheit der von uns dazu Befragten (vgl. Abschnitt 4.4) – als Fortschritt gegenüber den alten Abkommen gewertet wird, könnte dies zu einer Stabilisierung der Position von Metall NRW und seinen Mitgliedsverbänden führen. Wie nachhaltig das sein wird, muss die Zukunft zeigen.

Das Argument, dass die betriebliche Umsetzung des neuen Gehaltsrahmens den Verbänden die Gelegenheit gibt, ihre Nützlichkeit zu belegen, gilt auch für die Gewerkschaft, und zwar – und das kann man mit Fug und Recht einen paradoxen Effekt nennen – potenziell umso mehr, je schwieriger der Umstellungsprozess läuft bzw. gelaufen ist. Denn gerade wenn es Probleme gab und wenn massive Abwertungen drohten, konnten die betrieblichen Interessenvertreter und die Gewerkschaft sich als starke Helfer in der Not beweisen. Wenn sie sich in dieser Situation engagiert und kompetent zeigten, konnte ihr Ansehen selbst dann steigen, wenn eine Belegschaft mit den materiellen Ergebnissen der Auseinandersetzungen nicht zufrieden war. So haben wir von vielen Betriebsräten immer wieder gehört, wie wichtig es für ihre Position im Betrieb insgesamt sei, dass sie im Zusammenhang mit der Umstellung der Bewertungssystematik und den Neueinstufungen in einen so intensiven Austausch mit den Belegschaften über Belange gekommen sind, die für diese ganz zentral sind, wie schon lang nicht mehr. Weil dies auch von ihren Kolleginnen und Kollegen goutiert werde, wirke sich das auf Verhältnis von Vertretern und Vertretenen und damit letztlich auch auf ihre Verhandlungsmacht sehr positiv aus. Ähnlich argumentierten auch viele Verwaltungsstellenvertreter der IG Metall mit Blick auf ihre Kontakte zu den Betrieben und vor allem zu den Betriebsräten in ihrer Region.

Die These ist nicht allzu riskant, dass die in solchen Berichten angedeutete Verringerung der Distanz zwischen „Basis" und „Funktionsträgern" im Gefolge der betrieblichen Einführung der neuen Bewertungssystematik ganz wesentlich darin begründet ist, dass viele Beschäftigte in der Auseinandersetzung mit den Arbeitgebern bemerkt haben, dass sie ohne Unterstützung des Betriebsrats und/ oder der Gewerkschaft ihre Interessen schwerer wahren können. Die Umstellung wirkte offenbar gerade in den Fällen, in denen es zu harten Konflikten kam, als eine Art Propaganda der Tat: Sie machte die Notwendigkeit einer kollektiven Interessenvertretung unmittelbar erfahrbar. Wir haben auch Beispiele dafür gefunden, dass Gewerkschaftsvertreter diesen „Erkenntnisprozess" dadurch unterstützten, dass sie sich – in Übereinstimmung mit Grundlagen der „mitgliederorientierten Offensivstrategie" im Bezirk (vgl. Abschnitt 2.2.2) – bevorzugt für Mitglieder einsetzten; und für andere nicht:

> „Leute, die eher nicht bei uns organisiert sind, die kommen dann zwar (zum) Betriebsrat (...) aber da sagen wir dem Betriebsrat: Mitglied ja oder nein? Und dann sagen wir, mach' denen das klar, wir können uns drum kümmern (wenn ihr beitretet), aber da die das dann häufig auch nicht wollen, dann sagen wir dem Betriebsrat, dann seh' zu, wie du das mit denen gelöst bekommst, aber ohne uns. Dann beraten wir auch die Betriebsräte nicht." (Bevollmächtigter IG-Metall-Verwaltungsstelle D)

In sehr vielen Betrieben ist diese Beratung aber von ganz erheblicher Bedeutung gewesen. Weil das Thema Eingruppierung lange Zeit in der betrieblichen Praxis eine eher untergeordnete Rolle gespielt hat, habe es – so der gerade zitierte Gesprächspartner weiter – auf Seiten der Betriebsräte und Vertrauensleute einen Kompetenzverlust gegeben. Und genau das habe die Gewerkschaft nun wieder attraktiver gemacht, „weil das Wissen für ERA zu vermitteln, das tun ja nun mal größtenteils wir".

Damit ist ein weiterer Umstand angesprochen, der dazu führen könnte, dass die Position der Gewerkschaft in den Betrieben als Konsequenz der Umstellung auf die Bewertungssystematik des Entgeltrahmenabkommens sogar stabiler werden könnte. Der angesprochene Kompetenzverlust stellte sich zunächst als ein Problem dar. Weil lohnpolitische Auseinandersetzungen, insbesondere solche um die Differenzierung bei den Grundentgelten, in den letzten Jahren gegenüber anderen Themen wie Arbeitszeitverkürzungen und betrieblichen Regelungen zum Erhalt von Arbeitsplätzen etwas ins Hintertreffen geraten waren, fehlte es „in der Fläche" vielerorts an Kompetenzen, die bei der tarifgemäßen Beschreibung und Bewertung von Tätigkeiten und bei Eingruppierungen notwendig sind. Die beiden Tarifvertragsparteien versuchten diese Defizite durch entsprechende eigene Angebote zu kompensieren, wofür die nordrhein-westfälischen Arbeitgeberverbände eigens eine Reihe von Verbandsingenieuren neu einstellten (vgl. Abschnitt 2.2.1). Eine solche personelle Verstärkung hat es auf Seiten der IG Metall nicht gegeben. Gleichwohl hat sich im Zuge der Umstellung in relativ kurzer Zeit zu diesem Kernthema betrieblicher Gewerkschaftsarbeit wieder ein Stamm einschlägiger Experten nicht nur bei den Verwaltungsstellen, sondern auch auf der Betriebsebene herausgebildet. Strategisch könnte dieser ziemlich flächendeckende entgeltpolitische Qualifizierungsprozess entscheidender sein als die quantitative Relation von Über- zu Unterschreitern.

8.2   Organisationspolitisch zentrale Frage: Schwacher Vertrag oder schwache Position?

Wir haben in dieser Studie immer wieder darauf hingewiesen, dass vieles von dem, was oftmals als „Konsequenz des Entgeltrahmenabkommens" apostrophiert wird, seine Ursache tatsächlich nicht in Bestimmungen des Tarifvertrags hat, sondern generell darin begründet ist, dass in den Betrieben nun wieder ein einheitlicher Bewertungsstandard für alle tariflichen Stellen durchgesetzt werden soll. Der überwiegende Teil der Überschreiter ist zumindest in dem von uns untersuchten Tarifbezirk Nordrhein-Westfalen nicht auf die Bewertungssystematik des ERA zurückzuführen, sondern darauf, dass sich die Eingruppierungen in den Jahren – in nicht wenigen Fällen: in den Jahrzehnten – zuvor mehr und mehr von den Vorgaben des Lohn- bzw. Gehaltsrahmentarifvertrags entfernt haben. Zum Teil war dies Ergebnis engagierter Betriebsratsarbeit, zum Teil Resultat der leistungspolitischen Strategie des Arbeitgebers (Stichwort Motivierung) oder des entsprechenden Agierens von Vorgesetzten, häufig ergab es sich auch eher „naturwüchsig" daraus, dass man bei der Übertragung niedriger dotierter Arbeitsaufgaben das Grundentgelt nicht angepasst hat. Letzteres war in nicht wenigen Fällen aber auch Ausdruck einer Art informeller betrieblicher Vorruhestandsregelung: Man übertrug älteren Beschäftigten, bei denen absehbar war, dass sie den großen Belastungen auf ihren bisherigen Arbeitsstellen nicht mehr lange gewachsen sein werden, weniger beanspruchende Aufgaben und verzichtete mehr oder minder bewusst darauf, ihre Eingruppierung entsprechend abzusenken.

In all diesen Fällen musste es dann, wenn die Eingruppierungen wieder auf den tarifvertraglichen Standard zurückgenommen werden sollten, zu mehr oder weniger hohen Überschreiterbeträgen kommen. Den Betroffenen – also denen, die diese fortan schlechter bezahlten Stellen *künftig* ausfüllen werden – mag es gleichgültig sein, ob dies an der neuen Bewertungssystematik liegt oder an der vorherigen betrieblichen Lohnpolitik. Für die Gewerkschaft, die diese Systematik mit den Arbeitgebern ausgehandelt hat, dürfte der Unterschied von erheblicher Relevanz sein. Denn im einen Fall erscheint – lax formuliert – sie als diejenige, die bei der Aushandlung des Abkommens „über den Tisch gezogen" worden ist, im anderen sind es die betrieblichen Akteure auf der Arbeitnehmerseite, die sich bei seiner Umsetzung nicht durchsetzen konnten.

Um diesen Punkt weiß man selbstverständlich auch bei der IG Metall und betont deshalb die Notwendigkeit, die Umstellung auf die neue Bewertungssystematik als politischen und nicht als technischen Prozess zu begreifen und zu betreiben:

„Es ist wichtig, bei der Eingruppierung zu sagen: Eine richtige Eingruppierung gibt es gar nicht. Es gibt immer Spielräume (...). Das ist keine Frage der objektiven Feststellung von irgendwelchen Sachverhalten, sondern es ist eine interessengeleitete Vorgehensweise, weil Lohnfragen eben Machtfragen sind." (Sadowski 2008, S. 39f.)

Auch wenn der Wortlaut anderes vermuten lässt, in gewisser Weise kommt in dieser Formulierung eine defensive Position zum Ausdruck. Der Tarifvertrag selbst wird in seiner Bedeutung für den Ausgang des Geschehens relativiert; worauf es ankommt, sind nicht die zentralen Verhandlungen und das Dokument selbst, sondern die Auseinandersetzungen, die durch dieses Dokument angestoßen und strukturiert werden. Das ist eine für die IG Metall eher ungewöhnliche Position, und sie ist Indikator für einen Wandel, der nicht nur in Nordrhein-Westfalen beobachtet worden ist.

„Waren es traditionell die Gewerkschaften, die (...) auf eine 1:1-Umsetzung der Verträge drängten, hat sich diese Konstellation im Fall von ERA umgedreht. Hier sind es die Arbeitgeber, die ihre Interessen dort so aufgehoben sehen, dass sie auf eine 1:1-Umsetzung pochen." (Bahnmüller/Schmidt 2008b, S. 216)

Man kann das als Ausdruck von Verschiebungen im Kräfteverhältnis zwischen Arbeitgebern und Gewerkschaften interpretieren und argumentieren, dass es für letztere zunehmend schwierig wird, ihre Positionen durchzusetzen. Man kann es aber auch als Indikator begreifen für einen grundlegenden Strategiewechsel der IG Metall weg von der Stellvertreterpolitik und hin zur Mobilisierung der Mitgliedschaft. Wobei Letzteres durchaus eine Reaktion auf Ersteres sein kann.

Wie auch immer, es ändert nichts daran, dass mit dem Entgeltrahmenabkommen ein Anlass für die umfassende Re-Standardisierung der Eingruppierungen in der Metall- und Elektroindustrie in die Welt gesetzt worden ist, deren Konsequenzen nicht wenige als klaren Erfolg der Arbeitgeber zu Ungunsten der Beschäftigten interpretieren. Das wirft die Frage nach den Alternativen auf.

8.3   Vom offensiven Propagieren eines Gestaltungsrahmens zur Verteidigung von gewerkschaftlichen Gestaltungsmöglichkeiten

Gemeinhin werden drei Gründe dafür genannt, dass die Vereinbarung und Implementation des Entgeltrahmenabkommens geboten war.

–   Die betriebliche Arbeitsrealität hat sich in den letzten Jahrzehnten gewaltig gewandelt, für die entsprechenden Rahmentarifverträge gilt das nicht (so etwa Schmierl 2008, S. 89f.). Die dadurch bedingte, fortschreitende Entfernung tariflicher Normen von der realen betrieblichen Arbeits- und Produktionsorganisation stellte die Institution des Flächentarifvertrags insgesamt in Frage.

–   Die in den bisherigen Tarifverträgen vorgenommene Trennung zwischen Arbeiter- und Angestelltentätigkeiten ist mehr als nur ein besonders offensichtliches Beispiel dafür. Denn damit wird eine Ungleichbehandlung zementiert, die in den Betrieben niemand mehr haben will, auch die Arbeitgeber nicht. Sie aufzugeben war aus gleichermaßen arbeitsorganisatorischen, bewertungssystematischen und Gerechtigkeitsgründen schon lange überfällig (z.B. Meine 2005).

–   Nur wenn es gelingt, Tarifverträge abzuschließen, die den Betrieben nutzen, kann die Tarifflucht und die Erosion der Bedeutung der Tarifvertragsparteien gebremst werden. Zeitgemäße Tarifverträge sind deshalb auch ein wichtiges Mittel zur Stabilisierung der Verbände (Gesamtmetall 2005). Initiatoren und Treiber des Entgeltrahmenabkommens waren denn auch nicht die Betriebsparteien, sondern die Tarifvertragsparteien (vgl. Bahnmüller/Schmidt 2008, S. 195).

Für die Gewerkschaft war die Vereinbarung eines neuen Rahmenabkommens für die Entgeltbestimmung nach einer Darstellung aus der Bezirksleitung der nordrhein-westfälischen IG Metall darüber hinaus schon aus Gründen der Einkommenssicherung für die Beschäftigten alternativlos:

„Diesen Kostendruck auf Eingruppierungsniveaus, die nach dem alten Lohnrahmen und dem alten Gehaltsrahmen nicht zu halten sind, das hätte es sowieso gegeben. Und was wir jetzt haben, ist ein System, das nachvollziehbarer und einklagbarer ein Mindesteingruppierungsniveau absichert." (Tarifsekretär)

Unter den gegebenen Verhältnissen war demnach nicht damit zu rechnen, dass man die vielerorts in der Vergangenheit erzielten Erfolge bei der faktisch übertariflichen Eingruppierung auf Dauer würde halten können. Man musste vielmehr davon ausgehen, dass gerade in krisenhaften Situationen immer mehr Arbeitgeber trachten würden, dieses Einsparpotenzial zu realisieren. Wenn dies einfach durch eine Neueingruppierung zu den Bedingungen der bislang gültigen Tarifverträge geschehen wäre, hätte sich das in finanzieller Hinsicht für die Betroffenen sehr viel ungünstiger ausgewirkt. Eine geregelte Re-Standardisierung des betrieblichen Eingruppierungsgefüges im Rahmen der betrieblichen Einführung des Entgeltrahmenabkommens habe es immerhin ermöglicht, individuelle Einbußen zu vermeiden.

Diesem Argument wird man schwerlich grundsätzlich widersprechen können. Es lässt allerdings die Frage unbeantwortet, weshalb die Arbeitgeber nicht tatsächlich schon sehr viel früher dafür gesorgt haben, dass die Eingruppierungen strikter an die Standards der einschlägigen Tarifverträge angepasst worden sind. Man kennt die Antwort aber auch so: Eine umfassende Umstrukturierung des betrieblichen Entgeltgefüges ist mit einem ganz erheblichem organisatorischem Aufwand verbunden und hat zudem einen unter Umständen sehr hohen politischen Preis, nämlich eine massive Störung des Betriebsfriedens und der Motivation von Beschäftigten. Mit der Vereinbarung des neuen Entgeltrahmenabkommens wurde dieser Umbau gleichsam von außen auf die betriebliche Tagesordnung gesetzt. Dass damit auch ein Gegenstand in die Welt gesetzt worden ist, auf den beide Seiten zur Begründung des Ausgangs der Neubewertungen verweisen können, dürfte vor allem manchem Arbeitgeber durchaus gelegen gekommen sein, während es die Gewerkschaft – weniger die Betriebsräte – vor zum Teil massive Legitimationsprobleme stellt.

Der eben zitierte Tarifsekretär der IG Metall hatte aber auch noch ein strategisches Argument dafür, dass ein neues Rahmenabkommen alternativlos war, obwohl man schon vor der Unterzeichnung befürchten konnte, dass seine Umsetzung in Zeiten von Massenarbeitslosigkeit und zumindest gefühlter ubiquitärer Entlassungsdrohung in manchen Betrieben zu einer Absenkung des Eingruppierungsniveaus führen würde:

> „Wir verlieren unsere Gestaltungsmacht in den Betrieben, wenn wir nicht mehr sagen können, wie viel Arbeit wert ist, wenn wir das mit Tarifverträgen nicht mehr beschreiben können. Das ist eine ganz strategische und sehr langfristig orientierte Frage, die da (mit dem ERA) beantwortet wurde." (Tarifsekretär)

Dieses Argument dürfte – wir haben darauf bereits in Abschnitt 8.1 kurz hingewiesen – auf die eigentliche Bedeutung des Entgeltrahmenabkommens verweisen. Man hat nun wieder einen kollektiv garantierten Mindeststandard, an dem man die Eingruppierung von Tätigkeiten in den Betrieben vergleichen und kontrollieren kann. Dass dieser Mindeststandard in vielen Fällen tatsächlich zur Regelbezahlung wird, ist wohl der Preis, den künftige Beschäftigte und die Gewerkschaft dafür bezahlen müssen. Wie dieser Preis sich langfristig entwickeln wird, wird nicht durch das Entgeltrahmenabkommen definiert, sondern durch die lohn- und leistungspolitischen Auseinandersetzungen vor allem in den Betrieben.

Literatur

Artus, Ingrid/Schmidt, Rudi/Sterkel, Gabriele (2000): Brüchige Tarifrealität. Der schleichende Bedeutungsverlust tariflicher Normen in der ostdeutschen Industrie. Berlin: edition sigma

Bahnmüller, Reinhard/Schmidt, Werner (2007): Auf halbem Weg – Erste Befunde zur ERA-Umsetzung in Baden Württemberg, in: WSI-Mitteilungen, Heft 7, S. 358-364

Bahnmüller, Reinhard/Schmidt, Werner (2008a): Der ERA und seine Umsetzung. Erfahrungen aus Baden-Württemberg. In: Bispink, Reinhard (Hg.): Verteilungskämpfe und Modernisierung. Hamburg: VSA-Verlag, S. 78-108

Bahnmüller, Reinhard/Schmidt, Werner (2008b): Riskante Modernisierung. Die Reform der Entgeltrahmenabkommen in der Metall- und Elektroindustrie Baden Württembergs. Vorläufiger Forschungsbericht. Düsseldorf: Hans-Böckler-Stiftung und F.A.T.K.

Bahnmüller, Reinhard/Schmidt, Werner (2009): Riskante Modernisierung: Wirkungen und Bewertungen der ERA-Einführung in Baden-Württemberg. In: WSI-Mitteilungen, Heft 3, S. 119-126

Bender, Gerd (1997): Lohnarbeit zwischen Autonomie und Zwang. Neue Entlohnungsformen als Element veränderter Leistungspolitik. Frankfurt/M., New York: Campus

Bergmann, Joachim/Jacobi, Otto/Müller-Jentsch, Walter (1975): Gewerkschaften in der Bundesrepublik. Gewerkschaftliche Lohnpolitik zwischen Mitgliederinteressen und ökonomischen Systemzwängen. Frankfurt/M.: Europäische Verlagsanstalt

Bispinck, Reinhard/Schulten, Thorsten (1998): Globalisierung und das deutsche Kollektivvertragssystem. In: WSI-Mitteilungen, Heft 4, S. 241-248

Burkhard, Oliver (2008): ERA-Einführung in der Metall- und Elektroindustrie. In: Bispink, Reinhard (Hg.): Verteilungskämpfe und Modernisierung. Hamburg: VSA-Verlag, S. 69-77

Ehlscheid, Christoph/Meine, Hartmut/Ohl, Kay (Hg.) (2006): Handbuch Arbeit, Entgelt, Leistung. Tarifanwendung im Betrieb (4. überarbeitete Auflage). Frankfurt/M.: Bund Verlag

ERA Aktuell, Info-Brief Entgeltrahmenabkommen NRW hrsg. von Metall NRW, Ausgaben 1 (März 2003) bis 14 (April 2006). Zum Herunterladen auf www.metallnrw.de. ERA NRW. ERA Info-Briefe

Gasse, Peter (2003): Editorial. In: Industriegewerkschaft Metall Bezirk NRW (Hg.): ERA. Punkt für Punkt mehr Gerechtigkeit (3. überarbeitete Auflage). Düsseldorf: IG Metall Bezirksleitung Nordrhein-Westfalen

Gehrmann, Wolfgang/Kolja Rudzio (2006): Du bist Gewerkschaft. Kulturrevolution in der IG Metall: Nicht die Funktionäre, sondern die Mitglieder in den Betrieben machen Tarifpolitik. In: Die Zeit, 1. Februar 2006

Gesamtmetall (2005): Der moderne Flächentarifvertrag in der Metall- und Elektroindustrie. Mehr Betriebsnähe und Flexibilität. Köln, Berlin: Edition Agrippa

Gleiss, Thies (2007): ERA – Vom Wunschtraum zum Albtraum. Zwei Jahre nach der Einführung des Entgeltrahmenabkommens sieht sich die IG Metall mit massiven Abgruppierungen konfrontiert. In: SoZ – Sozialistische Zeitung, Mai (www.vsp-vernetzt.de/soz-0705/070508.htm, zuletzt aufgesucht am 21. August 2009)

Hack, Lothar/Brose, Hanns-Georg/Czasny, Karl/Hack, Irmgard/Hager, Frietjof/Moser, Roland/Viesel, Karin 1979: Leistung und Herrschaft. Soziale Strukturzusammenhänge subjektiver Relevanz bei jüngeren Industriearbeitern. Frankfurt/M., New York: Campus

Haipeter, Thomas/Schilling, Gabi (2005): Tarifbindung und Organisationsentwicklung: OT-Verbände als Organisationsstrategie der metallindustriellen Arbeitgeberverbände. Gelsenkirchen: Institut Arbeit und Technik. Jahrbuch 2005, S. 169-184

Haipeter, Thomas/Schilling, Gabi (2006): Arbeitgeberverbände in der Metall- und Elektroindustrie: Tarifbindung, Organisationsentwicklung und Strategiebildung. Hamburg: VSA-Verlag

Hering, Manfred/Hofmann, Axel 2005: ERA in der Metall- und Elektroindustrie Nordrhein-Westfalens – Weichenstellung für die Zukunft. In: REFA Nachrichten, Heft 6, S. 4-12

Hering, Manfred/Hofmann, Axel (2008): Interview mit Dr. Manfred Hering und Axel Hofmann (Metall NRW). In: Dialog Nr. 04/2008 – Konfliktfelder bei der betrieblichen Umsetzung des ERA, Bochum, S. 23-36 (www.ruhr-uni-bochum.de/rub-igm/Veroeffentlichungen/Veroeffentlichungen.htm, zuletzt aufgesucht am 21. August 2009)

Hofmann, Axel/Rösner, Ulrike (2007): Die ERA-Umsetzung in Nordrhein-Westfalen: Eine Halbzeitbilanz. In: angewandte Arbeitswissenschaft, Nr. 193, S. 1-18

Huber, Berthold/Burkhard, Oliver/Schlette, Marc (2008): Qualitative Tarif- und Betriebspolitik als Zukunftsaufgabe für Gewerkschaften. In: Hilde Wagner (Hg.): Arbeit und Leistung – gestern & heute. Hamburg: VSA-Verlag

IGM – Industriegewerkschaft Metall (1991): Tarifreform 2000. Ein Gestaltungsrahmen für die Industriearbeit der Zukunft. Frankfurt/M.: IG Metall Vorstand

IGM DO/W – Industriegewerkschaft Metall Bezirksleitungen Dortmund und Wuppertal – (1992): IGM-Vorschlag für ein gemeinsames Entgeltrahmenabkommen (ERA). Metallverarbeitende Industrie NRW. Verabschiedete Forderung der Tarifkommission vom 5. Februar

IGM NRW – Industriegewerkschaft Metall Bezirk NRW – (2005): ERA. Das Arbeitsbuch. Materialien für die Bildungsarbeit zum ERA. Düsseldorf: IG Metall Bezirksleitung Nordrhein-Westfalen

Jelich, Franz-Josef/Harney, Klaus/Lenz, Katrin/Voss, Anja/Wannöffel, Manfred (2008): Analyse der Praxiserfahrungen zum Qualifizierungstarifvertrag der Metall- und Elektroindustrie in NRW. Identifikation umsetzungsrelevanter Förder- und Hemmfaktoren (Abschlussbericht). Düsseldorf: Hans-Böckler-Stiftung

Klös, Hans-Peter (1997): Der Beitrag von Einfacharbeitsplätzen zur Verringerung der Sockelarbeitslosigkeit. In: Leo Montada (Hg.): Beschäftigungspolitik zwischen Effizienz und Gerechtigkeit. Frankfurt/M., New York: Campus, S. 127-151

Knuth, Matthias (1991): Qualifikationslohn in einem offenen Verhandlungsmodell. In: Die Mitbestimmung, Heft 3, S. 164-168

Knuth, Matthias/Howaldt, Jürgen (1991): Von der anforderungsbezogenen zur qualifikationsbezogenen Entgeltdifferenzierung Der Entgelttarifvertrag zwischen der Industriegewerkschaft Metall und der Joseph Vögele AG. IAT-Paper AM 2, Gelsenkirchen: Institut für Arbeit und Technik

Kratzer, Nick/Nies, Sarah (2008): Leistungsgestaltung im Angestelltenbereich. Chancen und Risiken der ERA-Umsetzung. Projektbericht (Projekt 2005-759-3). Düsseldorf: Hans Böckler Stiftung und ISF München

Kuhlmann, Martin/Sperling, Hans Joachim (2008): Neue (A)ERA? – Zur Umsetzung des neuen Entgelt-Rahmentarifvertrags in der Metall- und Elektroindustrie Niedersachsens. In: Mitteilungen aus dem SOFI, Ausgabe 3, S. 5-7

Kuhlmann, Martin/Sperling, Hans Joachim (2009): Der Niedersachsen-Weg – Tarifregelungen, Einführungsprozesse und Wirkungen des ERA. In: WSI-Mitteilungen, Heft 3, S. 127-135

Meine, Hartmut (2005): „Arbeiter und Angestellte": Vom Ende und Beharrungsvermögen alter Scheidelinien. In: WSI-Mitteilungen, Heft 2, S. 69-75

Meine, Hartmut/Sadowsky, Robert/Schulz, Hartmut (2006): „Wird bezahlt, was verlangt wird?" Eingruppierung, Arbeitsbewertung, Qualifikation. In: Ehlscheid et al. 2006, S. 98-201

Metall NRW (1993): Profilbewertung NRW. Düsseldorf: Verband der Metall- und Elektro industrie Nordrhein-Westfalen

Metall NRW (2004a): ERA Leitfaden I. Praktische Handlungshilfen für die betriebliche Umsetzung des Entgeltrahmenabkommens. Düsseldorf: Verband der Metall- und Elektroindustrie Nordrhein-Westfalen

Metall NRW (2004b): ERA Leitfaden II. Auf dem Weg zum Entgeltrahmenabkommen. Düsseldorf: Verband der Metall- und Elektroindustrie Nordrhein-Westfalen

Metall NRW (2005): ERA-Leitfaden II, Düsseldorf: Verband der Metall- und Elektroindustrie Nordrhein-Westfalen

Metall NRW (2006): Erläuterungen zu den Einmalzahlungen aus den ERA-Strukturkomponenten ab März 2006. Stand Januar 2006. Manuskript, 32 Seiten. Düsseldorf: Verband der Metall- und Elektroindustrie Nordrhein-Westfalen

Müller-Jentsch, Walter (1997): Soziologie der industriellen Beziehungen (2. Auflage). Frankfurt/M., New York: Campus

Müller-Jentsch, Walter (2007): Strukturwandel der industriellen Beziehungen: Industrial Citizenship zwischen Markt und Regulierung. Hagener Studientexte zur Soziologie. Wiesbaden: VS Verlag

Müller-Jentsch, Walther/Ittermann, Peter (2000): Industrielle Beziehungen: Daten, Zeitreihen, Trends; 1950-1999. Frankfurt/M.: Campus

Rademaker, Maike (2006): Agenda: Mehr Macht für alle. Die IG Metall wandelt sich. In: Financial Times Deutschland, 6. Februar 2006

Sadowsky, Robert (2008): Interview mit Robert Sadowsky (IG Metall). In: Dialog Nr. 04/ 2008 – Konfliktfelder bei der betrieblichen Umsetzung des ERA, Bochum, S. 37-47 (www. ruhr-uni-bochum.de/rub-igm/Veroeffentlichungen/Veroeffentlichungen.htm, zuletzt aufgesucht am 21. August 2009)

Schmidt, Werner (2003): Betriebsratswahl 2002. Determinanten der Wahlbeteiligung in Großbetrieben der Metallindustrie. Forschungsbericht an die Hans-Böckler-Stiftung. Tübingen: F.A.T.K.

Schmierl, Klaus (2008): Eine neue AERA in Thüringen. Einführung und Umsetzung des Entgeltrahmenabkommens in ausgewählten Pilotbetrieben. München: ISF München Forschungsberichte

Tyler Tom R./Lind E. Allen (1992): A Relational Model of Authority in Groups. In: Advances in Experimental Social Psychology, 25, S. 115-191

Wannöffel, Manfred/Mattiesson, Christiane (2006): Perspektiven des neuen Weiterbildungstarifvertrages der IGM, in: Dialog Nr. 02/2006 – Tarifvertrag Qualifizierung. Herausforderungen für die Kooperation Wissenschaft und Arbeitswelt, S. 6-9 (www.ruhr-uni-bochum.de/rub-igm/Veroeffentlichungen/Veroeffentlichungen.htm, zuletzt aufgesucht am 21. August 2009)

Weltz, Friedrich (1977): Kooperative Konfliktverarbeitung. Ein Stil industrieller Beziehungen in deutschen Unternehmen. In: Gewerkschaftliche Monatshefte, Heft 5, S. 291-301

Zitierte Tarifverträge

ERA	Entgeltrahmenabkommen
ERA-ETV	Einführungstarifvertrag zum Entgeltrahmenabkommen
ERA-APF	Tarifvertrag ERA-Anpassungsfonds
EMTV	Einheitlicher Manteltarifvertrag

Verzeichnis der Abbildungen und Tabellen

Abbildungen

Tabellen

208

 Ebenfalls bei edition sigma – eine Auswahl